Das Entschädigungsverfahren nach dem Gesetz zur Reform der strafrechtlichen Vermögensabschöpfung

Deutsches, europäisches und internationales Strafrecht und Strafprozessrecht

Herausgegeben von
Martin Waßmer

Band 10

PETER LANG

Volker Müller

Das Entschädigungsverfahren nach dem Gesetz zur Reform der strafrechtlichen Vermögensabschöpfung

PETER LANG

Bibliografische Information der Deutschen Nationalbibliothek
Die Deutsche Nationalbibliothek verzeichnet diese Publikation in der Deutschen Nationalbibliografie; detaillierte bibliografische Daten sind im Internet über http://dnb.d-nb.de abrufbar.

Zugl.: Köln, Univ., Diss., 2019

D 38
ISSN 2197-8417
ISBN 978-3-631-80045-4 (Print)
E-ISBN 978-3-631-80526-8 (E-PDF)
E-ISBN 978-3-631-80527-5 (EPUB)
E-ISBN 978-3-631-80528-2 (MOBI)
DOI 10.3726/b16281

Peter Lang – Berlin · Bern · Bruxelles · New York · Oxford · Warszawa · Wien

Diese Publikation wurde begutachtet.

www.peterlang.com

Meinen Eltern

Vorwort

Diese Arbeit wurde im Sommersemester 2019 vom Fachbereich Rechtswissenschaften der Universität zu Köln als Dissertation angenommen. Literatur und Rechtsprechung konnten bis einschließlich Mai 2019 berücksichtigt werden.

Mein besonderer herzlicher Dank gilt an erster Stelle *Prof. Dr. Dr. h.c. Martin Paul Waßmer* für die Betreuung der Promotion. Er gewährte mir die für das Gelingen der Arbeit unerlässlichen Freiräume und förderte die Fertigstellung durch stets erhellende fachliche Anregungen. Danken möchte ich auch *Prof. Dr. Dr. h.c. Michael Kubiciel*, der in kurzer Zeit das Zweitgutachten erstellt hat.

Vielen weiteren gebührt herzlicher Dank für wertvolles Anregen, vielfältiges Unterstützen und geduldiges Ertragen, allen voran *Thomas Petersdorff*, *Dr. Navid Aliabasi*, *Christoph Parsch*, *Dr. Julien Steinbach*, *Dr. Richard Lungstras* und *Mailin Hendricks*.

Vor allem aber danke ich meinen Eltern, *Barbara Müller* und *Dr. Gerd Müller*. Ihre uneingeschränkte Unterstützung und ihr fortwährender Zuspruch gaben mir den Rückhalt, ohne den die Anfertigung und Vollendung dieser Arbeit nicht möglich gewesen wäre – ihnen widme ich diese Arbeit.

Köln, im Juli 2019
Volker Müller

Inhaltsverzeichnis

Abkürzungsverzeichnis

a.A.	andere Ansicht
Abl.	Amtsblatt der Europäischen Union
Abs.	Absatz
AEUV	Vertrag über die Arbeitsweise der Europäischen Union
AG	Amtsgericht
Art.	Artikel
Aufl.	Auflage
BaFin	Bundesanstalt für Finanzdienstleistungsaufsicht
BAG	Bundesarbeitsgericht
Beschl.	Beschluss
BGB	Bürgerliches Gesetzbuch
BGBl.	Bundesgesetzesblatt
BGH	Bundesgerichtshof
BKR	Zeitschrift für Bank- und Kapitalmarkrecht
BT-Drucks.	Bundestag Drucksache
BVerfG	Bundesverfassungsgericht
bzw.	beziehungsweise
CDU	Christlich Demokratische Union
CSU	Christlich-Soziale Union
DAV	Deutscher Anwaltsverein
Ders.	Derselbe
DRB	Deutscher Richterbund
EGMR	Europäischer Gerichtshof für Menschenrechte
EMRK	Europäische Menschenrechtskonvention
EuGH	Europäischer Gerichtshof
FDP	Freie Demokratische Partei
ff.	fortfolgende
FS	Festschrift
GA	Goltdammer's Archiv für Strafrecht
Gem.	Gemäß
GG	Grundgesetz
GRUR	Gewerblicher Rechtsschutz und Urheberrecht
HansOLG	Hanseatisches Oberlandesgericht
Hrsg.	Herausgeber
HRRS	Höchstrichterliche Rechtsprechung zum Strafrecht
Hs.	Halbsatz
InsO	Insolvenzordnung

i.S.d.	im Sinne des/der
i.V.m.	in Verbindung mit
jM	Juris die Monatszeitschrift
JZ	JuristenZeitung
KG	Kammergericht
KK	Karlsruher Kommentar
LG	Landgericht
LK	Leipziger Kommentar
MüKo	Münchener Kommentar
m.w.N.	mit weiteren Nachweisen
NK	Nomos Kommentar
Nr.	Nummer
NStZ	Neue Zeitschrift für Strafrecht
NZG	Neue Zeitschrift für Gesellschaftsrecht
OLG	Oberlandesgericht
PStR	Praxis Steuerstrafrecht
RG	Reichsgericht
RiLi	Richtlinie
Rn.	Randnummer
RPflG	Rechtspflegergesetz
RPfleger	Der Deutsche Rechtspfleger
Rspr.	Rechtsprechung
S.	Seite
SK	Systematischer Kommentar
sog.	sogenannt
SPD	Sozialdemokratische Partei Deutschland
StGB	Strafgesetzbuch
StGB-E	Strafgesetzbuch-Entwurf
StPO	Strafprozessordnung
StPO-E	Strafprozessordnung-Entwurf
str.	strittig
stRspr.	ständige Rechtsprechung
StV	Strafverteidiger (Zeitschrift)
u.	und
u.a.	unter anderem
Urt.	Urteil
UWG	Gesetz gegen den unlauteren Wettbewerb
v.	vom
Var.	Variante
vgl.	vergleiche

Vorbem.	Vorbemerkung
VVG	Versicherungsvertragsgesetz
WiJ	Journal der Wirtschaftsstrafrechtlichen Vereinigung e.V.
wistra	Zeitschrift für Wirtschafts- und Steuerstrafrecht
WisteV	Wirtschaftsstrafrechtliche Vereinigung e.V.
WM	Wertpapier-Mitteilungen, Zeitschrift für Wirtschafts- und Bankrecht
z.B.	zum Beispiel
ZInsO	Zeitschrift für das gesamte Insolvenz- und Sanierungsrecht
zit.	zitiert
ZIP	Zeitschrift für Wirtschaftsrecht
ZPO	Zivilprozessordnung
ZRP	Zeitschrift für Rechtspolitik
ZStW	Zeitschrift für die gesamte Strafrechtswissenschaft
ZWH	Zeitschrift für Wirtschaftsstrafrecht und Haftung für Unternehmen
ZZP	Zeitschrift für Zivilprozessrecht

Einleitung

Am 1. Juli 2017 trat das „Gesetz zur Reform der strafrechtlichen Vermögensabschöpfung“ in Kraft.[1] Mit diesem Gesetz wurden Vereinbarungen des Koalitionsvertrages[2] sowie die RiLi 2014/42/EU[3] des Europäischen Parlamentes und des Rates vom 3. April 2014 über die Sicherstellung und Einziehung von Tatwerkzeugen und Erträgen aus Straftaten in der Europäischen Union in innerstaatliches Recht umgesetzt. Weiter verfolgte der Gesetzgeber das Ziel, das Recht der Vermögensabschöpfung durch eine grundlegende Reform zu vereinfachen und nicht vertretbare Abschöpfungslücken zu schließen.[4] Die Reform weckte die Erwartung, dass sich der Opferschutz dadurch verbessere, dass das Recht der Vermögensabschöpfung durch die intendierte Vereinfachung auch eine erhöhte Akzeptanz in der Praxis erreiche. Im selben Zuge wurde die Reform mitunter als die Möglichkeit eines „großen Wurfes“ für den Opferschutz bezeichnet.[5]

Zwar verdeutlichte die immense Seitenzahl des Referentenentwurfs[6] den umfassenden Reformwillen des Gesetzgebers, gleichwohl war dies Ausdruck seiner Schwachstelle. Denn eine solch grundlegende Gesetzesreform in einem kurzen Zeitraum durch das parlamentarische Verfahren zu bringen, birgt nicht nur ein erhebliches Fehlerpotential, sondern lässt auch den Eindruck des gesetzgeberischen Schnellschusses zu.[7] Im Verlaufe des Gesetzgebungsverfahrens sahen sich daher sowohl der Referentenentwurf[8] als auch der nachfolgende Regierungsentwurf[9] einer intensiven Diskussion ausgesetzt.[10] Dabei stieß das

---

1 Der Ablauf des Gesetzgebungsverfahrens ist abrufbar unter: http://dipbt.bundestag.de/extrakt/ba/WP18/761/76162.html, zuletzt aufgerufen am: 14.05.2019.

2 Koalitionsvertrag zwischen CDU, CSU und SPD, 18. Legislaturperiode, S. 145.

3 Veröffentlicht in Abl. Nr. L 127/39 ff. v. 29.04.2014; Berichtigung in Abl. Nr. L 138/114 v. 13.05.2014.

4 BT-Drucks. 18/9525, S. 2.

5 *Gebauer*, ZRP 2016, S. 101, 104.

6 Dieser umfasste 188 Seiten.

7 *Köllner/Cyrus/Mück*, NZI 2016, S. 329, 334.

8 „Referentenentwurf eines Gesetzes zur Reform der strafrechtlichen Vermögensabschöpfung“ des Bundesministeriums der Justiz und für Verbraucherschutz v. 09.05.2016.

9 „Gesetzentwurf der Bundesregierung zur Reform der strafrechtlichen Vermögensabschöpfung“ v. 13.07.2016.

10 Die im Rahmen des Gesetzgebungsverfahrens erschienen Stellungnahmen finden sich unter:

Reformvorhaben auf grundlegende Bedenken. Insbesondere die Stimmen aus der Praxis, und zwar nicht nur diejenigen der Anwaltschaft, sondern auch der Justiz, wiesen darauf hin, dass die Verfahrensvorschriften konzeptionell ungeeignet seien, das Recht der Vermögensabschöpfung zu vereinfachen. Diese kritischen Stimmen verstummten auch nach Abschluss des Gesetzgebungsverfahrens und anschließendem Inkrafttreten der reformierten Verfahrensvorschriften nicht, sondern trafen vielmehr auf breiten Zuspruch im Schrifttum.

Im Zentrum der Kritik steht die weiterhin komplexe und unsystematische verfahrensrechtliche Ausgestaltung des Entschädigungsmodells. Mit Blick auf dieses Problem wurde in der Literatur nicht nur die Verlagerung der Entschädigung in das Strafvollstreckungsverfahren durchweg abgelehnt, sondern auch die Verknüpfung mit dem Insolvenzverfahren. Insbesondere die avisierte Harmonisierung von Strafprozess- und Insolvenzrecht wirft in ihrer konkreten Ausgestaltung Fragen nach der Vereinbarkeit mit geltenden insolvenz- und strafrechtlichen Grundsätzen auf. Darüber hinaus streitet die sich im Rahmen der vorläufigen Sicherungsmaßnahmen abzeichnende Tendenz des Gesetzgebers, die Eingriffsvoraussetzungen für die Anordnung vorläufiger Sicherungsmaßnahmen weiter abzusenken, mit verfassungsrechtlichen Maximen. Vor diesem Hintergrund und den Auswirkungen der Reform auf die Rechtsstellung des Beschuldigten[11] muss auch die dogmatische Einordnung der strafrechtlichen Vermögensabschöpfung als quasi-kondiktionelle Maßnahme grundlegend überholt werden. Eine Abkehr von der derzeitigen Auffassung des Gesetzgebers und der Rechtsprechung scheint gleichwohl unausweichlich. Den vorstehenden Problemaufriss aufgreifend, versteht sich die Arbeit daher als Begutachtung der reformierten Verfahrensvorschriften und einer in diesem Lichte erfolgenden Ausarbeitung einer anwendungsfreundlichen und interessengerechten Vermögenabschöpfung als Instrument der Opferentschädigung.

Die Arbeit gliedert sich in vier Teile. Die mit der Reform einhergehenden weitreichenden Änderungen[12] im Recht der Vermögensabschöpfung resultieren insbesondere aus der Aufgabe des bisherigen Regelungsmodelles, der „Rückgewinnungshilfe". Der erste Teil der Arbeit schafft daher die Grundlage für das

---

https://www.bmjv.de/SharedDocs/Gesetzgebungsverfahren/DE/Reform_strafrechtlichen_Vermoegensabschoepfung.html, zuletzt aufgerufen am: 14.05.2019.

11 Der Begriff des „Beschuldigten" wird nachfolgend aus Gründen des besseren Verständnisses und der Einheitlichkeit sowohl für den Angeschuldigten, Angeklagten, Verurteilten oder Dritt-Einziehungsadressaten verwendet.

12 Diese wurden im Schrifttum auch als „Rundumschlag" bezeichnet: *Heim*, NJW-Spezial 2017, S. 248.

spätere Verständnis der Radikalität dieses Systemwechsels. Insoweit ist eine – sich auf die wesentlichen Entwicklungsschritte unter dem besonderen Augenmerk auf die vorläufigen Sicherungsmaßnahmen beschränkende – Einführung in die historische Entwicklung der Vermögensabschöpfung als Instrument der Opferentschädigung ebenso unerlässlich wie die Darstellung der Grundzüge der „Rückgewinnungshilfe".[13] Erst mit diesem Wissen zeigen sich die reformbedingten Änderungen in der gewünschten Deutlichkeit.

Im zweiten Teil werden sowohl die reformierten materiellen als auch die prozessualen Vorschriften inhaltlich dargestellt. Dabei liegt, dem eingangs skizzierten Problemaufriss der Arbeit folgend, der Schwerpunkt auf dem Kernstück der Reform, den prozessualen Änderungen der Opferentschädigung.[14] Allerdings dürfen die wesentlichen materiellen Modifikationen, insbesondere die Neugestaltung des § 73 StGB, für das Gesamtverständnis nicht ausgeklammert werden. Denn diese sind u.a. für die Frage, was im Einzelnen abgeschöpft werden darf und welche Vermögensmasse anschließend für die Opferentschädigung zur Verfügung steht, essentiell. Demnach umfasst der zweite Teil der Arbeit ebenfalls die – wenn auch nur summarische – Darstellung der Vorschriften über die Einziehung bei Drittbegünstigten und der erweiterten Einziehung. Zwar wird nicht verkannt, dass diese Institute auf erhebliche Kritik im Schrifttum stoßen, sodass eine knappe Stellungnahme angezeigt ist. Gleichwohl sind die Vorschriften lediglich für das Verständnis, in welchem Umfang Vermögen abgeschöpft wird, notwendig. Die sich in Bezug auf die Einziehung bei Drittbegünstigten und das Institut der erweiterten Einziehung ergebenden Fragestellungen werden mithin von der vorliegenden Untersuchung ausgenommen und stellen ein eigenes Desiderat der Forschung dar.[15]

Auf den ersten beiden Teilen aufbauend, gliedert sich der dritte Teil der Arbeit in die einzelnen, sich in Bezug auf eine Vereinfachung und anwendungsfreundliche Ausgestaltung des Rechtes der Vermögensabschöpfung ergebenden Problemstellungen. In diesem Zusammenhang geht es vor allem darum zu prüfen, ob die vom Gesetzgeber beklagte Ineffektivität der inzwischen aufgegebenen „Rückgewinnungshilfe" auf unzureichenden gesetzlichen Regelungen beruht, oder ob es sich um Vollzugsdefizite handelt. Wäre letzteres der Fall, etwa bei

---

13 Siehe hierzu ausführlich: *Greier*, Rückgewinnungshilfe, S. 49 ff.; *Rönnau*, Vermögensabschöpfung, Rn. 20 ff. u. Rn. 214 ff.

14 BT-Drucks. 18/9525, S. 2.

15 Siehe die umfassende Abhandlung zur strafrechtlichen Abschöpfung von Taterträgen bei Drittbegünstigten: *Fleckenstein*, Abschöpfung von Taterträgen bei Drittbegünstigten, S. 198 ff.

mangelndem Personal oder fehlender finanzieller Ausstattung, würde die hier zu behandelnde Gesetzesreform nämlich den eigentlichen Kern des Problems verfehlen.[16]

Zwar mag man der Arbeit vorwerfen, dass sie sich dem Umstand ausgesetzt sieht, dass sich die objektiv-rechtlichen Auswirkungen der reformierten Vorschriften und ihre Akzeptanz in der Praxis erst nach einiger Zeit überblicken lassen.[17] Dennoch handelt es sich bei den aufgeworfenen Themenkomplexen um gewichtige Probleme, welche Fragen nach der grundsätzlichen rechtlichen Zulässigkeit der Reform aufwerfen, die lieber früher statt später erörtert werden sollten.

Bei der jeweiligen Begutachtung stellt sich auch die Frage nach der Reichweite und dem Verständnis der neuen strafprozessualen Vorschriften jeweils für sich und untereinander – es stellt sich vielmehr auch die Frage, wie sich die reformierten Vorschriften zum Insolvenzrecht verhalten, es verändern oder möglicherweise zu einer Harmonisierung der beiden Rechtsordnungen beitragen.[18] Auch wenn die Reform der Vermögensabschöpfung unter dem Aspekt des Opferschutzes zu betrachten ist, müssen deren Auswirkung nicht nur auf die Verfahrensstellung der Geschädigten, sondern auch auf die des Beschuldigten hin untersucht werden. Insoweit sind die widerstreitenden Interessen sorgfältig gegeneinander abzuwägen.[19] Diese Themenkomplexe bleiben nach wie vor ein Desiderat der Forschung.

Der vierte und letzte Teil der Arbeit fasst die Ergebnisse der Untersuchung zusammen und stellt eine abschließende Gesamtbetrachtung der verfahrensrechtlichen Änderungen dar. Vor diesem Hintergrund wird sodann ein eigener Vorschlag für eine anwendungsfreundliche und damit interessengerechtere Vermögensabschöpfung unterbreitet, der sowohl der Rechtsstaatlichkeit als auch der Effektivität hinreichend entsprechen soll.[20] Der Vorschlag führt dabei die positiven Aspekte der Reform mit den erarbeiteten Änderungsvorschlägen zusammen. Im Idealfall ließe sich so demonstrieren, dass im Rahmen der strafrechtlichen Vermögensabschöpfung Zivil- und Strafrecht in Einklang zu bringen sind, ohne die Praktikabilität des Entschädigungsverfahrens einzuschränken.

---

16 *Groß*, Effektivere Möglichkeiten zur Abschöpfung von Vermögensvorteilen, S. 16.

17 *WisteV*, Stellungnahme, S. 1.

18 *WisteV*, Stellungnahme, S. 1.

19 *Groß*, Effektivere Möglichkeiten zur Abschöpfung von Vermögensvorteilen, S. 15.

20 *Groß*, Effektivere Möglichkeiten zur Abschöpfung von Vermögensvorteilen aus Straftaten, S. 15; vgl. *Kaiser*, ZRP 1999, S. 144, 150.

Erster Teil: Entwicklung des Rechts der Vermögensabschöpfung

A. Gesetzgebungsgeschichte der Opferentschädigung

Die Opferentschädigung war nach dem alten Regelungsmodell der „Rückgewinnungshilfe“[21] kriminalpolitisch, aber auch einfach-rechtlich in der allgemeinen Vermögensabschöpfung verankert.[22]

Im Kontext der Gesetzgebungshistorie betrachtet, wurde das Erfordernis einer systematischen Verankerung der Opferentschädigung im Strafgesetzbuch und der Strafprozessordnung vom Gesetzgeber erstmals im Rahmen der im Jahre 1953 angestoßenen Reform des deutschen Strafrechts ausgemacht.[23] Der für diese grundlegende Reform eingesetzte Sonderausschuss des Bundestages erarbeitete das „Zweite Gesetz zur Reform des Strafrechts“. Dieses wurde im Jahre 1969 verabschiedet und führte erstmals die Regelungen über den Verfall (§§ 73 bis 73d, 76 und 76a StGB) in das Strafgesetzbuch ein.[24]

Vor der Einführung dieser Normen schlug sich der Verfall von Tatentgelten oder sonstigen Gewinnen aus der Tat lediglich in Einzelregelungen des Strafgesetzbuches sowie der strafrechtlichen Nebengesetze nieder und blieb demnach besonderen Einzelfällen[25] vorbehalten.[26] Der wesentliche Anwendungsbereich der Anordnung des Verfalls lag in den Fällen des § 335 StGB a.F., des § 3 „Bestechungsverordnung“, des § 12 Abs. 3 UWG a.F. oder des § 92b Abs. 2 StGB a.F.[27] Diese Normen erfassten allesamt Fälle im Bereich der Bestechung und der Staatsschutzdelikte. Indes fand sich im Ordnungswidrigkeitenrecht bereits die

---

21 Auch „Zurückgewinnungshilfe“ genannt: *Rönnau*, ZRP 2004, S. 191, 194.

22 *Meyer*, ZStW 2015, S. 241, 243.

23 Siehe zur Gesetzgebungsgeschichte der strafrechtlichen Vermögensabschöpfung ausführlich: *Greier*, Rückgewinnungshilfe, S. 33 ff.; mit Schwerpunkt auf die Entwicklung der §§ 111b ff. StPO: *Groß*, Effektivere Möglichkeiten zur Abschöpfung von Vermögensvorteilen aus Straftaten, S. 25 ff.

24 BGBl. I, S. 734 ff. v. 04.07.1969.

25 Hier sei beispielsweise auf § 296a Abs. 2 StGB 1954 (verbotswidrig gefangene oder erlegte Tiere) oder § 8 WiStG 1954 und § 14 SammlungsG 1954 (Gewinne aus verbotswidrigen Geschäften).

26 *Eser*, Die strafrechtlichen Sanktionen, S. 46.

27 BT-Drucks. 7/550, S. 459.

Generalklausel des § 18 OWiG a.F., nach der auch die allgemein durch die Ordnungswidrigkeit erlangten Gegenstände eingezogen werden konnten.[28]

Die alten Regelungen wirkten für den Betroffenen einerseits ungünstiger, da sie ein Absehen von der Einziehung nicht vorsahen. Andererseits waren sie günstiger, da die reformierten Vorschriften den Verfall nunmehr auch auf die gezogenen Nutzungen erstreckten. Aufgrund dieser konträren Wirkung für den Betroffenen war die Anwendung der neuen oder der alten Vorschriften jeweils von einer Einzelfallabwägung abhängig.[29]

Den Verfallsvorschriften wurden allerdings keine prozessualen Vorschriften an die Seite gestellt, welche den neuen Regelungsgehalt verfahrensrechtlich hinreichend umsetzten. So war zunächst nur die Sicherstellung von Gegenständen zur Einziehung möglich, welche gemeinsam mit der Sicherstellung von Beweismitteln in § 94 StPO a.F. geregelt war.[30] Eine entsprechende Anwendung des § 94 StPO a.F. zur Sicherung eines Geldbetrages, der als Wertersatz für einen nicht mehr vorhandenen Gegenstand angeordnet wurde, war hingegen unzulässig.[31] Diese Rechtslage wurde als unbefriedigend angesehen, da die Wertersatzeinziehung in der Praxis den Regelfall darstellte.[32]

Der Gesetzgeber erkannte in der Folgezeit den bestehenden Regelungsbedarf und führte durch das Einführungsgesetz zum Strafgesetzbuch vom 2. März 1974 die strafprozessualen Sicherungsmaßnahmen ein. Auf diese Weise sollte auch dem Opferschutz Rechnung getragen werden.[33] Nunmehr wurden die materiell-rechtlichen Verfallsvorschriften prozessual durch die Vorschriften über die vorläufige Sicherstellung, §§ 111b ff. StPO a.F., ergänzt.[34] Aufgrund des vorläufigen Charakters der Maßnahmen, knüpfte der Gesetzgeber die Anordnung der Sicherstellung an das Vorliegen „dringender Gründe". Insoweit sah § 111b Abs. 1 StPO a.F. vor, dass „Gegenstände und andere Vermögensvorteile sichergestellt werden konnten, wenn dringende Gründe für die Annahme vorhanden waren, dass die Voraussetzungen für ihren Verfall vorlagen."[35] Diese

28 *Eser*, Die strafrechtlichen Sanktionen, S. 333.

29 BT-Drucks. 7/550, S. 459.

30 *Groß*, Effektivere Möglichkeiten zur Abschöpfung von Vermögensvorteilen, S. 26.

31 BGH, Beschl. v. 17.10.1967 – StB 12/67.

32 *Groß*, Effektivere Möglichkeiten zur Abschöpfung von Vermögensvorteilen, S. 27 mit Verweis auf *Podolsky/Brenner*, Vermögensabschöpfung im Straf- und Ordnungswidrigkeitenverfahren, S. 65 (Teil I 12.2), wonach 95% aller Vermögensabschöpfungsmaßnahmen auf die Einziehung des Wertersatzes abzielten.

33 *Groß*, Effektivere Möglichkeiten zur Abschöpfung von Vermögensvorteilen, S. 28 f.

34 BGBl. I, S. 504 v. 09.03.1974.

35 BGBl. I, S. 504 v. 09.03.1974.

Regelungssystematik der Vermögensabschöpfung wurde anschließend in mehreren Gesetzgebungsschritten reformiert.

Durch das Gesetz zur Änderung des Außenwirtschaftsgesetzes, des Strafgesetzbuches und anderer Gesetze aus dem Jahre 1992 wurde der § 111b StPO a.F. neugefasst und die Sicherstellung durch dinglichen Arrest – auch bei Wertersatz – eingeführt. Die Anordnung der vorläufigen Sicherstellung war allerdings weiterhin nur beim Vorliegen „dringender Gründe" zulässig.[36]

Um die Sicherstellung von Vermögen zu verbessern, setzte der Gesetzgeber im Jahr 1998 erstmals die Eingriffsvoraussetzungen für die Anordnung vorläufiger Sicherungsmaßnahmen herab. Hierfür habe ein Erfordernis bestanden, da zu Beginn des Ermittlungsverfahrens die Ermittlungsbehörden in der Regel noch keine ausreichenden Beweismittel hätten vorlegen können, um die notwendige Verdachtsschwelle darzulegen.[37] Daher wurden mit dem Gesetz zur Verbesserung der Bekämpfung der Organisierten Kriminalität die Anforderungen an die Verdachtsschwelle in den §§ 111b, 111c StPO a.F. abgesenkt. Es waren für die Anordnung der Beschlagnahme und des dinglichen Arrests nunmehr lediglich „Gründe" anstelle von „dringenden Gründen" erforderlich.[38] Erst nach Ablauf von sechs Monaten wurde die Verdachtsschwelle wieder auf einen dringenden Verdacht angehoben.[39] Mit dieser Gesetzesänderung legte der Gesetzgeber den Grundstein für eine – wie die vorliegende Arbeit aufzeigen wird – verfassungsrechtlich bedenkliche Tendenz der stetigen Herabsetzung der Eingriffsvoraussetzungen im Rahmen vorläufiger Sicherungsmaßnahmen.

Des Weiteren gedachte der Gesetzgeber bereits im Jahr 1998 die Regelung des § 73 Abs. 1 Satz 2 StGB a.F., die häufig als „Totengräber des Verfalls"[40] bezeichnet wurde, zu streichen.[41] Dieses Reformvorhaben knüpfte an Überlegungen aus dem Jahr 1991 an. Schon zu diesem Zeitpunkt meinte der Gesetzgeber, die Vorschrift als den eigentlichen Grund für die restriktive Anwendung der Vermögensabschöpfung erkannt zu haben.[42] Diesem grundlegenden Reformbedarf suchte sodann der Gesetzentwurf der Bundestagsfraktionen CDU/CSU, SPD

36 BGBl. I, S. 375 v. 06.03.1992.

37 BT-Drucks. 13/8651, S. 15.

38 BGBl. I, S. 848 v. 08.05.1998.

39 BT-Drucks. 13/8651, S. 2.

40 BGH, Urt. v. 19.10.1999 – 5 StR 336/99, Rn. 52; OLG München, Beschl. v. 19.04.2004 – 2 Ws 167/04, Rn. 12; *Eberbach*, NStZ 1987, S. 486, 491; *Rönnau*, ZRP 2004, S. 191, 192; *Bittmann*, in: MüKo StPO, § 111b, Rn. 17; *Eser/Schuster*, in: Sch/Sch StGB, § 73, Rn. 23.

41 BT-Drucks. 13/9742, S. 2.

42 BT-Drucks. 12/989, S. 23.

und FDP zur verbesserten Abschöpfung von Vermögensvorteilen aus Straftaten vom 3. Februar 1998 Rechnung zu tragen.[43] Der Reformvorschlag gelangte jedoch nicht zur Umsetzung.[44]

Die vorletzte Änderung der Opferentschädigung trat am 1. Januar 2007 durch das Gesetz zur Stärkung der Rückgewinnungshilfe und der Vermögensabschöpfung bei Straftaten in Kraft.[45] Durch die Reform wurde der „Auffangrechtserwerb" des Staates gemäß § 111i Abs. 5 StPO a.F.[46] eingeführt und – der aufgeführten Tendenz folgend – die Verdachtsschwelle im Rahmen des § 111b StPO a.F. beim Vorliegen „bestimmter Tatsachen" erst nach zwölf Monaten wieder auf das Erfordernis von „dringenden Gründen" angehoben.[47] Dabei wurde das Erfordernis „bestimmter (verdachtsbegründender) Tatsachen" eingeführt, um die Verhältnismäßigkeit derartiger Maßnahmen zu wahren und die bisherigen Eingriffsvoraussetzungen zu ergänzen.[48]

B. Grundzüge der Opferentschädigung nach altem Recht

Materiell-rechtlicher Anknüpfungspunkt der „Rückgewinnungshilfe" war der Verfall gemäß § 73 StGB a.F. Prozessual war sie in den §§ 111b ff. StPO a.F. verankert.

Gemäß § 73 Abs. 1 Satz 2 StGB a.F. war von der Anordnung des Verfalls abzusehen, wenn dem Verletzten aus der Tat ein Anspruch erwachsen war, dessen Erfüllung den aus der Tat erlangten Vermögensvorteil beseitigen oder mindern würde.[49] Entscheidend war allein die rechtliche Existenz des Anspruchs, nicht die Wahrscheinlichkeit der Geltendmachung durch den Verletzten.[50] Verletzter im Sinne des § 73 Abs. 1 Satz 2 StGB a.F. war nur derjenige, dessen Individualinteressen durch das vom Beschuldigten übertretene Strafgesetz geschützt werden sollten und dem der Anspruch als Folge der Tat im Sinne des § 264 StPO[51]

---

43 BT-Drucks. 13/9742, S. 1.

44 Vgl. näher: *Arnold*, Verfall, S. 283.

45 BGBl. I, S. 2350 v. 30.10.2006.

46 Durch die Möglichkeit des „Auffangrechtserwerbs" mussten sichergestellte Vermögensgegenstände nicht mehr an den Straftäter zurückgegeben werden, falls Tatgeschädigte auf die Geltendmachung ihrer Schadenersatzansprüche verzichteten, § 111i Abs. 5 StPO a.F.

47 BGBl. I, S. 2351 v. 30.10.2006.

48 BT-Drucks. 16/700, S. 11.

49 *Spillecke*, in: KK StPO, 7. Aufl., § 111b, Rn. 17.

50 BGH, Beschl. v. 15.03.1984 – 1 StR 819/83, Rn. 4; *Joecks*, in: MüKo StGB, § 73, Rn. 36.

51 BGH, Urt. v. 11.05.2001 – 3 StR 549/00, Rn. 26.

erwachsen war.[52] Dies konnten natürliche Personen, Personengemeinschaften, juristische Personen und Institutionen der öffentlichen Hand sein.[53]

Nach § 111b Abs. 5 StPO a.F. war – trotz Vorliegens der Voraussetzungen des § 73 Abs. 1 Satz 2 StGB a.F. – die vorläufige Sicherstellung durch Beschlagnahme oder dinglichen Arrest möglich, um die Durchsetzung der Ansprüche des Verletzten gegen den Beschuldigten zu erleichtern.[54] In diesen Fällen bestand gemäß § 111e Abs. 3 StPO a.F. die Pflicht der Staatsanwaltschaft, dem durch die Tat Verletzten von Amts wegen die Anordnung der Beschlagnahme und des dinglichen Arrests unverzüglich mitzuteilen.[55] Um auch noch unbekannten, aber mutmaßlich Geschädigten die Wahrnehmung ihrer Rechte zu ermöglichen oder zu erleichtern, sollte der staatliche Zugriff gemäß § 111e Abs. 4 StPO a.F. öffentlich bekannt gemacht werden.[56]

Für die Durchsetzung ihrer Ansprüche mussten die Tatgeschädigten hingegen selbst sorgen.[57] Sie mussten mindestens einen vorläufig vollstreckbaren zivilrechtlichen Titel[58] erstreiten, auf dessen Grundlage sie die Zwangsvollstreckung in das von der Strafjustiz vorläufig gesicherte Vermögen betreiben konnten.[59] Erforderlich war zwar, dass die Zwangsvollstreckung gemäß § 111g Abs. 2 Satz 1 StPO a.F. durch das Strafgericht zugelassen wurde.[60] Damit wurde dem Verletzten aber nur bescheinigt, zum Kreis der Personen zu gehören, denen aus der Straftat ein Anspruch erwachsen war.[61] Ihm wurde also nicht erst mit der Zulassung gestattet, die Zwangsvollstreckung oder Arrestvollziehung überhaupt zu betreiben.[62] Dies konnte er wie jedermann aus eigenem Recht.[63] Begnügte der Verletzte sich damit, dann hatte dies allerdings auch nur die Folgen

---

52 BGH, Beschl. v. 23.9.1988 – 2 StR 460/88, Rn. 6.

53 *Bittmann*, in: MüKo StPO, § 111b, Rn. 17.

54 *Spillecke*, in: KK StPO, 7. Aufl., § 111b, Rn. 20.

55 *Schmitt*, in: Meyer-Goßner, 60. Aufl., § 111e, Rn. 12.

56 *Rönnau*, Vermögensabschöpfung, Rn. 245.

57 BT-Drucks. 18/9525, S. 44; *Schmid/Winter*, NStZ 2002, S. 8, 10; *Malitz*, NStZ 2002, S. 337, 339; *Bittmann*, in: MüKo StPO, § 111b, Rn. 17.

58 Dies konnte ein Urteil, dinglicher Arrest, Vollstreckungsbescheid oder Kostenfestsetzungsbeschluss sein: *Hees*, GRUR 2002, S. 1037, 1040.

59 BVerfG, Beschl. v. 17.11.2007 – 2 BvR 2231/07, Rn. 4; *Rogall*, in: SK StPO, § 111g, Rn. 16 m.w.N.

60 *Bittmann*, wistra 2013, S. 218, 219.

61 BGH, Urt. v. 06.04.2000 – IX ZR 442/98, Rn. 13; *Schmitt*, in: Meyer-Goßner, 60. Aufl., § 111g, Rn. 3.

62 *Bittmann*, in: MüKo StPO, § 111g, Rn. 3.

63 *Bittmann*, wistra 2013, S. 218, 219.

einer allgemeinen Zwangsvollstreckungsmaßnahme, d.h. von anderen Gläubigern früher erwirkte Verfügungen gingen seinen Verfügungen vor.[64] Nach der strafrichterlichen Zulassung war der Verletzte bessergestellt, und die beschlagnahmten Vermögenswerte standen ihm uneingeschränkt zur Durchführung der Zwangsvollstreckung zur Verfügung.[65]

Um zu verhindern, dass dem Beschuldigten die Taterträge verblieben, sofern die Tatgeschädigten nicht selbst aktiv wurden, konnte in einem Verfahren nach § 111i Abs. 5 StPO a.F. der sogenannte „Auffangrechtserwerb" an dem vorläufig gesicherten Vermögen zugunsten des Staates angeordnet werden.[66]

C. Reformbedarf

Nach Auffassung des Gesetzgebers bedurften die Vorschriften der Vermögensabschöpfung vor dem Hintergrund der Verfolgung kriminalpolitischer Zwecke und der Stärkung des Opferschutzes einer grundlegenden Reform.[67]

Dabei habe sich der kriminalpolitische Zweck daraus ergeben, dass das alte Recht der hohen kriminalpolitischen Bedeutung der strafrechtlichen Vermögensabschöpfung nicht gerecht worden sei. Das alte Recht sei zwar in sich schlüssig, aber äußerst kompliziert geregelt gewesen. Darüber hinaus habe es sich bei der Vorschrift des § 73 Abs. 1 Satz 2 StGB a.F. um den „Totengräber" der Vermögensabschöpfung gehandelt, weshalb dieser habe gestrichen werden müssen. Schließlich sah der Gesetzgeber das Konzept der „Rückgewinnungshilfe" als zentrales Hindernis für eine effektive Vermögensabschöpfung an.[68] Dies habe sich weitestgehend in der fehlenden Akzeptanz in der Praxis widergespiegelt. Denn das Strafverfahren sei mit zivilrechtlichen Fragen überfrachtet gewesen. So musste der Geschädigte einen zivilrechtlichen Titel erstreiten, auf dessen Grundlage erst die Zwangsvollstreckung in das von der Strafjustiz gesicherte Vermögen betrieben werden konnte. Zusätzliche Voraussetzung der Durchsetzung der Schadensersatzansprüche war sodann die gesonderte strafprozessuale Zulassung der Zwangsvollstreckung.[69] Zwar habe der „Auffangrechtserwerb" des Staates den Vermögensrückfluss an den Beschuldigten verhindern sollen. Diese Vorschrift habe sich jedoch als unpraktikabel erwiesen, da sie ein äußerst

64 *Bittmann*, wistra 2013, S. 218, 219.
65 *Schmid/Winter*, NStZ 2002, S. 8, 10; *Hees*, GRUR 2002, S. 1037, 1040.
66 *Rönnau*, Vermögensabschöpfung, Rn. 286.
67 BT-Drucks. 18/11640, S. 1.
68 So auch: *Meyer*, ZStW 2015, S. 241, 245; *Eser*, Die strafrechtlichen Sanktionen, S. 284.
69 BT-Drucks. 18/9525, S. 44.

komplexes und langwieriges Verfahren nach sich zog.[70] Angesichts dieser Komplexität sei die mit stetig steigender Arbeitsbelastung konfrontierte Strafjustiz häufig gezwungen worden, von vermögensabschöpfenden Maßnahmen abzusehen. Dieser Zustand sei weder kriminalpolitisch noch unter Gerechtigkeitsgesichtspunkten befriedigend gewesen.[71]

Darüber hinaus habe der Opferschutzgedanke gestärkt werden müssen, da das Regelungskonzept der „Rückgewinnungshilfe" kompliziert und für den Geschädigten mit einem Kostenrisiko behaftet gewesen sei. Im Übrigen haben sich bei der Entschädigung mehrerer Geschädigter aus dem in der Zwangsvollstreckung geltenden „Prioritätsgrundsatz" erhebliche Probleme ergeben.[72] Dieses mit einem „Windhundrennen" verglichene Modell[73] habe dazu führen können, dass ein Verletzter vollständige oder weitgehende Befriedigung erlangte, während andere Tatopfer leer ausgingen.[74] Insbesondere bei Massenschäden mit im Einzelfall relativ geringen Schadenssummen hätten Geschädigte nicht selten Kosten und Aufwand für dieses komplizierte und mit unsicheren Erfolgsaussichten behaftete Unterfangen gescheut und daher auf die Geltendmachung ihrer Schadenersatzansprüche verzichtet.[75]

---

70 BT-Drucks. 18/9525, S. 1.
71 BT-Drucks. 18/9525, S. 1.
72 BT-Drucks. 18/9525, S. 1.
73 *Michalsky*, jM 2014, S. 389, 392; *Bittmann*, ZInsO 2015, S. 1758, 1762.
74 *Rönnau*, Vermögensabschöpfung, Rn. 283.
75 *Schmidt*, Gewinnabschöpfung, Rn. 1218a.

Zweiter Teil: Darstellung der Gesetzesänderung

Die Abschöpfung des aus der Tat erlangten Vermögens richtet sich nach materiellem Recht und bleibt im Strafgesetzbuch verankert. Die Verteilung des Abgeschöpften nach dem „Entschädigungsmodell" wird in der Strafprozessordnung geregelt. Dabei werden die Ansprüche der Verletzten entweder gemäß § 459h StPO (Entschädigung im Strafvollstreckungsverfahren) oder gemäß § 111i StPO (Entschädigung im Insolvenzverfahren) außerhalb des strafrechtlichen Erkenntnisverfahrens befriedigt. Nachfolgend werden die einzelnen Änderungen und das neue Regelungsmodell dargestellt.

A. Materiell-rechtliche Änderungen

Materiell-rechtlich bleibt § 73 StGB die Kernvorschrift der Opferentschädigung. Die Vorschrift wird jedoch neu gefasst.

I. Begriffliche Änderungen

Die Gesetzesreform ersetzt den Begriff „Verfall" durch „Einziehung". Diese rein sprachliche Änderung lehnt das deutsche Recht an die im Recht der Europäischen Union gebräuchliche Begrifflichkeit „confiscation" an. So sollen Verständnisschwierigkeiten bei der wichtiger werdenden grenzüberschreitenden Vermögensabschöpfung im internationalen Rechtshilfeverkehr aufgehoben werden.[76]

Da die Neuregelungen der §§ 73 ff. StGB wesentlich auf EU-Vorgaben beruhen, ist in Zukunft auch im Bereich der strafrechtlichen Vermögensabschöpfung zu erwarten, dass eine Pflicht zur richtlinienkonformen Auslegung der §§ 73 ff. StGB besteht und daraus resultierende Zweifelsfragen nach Art. 267 AEUV zur Vorabentscheidung dem EuGH vorgelegt werden müssen.[77]

II. Streichung von § 73 Abs. 1 Satz 2 StGB a.F.

Die bedeutendste Neuerung ist, dass § 73 Abs. 1 Satz 2 StGB a.F. ersatzlos gestrichen wurde. Nach altem Recht war die Anordnung des Verfalls durch das

76 BT-Drucks. 18/9525, S. 46.
77 *Heger*, Stellungnahme, S. 2.

Gericht ausgeschlossen, soweit dem Verletzten aus der Tat ein Erstattungsanspruch gegen den Beschuldigten entstanden war. Diese Vorschrift wurde häufig als „der Totengräber des Verfalls" bezeichnet, weil sie die staatliche Abschöpfung deliktisch erlangter Vermögenswerte für den wichtigen Bereich der Vermögensdelikte (z.B. Betrugstaten) unmöglich machte.[78] Nunmehr kann der Tatertrag oder ein dessen Wert entsprechender Geldbetrag auch dann abgeschöpft werden, wenn Schadensersatzansprüche von Tatgeschädigten bestehen.[79]

III. Verletztenbegriff

Verletzter ist nur derjenige, dem ein Anspruch auf Rückgewähr des Erlangten oder auf Ersatz des Wertes des Erlangten aus der Tat erwachsen ist (vgl. § 73d StGB, § 111i und 459g Abs. 3 StPO).[80] Der Gesetzgeber orientiert sich mithin am Verletztenbegriff des alten Rechts (vgl. § 73 Abs. 1 Satz 2 StGB a.F. und § 111g StPO a.F.), sodass die dazu ergangene Rechtsprechung grundsätzlich weiter herangezogen werden kann.[81] Zu beachten ist aber, dass der Anspruch des Verletzten aus einer Tat erwachsen sein muss, die im entscheidungserheblichen Zeitpunkt Gegenstand der vorläufigen Sicherungsanordnung oder des Urteils mit der abschließenden Einziehungsentscheidung ist. Es besteht somit ein Identitätserfordernis.[82] Voraussetzung ist, dass die Tat, die Bezugsobjekt der Beschlagnahme oder des Vermögensarrestes oder der verfahrensabschließenden Einziehungsanordnung ist, dieselbe Tat ist wie die konkrete Einzeltat, aus der dem Verletzten ein zivilrechtlicher Anspruch auf Rückgewähr des Erlangten oder auf Ersatz des Wertes des Erlangten erwachsen ist.[83] Hieraus lässt sich zugleich folgern, dass Schmerzensgeldansprüche von der Vermögensabschöpfung nicht erfasst sind. Denn insofern hat der Beschuldigte nichts erlangt, was eingezogen und zurückerstattet werden könnte.[84] Gleiches gilt für Zinsansprüche oder die Kosten der Rechtsverfolgung.[85]

---

78 Siehe hierzu: *Eberbach* NStZ 1987, S. 486, 491; *Rönnau*, ZRP 2004, S. 191; *Bittmann*, ZInsO 2015, S. 1758, 1762.

79 BT-Drucks. 18/9525, S. 47.

80 BT-Drucks. 18/9525, S. 48.

81 BT-Drucks. 18/9525, S. 48; vgl. zum alten Recht: HansOLG Hamburg, Beschl. v. 10.02.2011 – 2 Ws 13/11, Rn. 9; OLG Hamm, Beschl. v. 08.03.2016 – 2 Ws 269/15, Rn. 13.

82 Vgl. bereits zum alten Recht: OLG Hamm, Beschl. v. 08.03.2016 – 2 Ws 269/15, Rn. 16.

83 BT-Drucks. 18/9525, S. 48.

84 BT-Drucks. 18/9525, S. 48; für das alte Recht str., so wie hier: *Fischer*, StGB, 65. Aufl., § 73, Rn. 20 m.w.N.; a.A. *Burghart*, in: S/S/W StGB, § 73, Rn. 36.

85 BT-Drucks. 18/9525, S. 49.

Die Verletztenstellung ergibt sich demnach jeweils aus der aktuellen gerichtlichen Entscheidung, die Grundlage der Sicherstellung oder Vollstreckung der verfahrensabschließenden Wertersatzentscheidung ist.[86] Dies hat zur Folge, dass der Kreis der Verletzten nicht starr ist. Vielmehr können Geschädigte einerseits ihre Verletztenstellung im engeren Sinn im Laufe des Verfahrens verlieren,[87] wenn z.B. das Verfahren mangels Nachweisbarkeit gemäß § 170 Abs. 2 StPO eingestellt, gemäß § 154 StPO teileingestellt oder nach § 154a StPO beschränkt wird. Andererseits kann sich die Anzahl der Verletzten erweitern, sofern weitere Taten ermittelt werden.[88]

Da sich der Verletztenbegriff an demjenigen der alten Gesetzeslage orientiert, können im Konkreten Verletzte weiterhin natürliche und juristische Personen, Personengemeinschaften, Institutionen der öffentlichen Hand und der Fiskus sein,[89] aber auch der Erbe oder sonstige Rechtsnachfolger des unmittelbar Geschädigten sowie der Insolvenzverwalter[90] über das Vermögen des Verletzten und der Versicherer, auf den der Anspruch des unmittelbar Verletzten nach § 86 Abs. 1 VVG übergegangen ist.[91]

IV. Berechnung des erlangten Etwas

In der Rechtsprechung des BGH wird die Frage nach der Bestimmung des erlangten Etwas uneinheitlich beantwortet. So vertreten der 1. und der 5. Strafsenat unterschiedliche Auffassungen, was eine erhebliche Rechtsunsicherheit zur Folge hat.

Nach der Rechtsprechung des 1. Strafsenats ist der Umfang des Erlangten zwingend nach Maßgabe des „Bruttoprinzips" zu bestimmen. Hiernach unterliegt das Erlangte in seiner Gesamtheit dem Verfall, wobei ausreichend ist, dass die Vermögenswerte zu irgendeinem Zeitpunkt, wenn auch nur für einen kurzen Zeitraum zugeflossen sind.[92]

---

86 BT-Drucks. 18/9525, S. 48.

87 BT-Drucks. 18/9525, S. 49.

88 BT-Drucks. 18/9525, S. 49.

89 *Bittmann*, in: MüKo StPO, § 111b, Rn. 17.

90 Anders die alte Rechtslage: OLG Frankfurt, Beschl. v. 09.06.2006 – 3 Ws 508/06, Rn. 7.

91 BT-Drucks. 18/9525, S. 49.

92 BGH, Urt. v. 29.06.2010 – 1 StR 245/09, Rn. 37.

Nach der Rechtsprechung des 5. Strafsenats befreit dagegen die Anwendung des „Bruttoprinzips" nicht von der vorrangigen Notwendigkeit, das erlangte Etwas zu bestimmen. Das „Bruttoprinzip" hat danach für die Frage, worin der Vorteil besteht, keine Bedeutung. Erst wenn feststeht, worin der erlangte Vorteil besteht, besagt das „Bruttoprinzip", dass bei der Bemessung der Höhe des Erlangten gewinnmindernde Abzüge unberücksichtigt bleiben.[93]

Der Gesetzgeber schließt sich nun der Ansicht des 5. Strafsenats an. Aus dem Zusammenhang der Vorschriften des § 73 Abs. 1 StGB und § 73d Abs. 1 StGB folgt, dass das Erlangte nach dem „Bruttoprinzip" in zwei Schritten zu bestimmen ist.[94] Was der Täter erlangt hat und damit der Einziehung unterliegt, richtet sich weiterhin nach § 73 Abs. 1 StGB. Gegenleistungen oder sonstige Aufwendungen werden erst im zweiten Schritt berücksichtigt, wenn und soweit dies nach der Wertung des § 73d Abs. 1 StGB gerechtfertigt ist.[95]

1. § 73 Abs. 1 StGB

Der Gesetzgeber erweitert die Vorschrift des § 73 Abs. 1 StGB a.F., indem die Wörter „für" und „aus" ersetzt werden durch die Wörter „durch" und „für".[96] Abzuschöpfen ist damit jeder Vermögenswert, den der Tatbeteiligte „durch" die rechtswidrige Tat erlangt hat.[97] Erlangt sind demnach alle Vermögenswerte in ihrer Gesamtheit, die dem Beschuldigten aus der Verwirklichung des Tatbestands in irgendeiner Phase des Tatablaufs zugeflossen sind.[98] Somit ist weiterhin alles, was nach altem Recht als das „aus" der Tat erlangt wurde, abzuschöpfen und mit der Neufassung insofern keine inhaltliche Änderung verbunden.[99]

Darüber hinaus unterstreiche der § 73 Abs. 1 StGB den quasi-kondiktionellen Charakter der Vermögensabschöpfung. Der Gesetzgeber legt fest, dass sich die erforderliche Kausalbeziehung zwischen der Tat und dem gegenständlich zu bestimmenden Erlangten allein nach den Wertungen des Bereicherungsrechts

---

93 BGH, Urt. v. 02.12.2005 – 5 StR 119/05, Rn. 49; so auch der 3. Strafsenat: BGH, Urt. v. 19.01.2012 – 3 StR 343/11, Rn. 18.

94 BT-Drucks. 18/9525, S. 55.

95 BT-Drucks. 18/9525, S. 66.

96 Lautete es gem. § 73 Abs. 1 Satz 1 StGB a.F. noch: „für eine rechtswidrige Tat" und „aus ihr etwas erlangt", so heißt es nach der Neufassung: „durch eine rechtswidrige Tat" und „für sie etwas erlangt".

97 BT-Drucks. 18/9525, S. 54.

98 BT-Drucks. 18/9525, S. 55.

99 BT-Drucks. 18/9525, S. 54; siehe zum alten Recht: *Fischer*, StGB, 65. Aufl., § 73, Rn. 8 ff. m.w.N.

richtet.[100] § 73 Abs. 1 StGB entspricht mit dieser Erweiterung den Vorgaben von Art. 2 Nr. 1 und Art. 4 Abs. 1 der RiLi 2014/42/EU, wonach nicht nur „direkt", sondern auch „indirekt" durch eine Straftat erlangte wirtschaftliche Vorteile einzuziehen sind. Zudem reagiert der Gesetzgeber auf das vom 5. Strafsenat des BGH[101] entwickelte „ungeschriebene" (einschränkende) Tatbestandsmerkmal der „Unmittelbarkeit".[102]

2. § 73d Abs. 1 StGB

§ 73d Abs. 1 StGB konkretisiert die Bestimmung des Erlangten nach dem „Bruttoprinzip" und ergänzt § 73 Abs. 1 StGB. So heißt es in § 73d Abs. 1 StGB:

> *„Bei der Bestimmung des Erlangten sind die Aufwendungen des Täters oder Teilnehmers abzuziehen. Außer Betracht bleibt jedoch das, was er für die Begehung der Tat oder für ihre Vorbereitung aufgewendet oder eingesetzt hat, soweit es sich nicht um Leistungen zur Erfüllung einer Verbindlichkeit gegenüber dem Verletzten handelt."*[103]

Diese Abzugsmöglichkeit in Satz 1 entstammt dem sog. „Nettoprinzip". Das „Nettoprinzip" ermöglicht lediglich die Abschöpfung des Vermögensvorteils aus einer Straftat, also des nach Abzug etwaiger Aufwendungen verbleibenden Gewinns des Beschuldigten.[104]

Der Gesetzgeber stellt aber in Satz 2 entscheidend darauf ab, ob die Handlung oder das Geschäft, das unmittelbar zur Vermögensmehrung geführt hat, selbst verboten war oder nicht. Aufgrund dessen beschränkt § 73d Abs. 1 StGB das aus dem „Bruttoprinzip" folgende Abzugsverbot auf dasjenige, was der Beschuldigte willentlich und bewusst für die vom Strafgesetz missbilligten Vorgänge aufwendet oder einsetzt. Fehlt dieser Zusammenhang, sind die Aufwendungen zu berücksichtigen, selbst wenn sie demselben tatsächlichen Verhältnis wie die Straftat entstammen.[105] Des Weiteren sind Leistungen zur Erfüllung einer Verbindlichkeit gegenüber dem Verletzten nicht vom Abzugsverbot betroffen; beispielsweise ist die Gegenleistung eines durch Betrug zustande gekommenen Austauschvertrages abzuziehen.[106]

---

100 BT-Drucks. 18/9525, S. 54.
101 Siehe hierzu: BGH, Urt. v. 21.03.2002 - 5 StR 138/01, Rn. 39.
102 BT-Drucks. 18/9525, S. 54.
103 BT-Drucks. 18/9525, S. 9.
104 *Greier*, Rückgewinnungshilfe, S. 42; zur damaligen Rechtslage: BGH, Beschl. v. 24.08.1983 - 2 StR 476/83, Rn. 5.
105 BT-Drucks. 18/9525, S. 54.
106 BT-Drucks. 18/9525, S. 67.

V. Einziehung des Wertes von Taterträgen (§ 73c StGB)

Gemäß § 73c StGB ordnet das Gericht die Einziehung eines Geldbetrages an, der dem Wert des Erlangten entspricht, wenn die Einziehung eines Gegenstandes wegen der Beschaffenheit des Erlangten nicht möglich ist.[107] Die Vorschrift übernimmt den Regelungsgehalt des § 73a StGB a.F. ohne inhaltliche Änderungen. Dem quasi-kondiktionellen Charakter der Vermögensabschöpfung folgend, komme es für die Wertermittlung auf den Zeitpunkt an, in dem der Wertersatzanspruch entstanden ist.[108]

VI. Ausschluss der Einziehung (§ 73e StGB)

Schließlich wird durch § 73e StGB der Ausschluss der Einziehung des Tatertrages oder des Wertersatzes normiert. Auf diese Weise soll der Beschuldigte vor einer doppelten Inanspruchnahme durch den Staat und den Geschädigten geschützt werden.[109] Die Regelung ist eine Konsequenz aus dem Wegfall des § 73 Abs. 1 Satz 2 StGB a.F. Ist nämlich der Schadensersatzanspruch des Geschädigten erloschen, besteht kein Grund für die Anordnung der Einziehung.[110] So heißt es in § 73e Abs. 1 StGB:

> *„Die Einziehung nach den §§ 73 bis 73c ist ausgeschlossen, soweit der Anspruch, der dem Verletzten aus der Tat auf Rückgewähr des Erlangten oder auf Ersatz des Erlangten erwachsen ist, erloschen ist."*

Durch die Formulierung „erloschen ist" stellt die Vorschrift klar, dass die Einziehung nicht nur dann ausgeschlossen ist, wenn der Beschuldigte die geschuldete Leistung bewirkt, § 362 Abs. 1 BGB, sondern auch durch einen Erlass nach § 397 Abs. 1 BGB. Die Regelung sei mit Blick auf den Grundsatz der Privatautonomie „vergleichsfreundlich" ausgestaltet.[111]

VII. Rechtliche Wirkung der rechtskräftigen Einziehungsanordnung (§ 75 StGB)

§ 75 StGB regelt die rechtliche Wirkung der rechtskräftig angeordneten Einziehung und fasst damit die §§ 73e und 74e StGB a.F. zusammen. Die Vorschrift

---

107 BT-Drucks. 18/9525, S. 9.

108 BT-Drucks. 18/9525, S. 66; vgl. *Sprau*, in: Palandt, § 818, Rn. 20.

109 BT-Drucks. 18/9525, S. 68.

110 BT-Drucks. 18/9525, S. 68.

111 BT-Drucks. 18/9525, S. 68.

stellt die materiell-rechtliche Anknüpfungsnorm für das Entschädigungsmodell des § 459h StPO dar.

§ 75 Abs. 1 Satz 1 Nr. 1 StGB konstatiert zunächst den Grundsatz, dass das Eigentum an der Sache oder das Recht mit der Rechtskraft der Einziehungsentscheidung auf den Staat übergeht, wenn der Gegenstand dem Beschuldigten zu dieser Zeit gehört oder zusteht. § 75 Abs. 1 Satz 1 Nr. 1 StGB übernimmt damit den inhaltlich identischen Regelungsgehalt der §§ 73e Abs. 1 Satz 1 und 74e Abs. 1 StGB a.F.[112]

§ 75 Abs. 1 Satz 1 Nr. 2 StGB wiederum entspricht dem § 73 Abs. 4 StGB a.F. und erfasst vor allem die Fälle des unerlaubten Betäubungsmittelhandels, in denen der Betäubungsmittelverkäufer (Beschuldigter) wegen der Nichtigkeit des Übereignungsgeschäfts nach den §§ 134, 138 BGB kein Eigentum an dem als Gegenleistung erhaltenen Geld erlangt. Dies hätte zur Folge, dass das Geld zwar eingezogen werden kann, der Staat aber kein Eigentum erwirbt. Um dem entgegenzutreten, geht das Eigentum an der Sache oder dem Recht auch dann mit rechtskräftiger Einziehungsanordnung auf den Staat über, wenn der Gegenstand einem anderen gehört oder zusteht, der ihn aber für die Tat oder andere Zwecke in Kenntnis der Tatumstände gewährt hat. Aus der Vorschrift folgt damit, dass die Rechtsinhaberschaft des Beschuldigten keine Voraussetzung für die Einziehungsanordnung ist.[113]

Im Übrigen geht das Eigentum mit Ablauf von sechs Monaten nach der Mitteilung der Rechtskraft der Einziehungsanordnung auf den Staat über, es sei denn, dass vorher derjenige, dem der Gegenstand gehört oder zusteht, sein Recht bei der Vollstreckungsbehörde anmeldet, § 75 Abs. 1 Satz 2 StGB. Die Regelung erfasst insbesondere Diebstahlstaten zum Nachteil unbekannter Eigentümer, bei denen der Geschädigte das Eigentum an dem Gegenstand durch die Tat nicht verliert. Satz 2 lässt somit eine aufschiebend bedingte Wirkung der Einziehung zu; die rechtskräftige Einziehungsanordnung nach Satz 1 würde in obiger Konstellation keine Rechtswirkung entfalten.[114]

Versäumt der Geschädigte die Frist zur Anmeldung seines Entschädigungsanspruchs bei der Staatsanwaltschaft unverschuldet, soll gemäß §§ 44 ff. StPO analog die Wiedereinsetzung in den vorigen Stand in Betracht kommen. Zwar ist eine direkte Anwendung der §§ 44 ff. StPO ausgeschlossen, da diese nur Fristen erfassen, die bei Gericht wahrzunehmen sind.[115] Durch die Rückverlagerung der

112 BT-Drucks. 18/9525, S. 70.
113 BT-Drucks. 18/9525, S. 70.
114 BT-Drucks. 18/9525, S. 70.
115 *Varius*, in: MüKo StPO, § 44, Rn. 3.

Entschädigung in das Strafvollstreckungsverfahren ist das Gericht jedoch nicht mehr zuständig, was zu einem unbilligen, dem Opferschutz entgegenstehenden Ergebnis führen würde, sodass eine analoge Anwendung gerechtfertigt ist.[116]

§ 75 Abs. 2 StGB regelt die Folgen des staatlichen Eigentums- oder Rechtserwerbs für die sonstigen dinglichen Rechte[117] Dritter an dem eingezogenen Gegenstand. Dritter im Sinne der Vorschrift kann nur sein, wer nicht Adressat der Einziehungsanordnung ist. Die sonstigen dinglichen Rechte bleiben in den Fällen der Einziehung nach den §§ 73 bis 73c StGB bestehen; lediglich in den Fällen der §§ 74 ff. StGB droht das Erlöschen dieser Rechte.[118]

Schließlich regelt § 75 Abs. 3 StGB[119] die Rechtswirkung einer nicht rechtskräftigen Einziehungsanordnung eines Gegenstandes, der nicht beschlagnahmt ist. Demnach wirkt die Anordnung der Einziehung oder die Anordnung des Vorbehalts der Einziehung bis zum Übergang des Eigentums an der Sache oder des Rechts als Veräußerungsverbot im Sinne des § 136 BGB. Dabei erfasst das Verbot auch andere Verfügungen als Veräußerungen.[120]

War der Gegenstand zum Zeitpunkt der Entscheidung bereits nach den §§ 111b, 111c StPO sichergestellt, ergeben sich die rechtlichen Wirkungen aus § 111d StPO.[121]

VIII. Einziehung bei anderen Personen als dem Beschuldigten (Drittbegünstigte)

Die Einziehung von Vermögen bei Drittbegünstigten ist nunmehr in § 73b StGB geregelt und differenziert zwischen den „Vertretungsfällen" und den „Verschiebungsfällen".[122]

§ 73b Abs. 1 Satz 1 Nr. 1 StGB erfasst die „Vertretungsfälle". Diese sind dadurch gekennzeichnet, dass der Beschuldigte für einen bereicherten Dritten gehandelt hat.[123] Das vom Drittbegünstigten Erlangte wird durch die im Rahmen

---

116 BT-Drucks. 18/9525, S. 70.

117 „Dazu gehören: (Grund-) Pfandrechte, Nießbrauch, Sicherungs- und Vorbehaltseigentum", BT-Drucks. 18/9525, S. 70.

118 BT.-Drucks. 18/9525, S. 70.

119 Entspricht dem Regelungsgehalt des § 73e Abs. 2 StGB a.F. und des § 74e Abs. 3 StGB a.F.

120 BT-Drucks. 18/9525, S. 70.

121 BT-Drucks. 18/9525, S. 71.

122 Vgl. die umfassende Übersicht mit Beispielsfällen bei *Köhler/Burkhard*, NStZ 2017, S. 665 ff.

123 BT-Drucks. 18/9525, S. 55; die „Vertretungsfälle" wurden nach altem Recht von § 73 Abs. 3 StGB a.F. erfasst.

der Einziehung von Taterträgen bestehenden Grundsätze bestimmt; insbesondere gilt das „Bruttoprinzip".[124]

Neu eingeführt wurde durch § 73b Abs. 1 Satz 1 Nr. 2 StGB der Tatbestand des „Verschiebungsfalls". Hierunter versteht man diejenigen Fälle, in denen der Beschuldigte dem Dritten die Taterträge unentgeltlich oder ohne Rechtsgrund übertragen hat. Durch § 73 Abs. 1 Satz 1 Nr. 2 StGB soll nunmehr verhindert werden, dass der Beschuldigte die Taterträge dem Zugriff des Gläubigers entzieht oder dieser die Tat verschleiert.[125] Durch die Einführung des § 73 Abs. 1 Satz 1 Nr. 2 StGB hat der Gesetzgeber auf die im Schrifttum anhaltende Kritik[126] an der Rechtsprechung des BGH reagiert;[127] der BGH subsumierte die „Verschiebungsfälle" nach altem Recht unter § 73 Abs. 3 StGB a.F.[128] Diese Entwicklung ist zu begrüßen, da den Stimmen im Schrifttum Gehör geschenkt und gleichzeitig die bedeutsame Konstellation der „Verschiebungsfälle" gesetzlich normiert wurde.

IX. Erweiterte Einziehung von Taterträgen

Im Rahmen der erweiterten Einziehung von Taterträgen ist zwischen der unselbständigen Einziehung gemäß § 73a StGB und der selbständigen Einziehung in § 76a StGB zu unterscheiden.[129]

Der Gesetzgeber hat den Anwendungsbereich der unselbständigen Einziehung gemäß § 73a Abs. 1 StGB ausgeweitet. Nunmehr ordnet das Gericht die Einziehung beim Vorliegen einer Anknüpfungstat auch dann an, wenn der Beschuldigte die Taterträge durch oder für eine andere rechtswidrige Tat erlangt hat. Demnach ist zwar der Nachweis der verwirklichten Anknüpfungstat erforderlich, die Erwerbstat selbst muss jedoch nicht konkret nachgewiesen sein.[130] Notwendig ist die „uneingeschränkte richterliche Überzeugung"[131] davon, dass

---

124 *Köhler/Burkhard*, NStZ 2017, S. 665, 666; so auch im alten Recht: BGH, Urt. v. 21.08.2002 - 1 StR 115/02; BGH, Beschl. v. 18.02.2004 - 1 StR 296/03; BGH Urt. v. 14.09.2004 - 1 StR 202/04.

125 BT-Drucks. 18/9525, S. 55

126 *Eser*, in: Sch/Sch StGB, 29. Aufl., § 73, Rn. 37a; *Fischer*, StGB, 63. Aufl., § 73, Rn. 32, 37 m.w.N.; *Radtke*, in: FS Schünemann, S. 927, 931 f.; *Rönnau*, Vermögensabschöpfung, Rn. 126.

127 BT-Drucks. 18/9525, S. 55.

128 BGH, Urt. v. 19.10.1999 - 5 StR 336/99; BGH, Beschl. v. 13.07.2010 - 1 StR 239/10.

129 Vgl. die umfassende Übersicht mit Beispielsfällen bei *Köhler/Burkhard*, NStZ 2017, S. 665 ff.

130 *Köhler*, NStZ 2017, S. 497, 499.

131 BT-Drucks. 18/9525, S. 57.

der Beschuldigte den jeweiligen Gegenstand durch irgendeine – nicht konkret feststellbare – rechtswidrige Erwerbstat erlangt hat.[132] Im Gegensatz zum alten Recht kann Anknüpfungstat nunmehr jedes Vermögensdelikt sein.[133]

Diese Ausdehnung des Anwendungsbereichs ist kritisch zu sehen,[134] da diese bedingt, dass die unselbständige Einziehung von einer subsidiären Ausnahme[135] zum Normalfall der Abschöpfung wird.[136] Zwar ist positiv zu erwähnen, dass der Gesetzgeber, der Kritik im Schrifttum folgend, nunmehr eine nach strafprozessualen Grundsätzen erforderliche „uneingeschränkte richterliche Überzeugungsbildung" für den Nachweis der Erwerbstat als erforderlich ansieht. Das Schrifttum hielt das erleichterte Beweismaß der richterlichen Überzeugung und die Zulässigkeit einer mittelbaren Beweisführung für unvereinbar.[137] So waren nach der Rechtsprechung des BGH – in Übereinstimmung mit dem BVerfG – für die Überzeugungsbildung „keine Feststellungen über konkrete Herkunftstaten" erforderlich;[138] ausreichend für den Nachweis der Erwerbstat war, dass sich der „Tatrichter durch Ausschöpfung der vorhandenen Beweismittel von der Erwerbstat überzeugte."[139] Doch auch wenn für den Nachweis der Erwerbstat nunmehr dogmatisch die „uneingeschränkte richterliche Überzeugungsbildung" erforderlich ist, wird befürchtet, dass die Effektivität der Vorschrift in der Praxis zukünftig dadurch gewährleistet werden könnte, dass an den Nachweis der Erwerbstat geringere Anforderungen gestellt werden als an den Tatnachweis.[140]

Gleichwohl der Gesetzgeber die Anforderungen an das Beweismaß angehoben hat, sollte der Nachweis der Erwerbstat einem selbständigen Strafverfahren vorbehalten sein.[141] Ansonsten befasst sich das Gericht mit einer Tat, die „weder gemäß § 155 Abs. 1 StPO Inhalt der Anklage noch nachträglich gemäß § 266 Abs. 1 StPO in das Verfahren einbezogen wurde."[142] Dem steht jedoch der

---

132 *Köhler*, NStZ 2017, S. 497, 499.

133 *Köhler/Burkard*, NStZ 2017, S. 665, 670.

134 So auch *Eser*, in: Sch/Sch StGB, Vorbem. § 73, Rn. 10 der die Ausweitung als bedenklich bezeichnet.

135 Vgl. ausführlich zur Subsidiarität des § 73d StGB a.F.: *Nestler*, HRRS 2011, S. 519, 522 ff.

136 *Rönnau/Begemeier*, NZWiSt 2016, S. 260, 262.

137 *Herzog*, JR 2004, S. 494, 495 ff.; *Rönnau*, in: FS Ostendorf, S. 707, 712.

138 BGH, Beschl. v. 22.11.1994 – 4 StR 516/94; BVerfG, Beschl. v. 14.01.2004 – 2 BvR 564/95, Rn. 93.

139 BVerfG, Beschl. v. 14.01.2004 – 2 BvR 564/95, Rn. 93.

140 *Eser*, in: Sch/Sch StGB, § 73a, Rn. 2.

141 So auch *Eser*, in: Sch/Sch StGB, § 73, Rn. 3.

142 *Eser*, in: Sch/Sch StGB, § 73, Rn. 3.

sich aus § 151 StPO ergebende Anklagegrundsatz entgegen: Um eine gerichtliche Untersuchung herbeizuführen, bedarf es einer öffentlichen Klage.[143] Schließlich hat es auch falsche Signalwirkung, wenn das Gericht durch die Anordnung der Einziehung nach § 73a StGB öffentlich kundtut, dass der Beschuldigte weitere Straftaten begangen habe, diese aber nicht zur Anklage gebracht werden.[144]

Die selbständige Einziehung ist in § 76a StGB geregelt und unterscheidet zwischen der einfachen selbständigen Einziehung und der Einziehung von Vermögen unklarer Herkunft.[145]

Der Gesetzgeber hat den Anwendungsbereich der einfachen selbständigen Einziehung erweitert. Nunmehr kann die Einziehung auch dann nach § 76a Abs. 1 StGB angeordnet werden, wenn die Verfolgung oder Verurteilung einer bestimmten Person aus rechtlichen Gründen[146] nicht möglich ist.[147] Darüber hinaus ist § 76a Abs. 2 Satz 1 StGB von besonderer Bedeutung. Die Vorschrift ordnet an, dass die einfache selbständige Einziehung nunmehr auch dann zulässig ist, wenn die Erwerbstat bereits verjährt ist. Diese Regelung stört den Eintritt des Rechtsfriedens – dieser ist Sinn und Zweck der strafrechtlichen Verjährung – und ist daher abzulehnen.[148] Selbiges gilt für die Neuregelung des § 76b Abs. 1 StGB, wonach die Erwerbstat erst nach 30 Jahren verjährt; die Verjährung dieser ist somit faktisch ohne Belang.[149]

Für den Bereich der organisierten Kriminalität und des Terrorismus hat der Gesetzgeber in § 76a Abs. 4 StGB ein eigenes Abschöpfungsinstrument geschaffen.[150] Nunmehr können Vermögensgegenstände auch unabhängig vom Nachweis einer rechtswidrigen Tat selbständig eingezogen werden, wenn das Gericht von ihrer illegalen Herkunft überzeugt ist.[151] Anders als bei der unselbständigen erweiterten Einziehung kommen als Erwerbstaten allerdings nur die im

---

143 *Diemer*, in: KK StPO, § 151, Rn. 1; eine Ausnahme von diesem Grundsatz ist die Privatklage.

144 *Eser*, in: Sch/Sch StGB, § 73, Rn. 3; *Perron*, JZ 1993, S. 918, 919.

145 BT-Drucks. 18/9525, S. 71.

146 Hierunter fallen: Strafklageverbrauch, dauernde Verhandlungsunfähigkeit oder Tod des Beschuldigten, *Eser*, in: Sch/Sch StGB, § 76a, Rn. 6.

147 BT-Drucks. 18/9525, S. 71.

148 Diese Auffassung teilte zunächst auch der Gesetzgeber, vgl. BT-Drucks. 18/9525, S. 71.

149 *Köhler*, NStZ 2017, S. 497, 499.

150 Die Abschöpfung von Vermögen unklarer Herkunft ist angelehnt an das aus dem anglo-amerikanischen Recht stammende Institut der „non-conviction-based confiscation", BT-Drucks. 18/9525, S. 58.

151 BT-Drucks. 18/9525, S. 72.

Katalog des § 76a Abs. 4 Satz 3 StGB aufgeführten Delikte in Betracht.[152] Da die selbständige erweiterte Einziehung nach § 76a Abs. 4 Satz 2 StGB nicht auf die Eigentümerstellung des Betroffenen abstellt, richtet sich diese gegen die Sache selbst.[153] Dies stößt auf verfassungsrechtliche Bedenken, insbesondere sind der Art. 14 Abs. 1 GG und Art. 103 Abs. 1 GG zu beachten.[154] Es steht daher zu erwarten, dass sich das BVerfG mit der Verfassungsmäßigkeit der Vorschrift befassen wird. In der Sache handelt es sich bei dem Institut um eine „Verdachtssanktion", welche strukturell als gefahrenabwehrrechtliche Maßnahme zu qualifizieren ist. Die systematische Verortung im StGB erscheint hingegen verfehlt.[155]

Soweit der Art 316h Satz 1 EGStGB die selbständige Einziehung gemäß den §§ 76a Abs. 2, 76b Abs. 1 und 78 Abs. 1 Satz 2 StGB auch hinsichtlich solcher Taten für anwendbar erklärt, die bereits vor dem Inkrafttreten der Gesetzesreform am 1. Juli 2017 verjährt waren, stellt dies einen Verstoß gegen das verfassungsmäßige Verbot echt rückwirkender Gesetze dar.

Auch der BGH vermutet einen solchen Verstoß und hat die Frage der Verfassungsmäßigkeit der vorstehenden Regelung dem BVerfG vorgelegt.[156] Der BGH begründet seine Ansicht mit dem schutzwürdigen Vertrauen der Beschuldigten in die vor der Reform geltenden Verjährungsvorschriften. Es sei gerade Sinn und Zweck der strafrechtlichen Verjährungsvorschriften, dass nach Ablauf einer gesetzlich bestimmten Zeit Rechtssicherheit hergestellt wird. Vor diesem Hintergrund durften sich die Betroffenen auf die seinerzeitige Abwägung des Gesetzgebers verlassen.[157]

Den vorstehenden Ausführungen des BGH lag eine Entscheidung des LG Oldenburg zugrunde.[158] Angeklagt waren die beiden Geschäftsführer zweier Unternehmen, die im Zeitraum von 2008 bis 2010 mittels Scheinwerkverträgen bulgarische Arbeiter beschäftigten. Das LG hatte es zwar als erwiesen angesehen, dass sich die beiden Beschuldigten eines Verstoßes gegen das Schwarzarbeitsbekämpfungsgesetz strafbar gemacht hatten. Da in der Zwischenzeit allerdings Verfolgungsverjährung eingetreten sei, hatte das LG die Beschuldigten freigesprochen. Darüber hinaus hatte das LG aber gegen die beiden nebenbeteiligten Unternehmen die selbständige Wertersatzeinziehung angeordnet und dies damit

---

152 BT-Drucks. 18/9525, S. 72.
153 *Köhler/Burkhard*, NStZ 2017, S. 665, 672.
154 *Eser*, in: Sch/Sch StGB, § 76a, Rn. 10.
155 *Trüg*, NJW 2017, S. 1913, 1916.
156 BGH, Beschl. v. 07.03.2019 – 3 StR 192/18.
157 BGH, Beschl. v. 07.03.2019 – 3 StR 192/18.
158 LG Oldenburg, Urt. v. 17.10.2017 – 2 KLs 950 Js 42953/10 (86/12).

begründet, dass gemäß Art. 316h Satz 1 EGStGB das neue Recht auch auf Straftaten anwendbar sei, die vor dem Inkrafttreten der Gesetzesreform am 1. Juli 2017 begangen wurden. Daher sei nach den Vorschriften der §§ 76a Abs. 2 Satz 1, 78 Abs. 1 Satz 2, 76b Abs. 1 Satz 1 StGB die Anordnung der selbständigen Einziehung auch bei verjährten Straftaten zulässig.[159]

Der Ansicht des BGH ist zuzustimmen, die vorstehenden Regelungen verstoßen gegen das Verbot echt rückwirkender Gesetze. Denn das Vertrauen der Beschuldigten in die vor der Reform geltenden Verjährungsvorschriften ist schutzwürdig. Dies ergibt sich aus dem Gebot des Rechtsfriedens, demzufolge „der Eintritt der Verjährung die Fiktion einer Aussöhnung des Täters mit der Gesellschaft enthält, die ihm von nun an seine Verfehlung nicht mehr vorhalten wird."[160] Des Weiteren muss einer strafrechtlichen Maßnahme immer ein verfolgbares Verhalten zugrunde liegen. Dies ist gerade nicht der Fall, wenn die verfolgte Tat bereits verjährt ist. Vor diesem Hintergrund ist zu erwarten, dass das BVerfG die vorstehenden Bedenken teilt und den Art. 316h Satz 1 EGStGB in diesem Teilbereich für verfassungswidrig erklärt.

B. Prozessuale Änderungen

Das Regelungswerk der vorläufigen Sicherstellungsmaßnahmen wird neu gefasst, entspricht in den Grundzügen jedoch den §§ 111b ff. StPO a.F. Insbesondere hält der Gesetzgeber an der Trennung zweier Sicherungsinstrumente fest. Um die Anwendung der Sicherstellungsmaßnahmen zu vereinfachen werden Anordnung, Vollziehung und Wirkung der Maßnahmen in gesonderten Vorschriften normiert. Schließlich will der Gesetzgeber mit den Vorschriften des § 111d Abs. 1 Satz 2 StPO und des § 111i StPO das Spannungsverhältnis der vorläufigen Sicherstellung zum Insolvenzrecht lösen.[161]

Als Folge der Streichung des § 73 Abs. 1 Satz 2 StGB a.F. entfallen die Regelung des § 111b Abs. 5 StPO a.F. sowie die §§ 111g bis 111i StPO a.F.[162] Die Ansprüche der Verletzten werden daher grundsätzlich außerhalb des Strafverfahrens befriedigt. Hierbei ist § 459h StPO die grundlegende Vorschrift der Opferentschädigung.[163] Im Regelfall erfolgt die Entschädigung im Strafvollstreckungsverfahren

---

159 LG Oldenburg, Urt. v. 17.10.2017 – 2 KLs 950 Js 42953/10 (86/12).

160 *Mitsch*, in: MüKo StGB, § 78, Rn. 3.

161 BT-Drucks. 18/9525, S. 74.

162 BT-Drucks. 18/9525, S. 74.

163 BT-Drucks. 18/9525, S. 93.

gemäß § 459h StPO durch die Staatsanwaltschaft als Vollstreckungsbehörde;[164] nur ausnahmsweise soll diese im Insolvenzverfahren gemäß § 111i StPO erfolgen.[165] Die Art und Weise der Entschädigung richtet sich danach, ob der aus der Straftat erlangte Gegenstand noch vorhanden ist oder nicht.[166]

I. Vorläufige Sicherungsmaßnahmen

Das erklärte gesetzgeberische Ziel ist, das Regelwerk der vorläufigen Sicherungsmaßnahmen zu vereinfachen und deren Anwendung zu erleichtern.[167] Die Vorschriften über die vorläufigen Sicherungsmaßnahmen werden neu gefasst, sollen aber in ihren Grundzügen den vorherigen Vorschriften entsprechen; so gibt es beispielsweise weiterhin in der Beschlagnahme, § 111b StPO, und dem Vermögensarrest, § 111e StPO, zwei Sicherungsinstrumente. Durch die Gesetzesreform sollen jedoch beide Sicherungsmittel regelungstechnisch klar voneinander abgegrenzt werden, indem u.a. die Anordnung, Vollziehung und Wirkung der jeweiligen Maßnahmen in gesonderten Vorschriften geregelt werden. Darüber hinaus werde durch die begriffliche Änderung – vormals „dinglicher Arrest", nun „Vermögensarrest" – der eigenständigen Rolle des Vermögensarrestes Ausdruck verliehen.[168]

1. Beschlagnahme (§§ 111b, 111c, 111d StPO)

§ 111b StPO normiert ausschließlich die Anordnung der Beschlagnahme.[169] Durch die Streichung des § 111b Abs. 3 StPO a.F. richtet sich die Dauer der Beschlagnahme nach dem allgemeinen Verhältnismäßigkeitsgrundsatz.

Im Konkreten enthält § 111b Abs. 1 StPO drei sachliche Änderungen. So ist das Erfordernis eines Sicherungsbedürfnisses ausdrücklich – „zur Sicherung der Vollstreckung" – in § 111b Abs. 1 StPO normiert. Des Weiteren „soll" die Beschlagnahme nunmehr bei Vorliegen dringender Gründe angeordnet werden; sie wird somit bei deren Vorliegen zum Regelfall, § 111b Abs. 1 Satz 2 StPO. Im Übrigen

---

164 Funktionell zuständig ist der Rechtspfleger gem. §§ 3 Nr. 4c, 31 Abs. 2 Satz 1 RPflG.

165 Siehe hierzu: Schaubild im Anhang; eine weitere Ausnahme gilt für bewegliche Sachen. Sie sollen dem Verletzten nach § 111n Abs. 2 StPO möglichst zeitnah zurückgegeben werden.

166 BT-Drucks. 18/9525, S. 50.

167 BT-Drucks. 18/9525, S. 74.

168 BT-Drucks. 18/9525, S. 74.

169 Die in § 111b Abs. 2 StPO a.F. normierten Voraussetzungen zur Anordnung des dinglichen Arrestes finden mit § 111e StPO Niederschlag in einer eigenständigen Vorschrift.

verbleibt es bei einem weiten Ermessensspielraum, § 111b Abs. 1 Satz 1 StPO. Schließlich wird klargestellt, dass die Unbrauchbarmachung der Einziehung gleichsteht.[170]

Während die Vollziehung einer Beschlagnahmeanordnung weiterhin in § 111c StPO normiert ist, überführt § 111d StPO den Regelungsgehalt des § 111c Abs. 5 und 6 StPO a.F. in eine gesonderte Vorschrift. Dabei entspricht § 111d Abs. 1 Satz 1 StPO dem § 111c Abs. 5 StPO a.F.[171]

Von besonderer Relevanz ist § 111d Abs. 1 Satz 2 StPO, der den Schutzumfang der Beschlagnahme erweitert. Nunmehr hat die Wirkung der Beschlagnahmeanordnung auch bei Eröffnung des Insolvenzverfahrens bestand; § 80 Abs. 2 Satz 1 InsO und § 88 InsO finden insoweit keine Anwendung.[172] Darüber hinaus kann die Vollziehung der Beschlagnahme nach § 111c StPO nicht durch eine etwaige Insolvenzanfechtung aufgehoben werden, § 111d Abs. 1 Satz 2 Hs. 2 StPO.

Hinsichtlich der Rückgabe beschlagnahmter beweglicher Sachen an den Betroffenen gilt § 111d Abs. 2 StPO, der dem § 111c Abs. 6 StPO a.F. entspricht. Dabei ist zu beachten, dass die Herausgabe an den Geschädigten nach § 111n Abs. 2 StPO Vorrang hat.[173]

2. Vermögensarrest (§§ 111e, 111f, 111g StPO)

Der Vermögensarrest findet nunmehr in § 111e StPO eine einheitliche Regelung. Auch hier ergebe sich die Notwendigkeit eines Sicherungsgrundes[174] aus der Formulierung „zur Sicherung der Vollstreckung" unmittelbar aus der Vorschrift. Da hierdurch die Anforderungen an den Sicherungsgrund gewahrt seien, verzichtet der Gesetzgeber auf die sinngemäße Anwendung des § 917 ZPO. Auch die übrigen Verweise auf die ZPO wurden gestrichen, da sich der notwendige Inhalt der Anordnung und die Abwendungsbefugnis unmittelbar aus § 111e Abs. 1 und 4 StPO ergeben sollen.[175]

---

170 BT-Drucks. 18/9525, S. 74; zum alten Recht: *Spillecke*, in: KK StPO, 7. Aufl., § 111b, Rn. 2.

171 BT-Drucks. 18/9525, S. 75.

172 BT-Drucks. 18/9525, S. 75; anders im alten Recht, vgl. dazu: BGH, Urt. v. 24.05.2007 – IX ZR 41/05, Rn. 12 ff.

173 BT-Drucks. 18/9525, S. 75.

174 Als Ausprägung des Übermaßverbotes, vgl. hierzu: *Bittmann*, in: MüKo StPO, § 111d, Rn. 4.

175 BT-Drucks. 18/9525, S. 76.

Hinsichtlich der inhaltlichen Ausgestaltung des § 111e Abs. 1 StPO und den Anforderungen an die Anordnung des Vermögensarrestes ergeben sich keine Unterschiede zu der Beschlagnahmeanordnung gemäß § 111b Abs. 1 StPO.[176]

Anders als im § 111d Abs. 1 Satz 3 StPO a.F. verzichtet § 111e Abs. 3 StPO auf eine Regelung für „geringfügige Beträge". Die Staatsanwaltschaft kann jedoch nach § 421 Abs. 1 Nr. 1, Abs. 3 StPO von der Einziehung absehen.

Der § 111e Abs. 4 Satz 1 StPO ersetzt den Verweis auf § 920 Abs. 1 ZPO. Nach § 111e Abs. 4 Satz 2 StPO hat der Beschuldigte eine Abwendungsbefugnis; macht er hiervon Gebrauch, wird die Arrestvollziehung aufgehoben, § 111g Abs. 1 StPO. Der Verweis auf § 108 Abs. 1 ZPO stellt die Form der insoweit zu leistenden Sicherheit in das Ermessen des Gerichts.[177] Macht der Beschuldigte von seiner Abwendungsbefugnis Gebrauch, ist die Vollziehung des Vermögensarrestes gemäß § 111g Abs. 1 StPO aufzuheben.[178]

Zur Beseitigung rechtlicher Unsicherheiten in Bezug auf vorläufige Sicherungsmaßnahmen in Steuerstrafverfahren ordnet § 111e Abs. 6 StPO für Steuerstrafverfahren die Gleichrangigkeit des Vermögensarrestes und des dinglichen Arrestes nach § 324 AO an.[179]

Die Vollziehung des Vermögensarrestes wird in § 111f StPO normiert und ersetzt § 111d Abs. 2 StPO a.F., soweit dort auf die §§ 928, 930 bis 932 ZPO verwiesen wurde.[180]

Die Wirkung des in Vollziehung des Vermögensarrests entstehenden Sicherungsrechts ist in § 111h StPO geregelt. Das Pfändungspfandrecht und die Sicherungshypothek erstarken mit der Rechtskraft der Einziehungsanordnung zu einem Vollstreckungspfandrecht, das die Verwertung gestattet.[181]

§ 111h Abs. 1 StPO enthält den deklaratorischen Hinweis auf die nach der Insolvenzordnung geltende Rechtslage. Das durch die Vollziehung des

176 Siehe insoweit den vorherigen Gliederungspunkt.

177 BT-Drucks. 18/9525, S. 76; für den Fall, dass das Gericht keine ausdrückliche Anordnung trifft, steht es dem Betroffenen frei anstelle der Hinterlegung von Geld auch eine selbstschuldnerische Bankbürgschaft einzureichen, so bereits im alten Recht: *Spillecke*, in: KK StPO, 7. Aufl., § 111d, Rn. 9; *Bittmann*, in: MüKo StPO, § 111d, Rn. 10.

178 Zuständig für die Aufhebung als Annex der Vollziehung ist gem. § 111k Abs. 1 Satz 1 StPO die Staatsanwaltschaft – funktional zuständig ist der Rechtspfleger gemäß § 31 Abs. 1 Nr. 2 RPflG.

179 BT-Drucks. 18/9525, S. 77; vgl. zur Problematik im alten Recht: *Schmitt*, in: Meyer-Goßner, 60. Aufl., § 111b, Rn. 13.

180 BT-Drucks. 18/9525, S. 77.

181 BT-Drucks. 18/9525, S. 77.

Vermögensarrestes entstandene Sicherungsrecht ist demnach insolvenzfest ausgestaltet, soweit es nicht von der Rückschlagsperre oder der Insolvenzanfechtung erfasst wird. Mithin berechtigt das Sicherungsrecht zur abgesonderten Befriedigung nach den §§ 49, 50 InsO.[182]

§ 111h Abs. 2 Satz 1 StPO untersagt die Zwangsvollstreckung in Gegenstände, die im Wege der Arrestvollziehung gepfändet wurden. Der Gesetzgeber verfolgt mit dieser Regelung mehrere Ziele. So sichert die Vorschrift zum einen den grundsätzlichen Vorrang der Verletzten vor den übrigen Gläubigern des Beschuldigten und gewährleistet zudem über das Einzelvollstreckungsverbot die Gleichbehandlung aller Tatgeschädigten. Hierdurch wird sodann verhindert, dass durch Einzelvollstreckungsmaßnahmen zwischen der Arrestvollziehung und einer etwaigen Eröffnung des Insolvenzverfahrens Absonderungsrechte einzelner Gläubiger entstehen, die die Insolvenzmasse zu Lasten der übrigen Geschädigten schmälern.[183]

Der Opferschutz wird jedoch zu Gunsten des Fiskus durch § 111h Abs. 2 Satz 2 StPO aufgeweicht. Demnach gilt das Einzelvollstreckungsverbot nicht für Vermögensarreste, die einer Arrestanordnung nach § 324 AO entspringen. Begründet wird dies damit, dass der Fiskus über § 324 AO schneller als andere eine Sicherheit erlangen, daher auch die Zulassung der Zwangsvollstreckung nach § 111g Abs. 2 StPO a.F. noch vor den übrigen Gläubigern beantragen könne und damit bereits nach altem Recht bevorteilt wurde.[184]

3. *Verfahren bei Anordnung und Vollziehung der Sicherungsmaßnahme*

Das Verfahren bei Anordnung und Vollziehung der vorläufigen Sicherungsmaßnahmen ist in den §§ 111j ff. StPO geregelt.

a. *Verfahren bei Anordnung der Beschlagnahme und des Vermögensarrestes (§ 111j StPO)*

§ 111j StPO regelt das Verfahren bei Anordnung der Beschlagnahme und des Vermögensarrestes und übernimmt den Regelungsgehalt des § 111e Abs. 1 und 2 StPO a.F. Demnach werden die vorläufigen Sicherungsmaßnahmen weiterhin durch das Gericht angeordnet. Lediglich bei Gefahr im Verzug kann die Anordnung auch durch die Staatsanwaltschaft erfolgen; die Ermittlungspersonen der Staatsanwaltschaft sind in diesen Fällen nur zur Beschlagnahme einer beweglichen Sache

182 BT-Drucks. 18/9525, S. 77.
183 BT-Drucks. 18/9525, S. 78.
184 BT-Drucks. 18/9525, S. 78.

befugt. Die Staatsanwaltschaft hat sodann innerhalb einer Woche bei dem nach § 162 StPO zuständigen Gericht die Bestätigung der Anordnung zu beantragen; es sei denn, es ist die Beschlagnahme einer beweglichen Sache angeordnet.[185]

b. Verfahren bei der Vollziehung der Beschlagnahme und des Vermögensarrestes (§§ 111k, 111l StPO)

§ 111k StPO normiert das Verfahren bei Vollziehung der Beschlagnahme und des Vermögensarrestes und übernimmt überwiegend den Regelungsgehalt des § 111f StPO a.F. Zu beachten ist, dass die Staatsanwaltschaft nunmehr ausnahmslos für die Vollziehung der vorläufigen Sicherungsmaßnahmen zuständig ist, § 111k Abs. 1 Satz 1 StPO.[186]

§ 111k Abs. 2 Satz 2 StPO erweitert über den Verweis auf § 174 ZPO die Zustellungsmöglichkeiten bei privatrechtlichen Kreditinstituten auf Telekopien und elektronische Dokumente. Insofern werden private Banken den öffentlichen Kreditinstituten gleichgestellt.[187] Auf diese Weise soll die Kontopfändung erleichtert und die Gefahr von Vermögensverschiebungen verhindert werden.[188]

Nach § 111k Abs. 3 StPO kann der Beschuldigte gegen Maßnahmen, die in Vollziehung der vorläufigen Sicherungsmaßnahme getroffen werden, die Entscheidung des nach § 162 StPO zuständigen Gerichts beantragen.[189]

Die Staatsanwaltschaft teilt im nächsten Schritt die Vollziehung der vorläufigen Sicherungsmaßnahme dem Verletzten mit, § 111l Abs. 1 StPO. Dabei ist die Mitteilung im Sinne des Opferschutzes mit dem Hinweis auf die Art und Weise ihrer Entschädigung und auf die Mitwirkungsobliegenheiten zu verbinden. § 111l Abs. 1 StPO ersetzt § 111e Abs. 3 StPO a.F. und verzichtet auf das Gebot der „Unverzüglichkeit" der Mitteilung, da die Opferentschädigung nicht mehr nach dem Prioritätsprinzip erfolgt. Nunmehr liegt der Mitteilungszeitpunkt im Ermessen der Staatsanwaltschaft und soll so zur Entlastung der Strafjustiz beitragen.[190]

In den Fällen eines vollzogenen Vermögensarrestes hat die Staatsanwaltschaft den Verletzten nach § 111l Abs. 3 Satz 1 StPO aufzufordern, sich zur

185 BT-Drucks. 18/9525, S. 81.
186 Nach § 111f Abs. 2 Satz 1 StPO a.F. wurden Registereintragungen auch auf Ersuchen der Gerichte bewirkt.
187 Für öffentlich-rechtliche Geldinstitute fand die Vorschrift des § 174 ZPO bereits über § 111f Abs. 4 StPO a.F. i.V.m. § 37 Abs. 1 StPO Anwendung.
188 BT-Drucks. 18/9525, S. 81.
189 BT-Drucks. 18/9525, S. 81.
190 BT-Drucks. 18/9525, S. 81.

Geltendmachung seiner Schadensersatzansprüche zu erklären. Dabei ist der Verletzte auf das Einzelvollstreckungsverbot des § 111h Abs. 2 Satz 1 StPO und die verschiedenen Entschädigungsmöglichkeiten nach den §§ 111i Abs. 2, 459h Abs. 2 und 459k StPO hinzuweisen. Im Übrigen soll der Verletzte darüber in Kenntnis gesetzt werden, dass sich sein durch das Strafverfahren gesicherter Entschädigungsanspruch auf die Rückgewähr des Erlangten bzw. auf Ersatz des Wertes des Erlangten beschränkt.[191]

Sind nicht alle Verletzte bekannt oder wäre die gesonderte Mitteilung an jeden bekannten Verletzten mit einem unverhältnismäßigen Aufwand verbunden, kann die Mittelung öffentlich erfolgen, § 111l Abs. 4 StPO. In Fällen mit zahlreichen Geschädigten soll dies die regelmäßige Form der Mitteilung sein. Damit wird gewährleistet, dass alle Gläubiger die Informationen erlangen können, die sie zur Wahrung ihrer Rechte benötigen.[192]

c. *Verwaltung beschlagnahmter oder gepfändeter Gegenstände (§ 111m StPO)*

Die Verwaltung beschlagnahmter oder gepfändeter Gegenstände obliegt der Staatsanwaltschaft, § 111m Abs. 1 Satz 1 StPO.[193] Der Beschuldigte kann wiederum gegen derartige Verwaltungsmaßnahmen die Entscheidung des nach § 162 StPO zuständigen Gerichts beantragen, § 111m Abs. 2 StPO.[194]

4. *Herausgabe beweglicher Sachen vor Rechtskraft der Einziehungsentscheidung (§§ 111n, 111o StPO)*

Bewegliche Sachen, die als Beweismittel oder Einziehungsgegenstand sichergestellt wurden, können, wenn sie für die Zwecke des Strafverfahrens nicht mehr benötigt werden, an den letzten Gewahrsamsinhaber herausgegeben werden, § 111n StPO. Damit wird die Herausgabe beweglicher Sachen bis zum Eigentumsübergang auf den Staat infolge rechtskräftiger Einziehungsanordnung

191 BT-Drucks. 18/9525, S. 82.

192 BT-Drucks. 18/9525, S. 82.

193 Die Vorschrift setzt Art. 10 Abs. 1 2014/42/EU um, wonach die Mitgliedstaaten verpflichtet waren, für durch Beschlagnahme- oder Arrestanordnung sichergestellte Gegenstände geeignete Verwaltungsmaßnahmen zu treffen. Die Umsetzung soll bspw. durch die Errichtung von Zentralstellen erfolgen. Der Gesetzgeber regt insoweit die Errichtung bei den Generalstaatsanwaltschaften, Schwerpunktstaatsanwaltschaften oder Landeskriminalämtern an: BT-Drucks. 18/9525, S. 82.

194 BT-Drucks. 18/9525, S. 82.

vollständig in der StPO geregelt. § 111n StPO fasst somit die Regelungen des § 111k StPO a.F. und die Bestimmungen in Nr. 75 Abs. 1, 2 Satz 1 und Abs. 3 RiStBV zusammen.

Anknüpfungspunkt für die Herausgabe ist der Gewahrsam. § 111n StPO ist damit ebenso wie § 111k StPO a.F. eine vorläufige Besitzstandregelung und stellt nicht auf das Eigentum oder beschränkt dingliche Rechte an dem sichergestellten Gegenstand ab.[195] Sollte ein Dritter Eigentum an der beweglichen Sache oder ein beschränkt dingliches Recht an dieser haben, kann er das behauptete Recht gegen den Gewahrsamsinhaber auf zivilrechtlichem Wege geltend machen. Dem steht die strafprozessuale Herausgabeentscheidung als vorläufige Besitzstandregelung nicht entgegen.[196] Ausnahmsweise erfolgt die Rückgabe an einen Dritten, wenn dieser bekannt ist, ihm die Sache allein – z.B. aufgrund seiner Eigentümerstellung, möglich sind aber auch schuldrechtliche Ansprüche – zusteht und dies offenkundig ist, § 111n Abs. 3 und 4 StPO.[197] Bei zweifelhafter Anspruchsberechtigung des Dritten kommt die Herausgabe mithin nicht in Betracht.

Die Herausgabe erfolgt nur, wenn „offenkundig" ist, an wen die Sache herauszugeben ist, § 111n Abs. 4 StPO. Der Berechtigte muss gemäß § 111n Abs. 2 StPO bekannt sein, also aufgrund der Aktenlage feststehen oder seine Berechtigung z.B. durch Vorlage eines zivilrechtlichen Titels nachweisen. Der Anspruchsteller wird somit in Zweifelsfällen rein faktisch auf den Zivilrechtsweg verwiesen.[198]

Führt die Rückgabe der beschlagnahmten Sache an den letzten Gewahrsamsinhaber zur Aufrechterhaltung des rechtswidrigen Zustandes, hat die Herausgabe ausnahmsweise an den Verletzten zu erfolgen, § 111n Abs. 2 StPO. Insoweit ist jedoch zu beachten, dass die Rückgabe nur an den Geschädigten erfolgt, dem die Sache unmittelbar durch die Straftat entzogen worden ist; Dritte[199], die die Rechtsposition des Verletzten eingenommen haben, bleiben unberücksichtigt.[200]

Sind der Verletzte oder ein Dritter unbekannt und würde die Rückgabe an den Gewahrsamsinhaber zur Aufrechterhaltung des rechtswidrigen Zustandes

---

195 BT-Drucks. 18/9525, S. 82; vgl. zu § 111k StPO a.F.: BGH, Urt. v. 24.05.2007 – IX ZR 97/04, Rn. 22; *Bittmann*, in: MüKo StPO, § 111k, Rn. 2.

196 LG Frankfurt (Oder), Beschl. v. 14.06.2011 – 6a T 38/11, Rn. 15 mit Hinweis auf BGH, Urt. v. 24.05.2007 – IX ZR 97/04; *Spillecke*, in: KK StPO, § 111n, Rn. 10.

197 BT-Drucks. 18/9525, S. 83; für diese Lösung bereits nach altem Recht, *Johann*, in: LR StPO, § 111k, Rn. 28.

198 BT-Drucks. 18/9525, S. 83.

199 Z.B. der Versicherer nach § 86 Abs. 1 Satz 1 VVG oder der Erbe des Verletzten.

200 So bereits auch im alten Recht, vgl. *Schmitt*, in: Meyer-Goßner, 60. Aufl., § 111k, Rn. 5; *Bittmann*, in: MüKo StPO, § 111k, Rn. 5.

führen, bleibt die Beschlagnahme bestehen und die Sache wird nicht herausgegeben. In diesen Fällen liegen die Voraussetzungen für eine vorzeitige Herausgabe nach § 111n Abs. 1 StPO nicht vor, da die Sache als potentieller Einziehungsgegenstand für das Strafverfahren benötigt wird.[201] Nunmehr geht das Eigentum an der Sache mit Rechtskraft der Einziehungsentscheidung gemäß § 75 Abs. 1 StGB auf den Staat über.[202]

§ 111o StPO steht in seiner Neufassung im Einklang mit den zivilrechtlichen Besitzregelungen.[203] Die Norm entspricht dem besitzrechtlichen Grundsatz, dass ein herausgabepflichtiger Besitzer, den Besitz an der Sache demjenigen zu übertragen hat, der ein besseres Recht zum Besitz vorweisen kann.[204] Des Weiteren liegt in der Regelung, dass die Herausgabe nicht an den letzten Gewahrsamsinhaber erfolgen soll, wenn dies zur Aufrechterhaltung des rechtswidrigen Zustandes führen würde, keine Umgehung des § 1006 BGB vor. Zwar stellt § 1006 BGB für den Beschuldigten, bei dem die Sache vorgefunden wurde, die Vermutung der Eigentümerstellung und damit ein Recht zum Besitz auf, durch das Erfordernis der „Offenkundigkeit" wird diese Vermutung aber widerlegt. Mithin wird durch die Vorschrift sichergestellt, dass der Beschuldigte entzogene Sachen im Einklang von Zivil- und Strafrecht – hier gilt der vermögensrechtliche Grundsatz, dass das durch die Tat Erlangte nicht beim Beschuldigten verbleiben soll[205] – wieder an den Berechtigten zurückführt.[206]

Das Verfahren bei der Herausgabe nach § 111n StPO wird durch § 111o StPO normiert. Demnach ist die Staatsanwaltschaft im vorbereitenden Verfahren und nach rechtskräftigem Abschluss des Strafverfahrens für die Herausgabe zuständig; im Übrigen das mit der Sache befasste Gericht, § 111o Abs. 1 StPO.[207]

---

201 BT-Drucks. 18/9525, S. 84.

202 BT-Drucks. 18/9525, S. 83.

203 So auch für die Vorgängerregelung des § 111k StPO, *Bittmann*, in: MüKo StPO, § 111k, Rn 2.

204 LG Saarbrücken, Beschl. v. 27.10.2009 – 2 KLs 2/09, Rn. 36: „Einen zivilrechtlichen Schutz des nichtberechtigten Gewahrsamsinhabers – abgesehen vom Fall der verbotenen Eigenmacht, §§ 858 ff. BGB – gibt es nicht und der unrechtmäßige Besitz ist auch verfassungsrechtlich nicht geschützt. Demzufolge kann es auch im Strafverfahren nicht um eine schematische Wiederherstellung des früheren, sondern nur um eine Wiederherstellung des rechtmäßigen Zustandes gehen" mit Verweis auf: *Löffler*, NJW 1991, S. 1705, 1706 f.; *Rogall*, in: SK StPO, § 111k, Rn. 1, 17 u. 35.

205 BGH, Urt. v. 28.10.2010 – 4 StR 215/10, Rn. 25 unter Bezugnahme auf BT-Drucks. 16/700, S. 1 und BVerfG, Beschl. v. 14.01.2004 – 2 BvR 564/95, Rn. 64, 70, 72 u. 75.

206 *Bittmann*, in: MüKo StPO, § 111k, Rn. 2.

207 BT-Drucks. 18/9525, S. 21.

Gegen die Herausgabeverfügung der Staatsanwaltschaft können die hiervon Betroffenen die Entscheidung des nach § 162 StPO zuständigen Gerichts beantragen, § 111o Abs. 2 StPO. Soweit die Herausgabe aufgrund einer gerichtlichen Entscheidung vorgenommen wird, ist die Beschwerde nach den §§ 304 ff. StPO statthaft.[208]

II. Erkenntnisverfahren (§ 421 ff. StPO)

Das Erkenntnisverfahren der Einziehung wird durch die §§ 421 bis 439 StPO vollumfänglich reformiert und ersetzt die besonderen Verfahrensvorschriften der §§ 430 bis 442 StPO a.F., welche die Möglichkeit des Absehens von der Einziehung, die Verfahrensbeteiligung Dritter und das Verfahren bei der selbständigen Einziehung normierten. Dabei waren die Vorschriften auf die Einziehung von Tatmitteln, Tatprodukten und Tatobjekten ausgerichtet und fanden für die Abschöpfung von Taterträgen lediglich entsprechende Anwendung.[209] Aufgrund der materiellen Unterschiede zwischen den beiden Instituten führte dies in den Fällen der Vermögensabschöpfung zu erheblichen Schwierigkeiten bei der Rechtsanwendung.[210] Durch die Neufassung der Vorschriften sind diese auch für die Einziehung von Taterträgen unmittelbar anwendbar.

Von besonderer Relevanz für die Opferentschädigung sind lediglich die §§ 421, 422 StPO. Insoweit entscheidet das Gericht grundsätzlich über die Frage der Einziehung in der Hauptverhandlung, also im Erkenntnisverfahren über die Tat. Es kann die Entscheidung über die Einziehung von Taterträgen jedoch dann von der Straf- und Schuldfrage abtrennen, wenn die Hauptverhandlung

---

208 BT-Drucks. 18/9525, S. 84.

209 *Schmidt*, in: KK StPO, 7. Aufl., § 442, Rn. 1.

210 Problematisch war insoweit, dass die Beteiligtenstellung an die in den §§ 431, 439 StPO a.F. vorgegebenen Voraussetzungen gebunden war; diese sahen das Bestehen von – zumindest beschränkt – dinglichen Rechten an einem Gegenstand vor, sodass ein Nachverfahren bei Ansprüchen, die rein schuldrechtlicher Natur waren – z.B. Schadensersatzansprüche – ausschied, da sie nur inter partes galten: OLG München, Beschl. v. 06.11.2003 – 2 Ws 583–592/03, Rn. 18. Eine analoge Anwendung auf schuldrechtliche Ansprüche war mangels planwidriger Regelungslücke auch verfassungsrechtlich nicht geboten: vgl. BT-Drucks. 5/1319, S. 73 u. 75; *Schulte*, BKR 2004, S. 33, 35; a.A.: *Satzger*, wistra 2003, S. 401, 407; *Frommhold*, NJW 2004, S. 1083, 1085. Dies hatte zur Folge, dass der Verletzte zwar Verletzter i.S.d. § 73 Abs. 1 StGB a.F. war, ihm jedoch die Rechtsdurchsetzung nach den §§ 442 Abs. 1, 439 Abs. 1 StPO a.F. verwehrt blieb: *Schmidt*, in: KK StPO, 7. Aufl., § 442, Rn. 1.

durch die Entscheidung unangemessen verzögert oder erschwert werden würde, § 422 StPO. Die Abtrennungsmöglichkeit soll eine Erleichterung für die Gerichte darstellen und insbesondere das Instrument der Vermögensabschöpfung in Haftsachen stärken, die in besonderem Maße dem Beschleunigungsgrundsatz unterliegen.[211]

Im Übrigen werden die Regelungen über die Verfahrensbeteiligung anderer Personen als dem Beschuldigten in den §§ 424 ff. StPO neugefasst. Die Vorschriften trennen systematisch zwischen demjenigen, gegen den sich die Einziehungsanordnung richtet, sog. Einziehungsbeteiligter, und einem Dritten, der auf sonstige Weise durch die Einziehung in seinen Rechten betroffen ist, sog. Nebenbetroffener. Die Vorschriften finden unmittelbar ausschließlich für den Einziehungsbeteiligten Anwendung; für den Nebenbetroffen gelten sie im Wesentlichen entsprechend, § 438 StPO.[212]

1. Absehen von der Einziehung

Der § 421 StPO regelt das Absehen von der Einziehung aus Gründen der Verfahrensökonomie und entspricht weitestgehend dem § 430 StPO a.F. Neu eingeführt wurde die Möglichkeit von der Einziehung abzusehen, wenn das Erlangte lediglich einen geringen Wert hat, § 421 Abs. 1 Nr. 1 StPO. Damit wird in § 421 StPO die Regelung des § 73c Abs. 1 Satz 2 StGB a.F. aufgenommen. Die Verortung in der StPO ermöglicht es der Staatsanwaltschaft, bereits im vorbereitenden Verfahren in Bagatellsachen die Frage der Vermögensabschöpfung im Sinne der Verfahrensökonomie frühzeitig abzutrennen.[213]

2. Abtrennung der Einziehung für die Hauptverhandlung

§ 422 Satz 1 StPO ermöglicht es dem Gericht, die Entscheidung über die Einziehung von Taterträgen von der Hauptverhandlung abzutrennen, falls diese die Entscheidung über die Schuld- und Straffrage unangemessen erschweren oder verzögern würde.[214] Die Abtrennung einer Einziehungsentscheidung nach den §§ 74 ff. StGB ist jedoch nicht möglich, da diese Maßnahmen strafähnlichen Charakter haben und daher bei der Strafzumessung in der Hauptsache zu

---

211 BT-Drucks. 18/9525, S. 2.

212 BT-Drucks. 18/9525, S. 86.

213 BT-Drucks. 18/9525, S. 86.

214 BT-Drucks. 18/9525, S. 87: „Dies soll insbesondere in (Untersuchungs-)"Haftsachen" in Betracht kommen, wenn das Gericht (oder die Staatsanwaltschaft) ein Absehen von der Einziehung nicht als angemessen betrachten."

berücksichtigen sind.[215] Macht das Gericht von der Abtrennungsmöglichkeit Gebrauch, richtet sich das Verfahren über die Einziehungsentscheidung nach § 423 StPO. Die Einziehungsentscheidung wird gemäß § 423 Abs. 1 Satz 1 StPO in einem nachträglichen Verfahren nach Rechtskraft des Urteils in der Hauptsache getroffen. Dabei ist das Gericht an die rechtskräftige Entscheidung und die tatsächlichen Feststellungen in der Hauptsache gebunden, § 423 Abs. 1 Satz 2 StPO. In zeitlicher Hinsicht, soll die Einziehungsentscheidung im Regelfall spätestens sechs Monate nach Rechtskraft der Hauptsacheentscheidung getroffen werden, § 423 Abs. 2 StPO.[216] Grundsätzlich entscheidet das Gericht durch Beschluss, also im Rahmen eines schriftlichen Verfahrens; nur ausnahmsweise wird durch Urteil entschieden, sofern die Staatsanwaltschaft oder der von der Einziehungsanordnung Betroffene die Durchführung einer Hauptverhandlung beantragen, § 423 Abs. 3 Satz 1, Abs. 4 Satz 2 StPO. Das schriftliche Verfahren trägt mithin zur Beschleunigung des Verfahrens bei. Darüber hinaus ist auch ein erheblicher Rechtsverlust nicht zu befürchten, da das Gericht an die Feststellungen der Hauptsacheentscheidung gebunden ist.[217] Schließlich kann das Gericht gemäß § 422 Satz 2 StPO die Verbindung in jeder Lage des Verfahrens wieder anordnen.

III. Entschädigung der Verletzten

Die Entschädigung der Straftatgeschädigten findet grundsätzlich im Strafvollstreckungsverfahren durch die Staatsanwaltschaft als Vollstreckungsbehörde statt. Die Verletzten müssen mithin den rechtskräftigen Abschluss des Strafverfahrens abwarten. Ausnahmsweise werden die Opfer im Insolvenzverfahren entschädigt, wenn ein sog. „Mangelfall“ vorliegt. § 459g StPO bleibt die zentrale Vorschrift für die Vollstreckung rechtskräftiger Einziehungsanordnungen.[218] Die Opferentschädigung als solche ist in den §§ 459h ff. StPO normiert.

---

215 BGH, Beschl. v. 17.08.2016 – 2 StR 123/16, Rn. 3 mit Verweis auf: *Fischer*, StGB, § 74, Rn. 3 m.w.N.; BT-Drucks. 18/9525, S. 87.

216 Die Staatsanwaltschaft soll insoweit auf eine zeitnahe Entscheidung hinwirken, BT-Drucks. 18/9525, S. 87.

217 Strafverteidigervereinigung, Stellungnahme, S. 24.

218 BT-Drucks. 18/9525, S. 93: Durch die Formulierung in § 459g Abs. 1 StPO „denjenigen, gegen den sich die Anordnung richtet“ soll klargestellt werden, dass es sich bei dem Betroffenen um den Einziehungsadressaten – also Täter, Teilnehmer oder Drittbegünstigter – handelt und somit eine bessere Verständlichkeit erreicht werden.

1. *Entschädigung im Strafvollstreckungsverfahren (§§ 459h ff. StPO)*

Die Entschädigung im Strafvollstreckungsverfahren erfolgt im Anschluss an den rechtskräftigen Abschluss des Strafverfahrens und differenziert zwischen der Entschädigung bei Einziehung des Tatertrages und bei Einziehung des Wertes des Tatertrages. Grundlegende Vorschrift ist insoweit der § 459h StPO.

a. *Entschädigung bei Einziehung des Tatertrages (§ 459h Abs. 1 StPO)*

Ist der deliktisch erlangte Gegenstand noch vorhanden, zieht ihn das Gericht gemäß § 73 Abs. 1 StGB im Urteil ein. Nach Rechtskraft des Urteils wird der Gegenstand an den Verletzten zurückübertragen oder – falls er Eigentümer geblieben ist – herausgegeben, § 459h Abs. 1 StPO. Bleibt der Geschädigte also trotz des Entzugs durch die Straftat Eigentümer oder Rechtsinhaber, bewirkt die Einziehung gemäß § 75 Abs. 1 Satz 2 StGB nur einen aufschiebend bedingten Eigentumsübergang zu Gunsten des Staates. In diesen Fällen muss lediglich die rechtmäßige Besitzlage wiederhergestellt werden; der Gegenstand wird an den Geschädigten herausgegeben, § 459h Abs. 1 Satz 3 StPO.[219]

Die Rechtskraft der Einziehungsanordnung wird dem Verletzten durch die Staatsanwaltschaft gemäß § 459i Abs. 1 Satz 1 StPO unverzüglich mitgeteilt. In der Mitteilung soll der Verletzte zum einen darauf hingewiesen werden, dass sich sein Entschädigungsanspruch im Strafverfahren auf Rückgewähr des durch die Straftat Erlangten oder auf dessen Wertersatz beschränkt.[220] Des Weiteren verpflichtet Absatz 2 die Staatsanwaltschaft, den Verletzten auf das einschlägige Entschädigungsverfahren hinzuweisen. Die Mitteilung ist gemäß § 459i Abs. 1 Satz 2 StPO förmlich zuzustellen,[221] da durch die Zustellung die sechsmonatige Frist des § 459j Abs. 1 Satz 1 StPO zu laufen beginnt. Innerhalb dieser Frist muss der Verletzte seinen Anspruch auf Rückübertragung oder Herausgabe nach § 459h Abs. 1 StPO bei der Staatsanwaltschaft angemeldet haben. Dabei hat er gemäß § 459j Abs. 1 StPO[222] die Tatsachen anzugeben, die nach

219 BT-Drucks. 18/9525, S. 94.

220 BT-Drucks. 18/9525, S. 95; dieser Hinweis dient der Entlastung der Staatsanwaltschaft, da nicht entschädigungsfähige Ansprüche (z.B. Schmerzensgeldansprüche oder die Kosten der Rechtsverfolgung) gar nicht erst geltend gemacht und somit auch nicht abgewiesen werden müssen.

221 Nach § 459i Abs. 1 Satz 2 Hs. 2 StPO kann die Mitteilung unter den Voraussetzungen des § 111l Abs. 4 Satz 1 StPO durch einmalige Bekanntmachung im Bundesanzeiger erfolgen. Die Frist beginnt dann mit der Bekanntmachung.

222 Die Vorschrift regelt die Mitwirkungsobliegenheiten des Verletzten bei der Geltendmachung seines Anspruchs.

seiner Einschätzung den Anspruch begründen. Der Anmeldung sollen weiterhin Urkunden, aus denen sich der Anspruch ergibt, in Kopie beigefügt werden.[223]

Lässt sich die Anspruchsberechtigung ohne weiteres aus der Einziehungsanordnung und den ihr zugrundeliegenden Feststellungen entnehmen, so überträgt die Staatsanwaltschaft den eingezogenen Gegenstand an den Antragsteller oder gibt den Gegenstand an diesen heraus, § 459j Abs. 2 Satz 1 StPO. Andernfalls bedarf es nach Satz 2 der Zulassung durch das Gericht. Der Verletzte hat seine Anspruchsberechtigung gemäß § 294 ZPO glaubhaft zu machen; tut er dies nicht, ist die Zulassung zu versagen.[224]

Dem Verletzten bleibt unbenommen, seinen Regressanspruch gegen den Beschuldigten – unabhängig von der Frist des § 459j Abs. 1 StPO – zivilrechtlich titulieren zu lassen und ihn auf dieser Grundlage bei der Vollstreckungsbehörde durchzusetzen, § 459j Abs. 5 StPO.[225] Diese Entschädigungsmöglichkeit besteht mithin auch nach Ablauf der sechsmonatigen Frist zur Anspruchsanmeldung bei der Staatsanwaltschaft.[226]

Bis zur Rückübertragung oder Herausgabe des Gegenstandes wird der Anspruch des Verletzten durch die strafprozessuale Beschlagnahmeanordnung gemäß § 111b StPO gesichert.[227] Deren Schutzumfang wird durch die Neuregelung erweitert. So hat die Beschlagnahmeanordnung auch im Fall der Eröffnung des Insolvenzverfahrens über das Vermögen des Beschuldigten gemäß § 111d Abs. 1 Satz 2 StPO Bestand.[228] Der Gegenstand fällt somit nicht mehr in die Insolvenzmasse und ist dadurch für den Verletzten nicht dauerhaft verloren.[229]

b. Entschädigung bei Wertersatzeinziehung des Tatertrages (§ 459h Abs. 2 StPO)

Ist der deliktisch erlangte Gegenstand selbst nicht mehr vorhanden, ordnet das Gericht nach § 73c StGB die Einziehung eines Geldbetrages an, der dem Wert des ursprünglich erlangten Tatertrages entspricht.[230] Zur Sicherung der

223 BT-Drucks. 18/9525, S. 30.
224 BT-Drucks. 18/9525, S. 30.
225 BT-Drucks. 18/9525, S. 30.
226 BT-Drucks. 18/9525, S. 95.
227 BT-Drucks. 18/9525, S. 50; siehe zur vorläufigen Sicherung durch Beschlagnahme: Gliederungspunkt F.II.1.a.
228 BT-Drucks. 18/9525, S. 50.
229 BT-Drucks. 18/9525, S. 50.
230 BT-Drucks. 18/9525, S. 9.

Wertersatzeinziehung wird im Regelfall[231] der Vermögensarrest in das übrige Vermögen des Beschuldigten gemäß § 111e StPO angeordnet.[232] Vermögensgegenstände, die gemäß § 111f StPO in Vollziehung des Vermögensarrestes gepfändet worden sind, werden nach der Rechtskraft der Anordnung der Wertersatzeinziehung verwertet.[233] Die Entschädigung erfolgt sodann gemäß § 459h Abs. 2 Satz 1 StPO durch Auskehrung des Verwertungserlöses und richtet sich danach, ob es einen oder mehrere Verletzte gibt.

Bei einem Verletzten wird der Verwertungserlös gemäß § 459h Abs. 2 Satz 1 StPO an eben diesen ausgekehrt. Das Verfahren bei Auskehrung des Verwertungserlöses richtet sich nach § 459k StPO und hat dieselben Voraussetzungen und denselben Ablauf, wie das Verfahren bei Rückübertragung und Herausgabe eingezogener Gegenstände gemäß § 459j StPO.

Gibt es hingegen mehrere Verletzte, hängt das weitere Verfahren davon ab, ob eine Schadensdeckung durch die gesicherten Vermögenswerte möglich ist. Sind ausreichend Vermögenswerte vorhanden, wird der Verwertungserlös gemäß § 459h Abs. 2 Satz 1, 459k StPO an die jeweiligen Verletzten, denen ein Anspruch auf Ersatz des Wertes des Erlangten aus der Tat erwachsen ist, ausgekehrt.

2. Entschädigung im Insolvenzverfahren (§ 111i StPO)

Nur ausnahmsweise soll die Entschädigung der Verletzten, wenn die Vermögenswerte zur Schadensdeckung nicht ausreichen, im Insolvenzverfahren erfolgen. Dabei kann das Insolvenzverfahren bereits im Erkenntnisverfahren betrieben werden oder in den Fällen der Schadensunterdeckung durch gesicherte Werte – sog. „Mangelfall" – gemäß §§ 459h Abs. 2 Satz 2, 111i Abs. 2 StPO auch nach Rechtskraft der Einziehungsentscheidung.

Bei der Entschädigung im Insolvenzverfahren werden die Verletzten in dem für die Zahlungsunfähigkeit des Beschuldigten gemäß § 17 InsO vorgesehenen Verfahren der Insolvenzordnung befriedigt.[234] Zentrale strafprozessuale Vorschrift ist § 111i StPO. Diese betrifft das „insolvenzfeste" Sicherungsrecht bei Taten mit Individualgeschädigten. Die Vorschrift regelt die Folgen der Zahlungsunfähigkeit des Beschuldigten für das strafprozessuale Sicherungsrecht. Hat der

---

231 Die Anordnung der vorläufigen Sicherstellung von Vermögenswerten (§§ 111b ff. StPO) wird bei Vorliegen dringender Gründe zum gesetzlichen Regelfall („soll"): BT-Drucks. 18/9525, S. 47.

232 BT-Drucks. 18/9525, S. 18.

233 BT-Drucks. 18/9525, S. 50.

234 BT-Drucks. 18/9525, S. 50.

Beschuldigte ausschließlich etwas aus Taten zum Nachteil der Allgemeinheit erlangt, findet § 111i StPO keine Anwendung, da der Beschuldigte mit Erlösen, die durch Taten gegen Rechtsgüter der Allgemeinheit erlangt worden sind, keine privaten Schulden begleichen soll.[235]

Für die Anwendung des § 111i StPO ist zu differenzieren, ob die Insolvenzeröffnung durch den Beschuldigten (Schuldner), einen Gläubiger (Verletzter oder sonstiger Gläubiger) oder durch die Staatsanwaltschaft beantragt wird.

a. § 111i Abs. 1 StPO

§ 111i Abs. 1 StPO regelt das Erlöschen des „insolvenzfesten" Sicherungsrechts über die nach § 88 InsO angeordnete Unwirksamkeit hinaus, wenn das Insolvenzverfahren aufgrund eines Antrags des Beschuldigten oder eines Gläubigers eröffnet worden ist.[236] In diesem Fall erlischt das Sicherungsrecht an den sichergestellten Vermögensgegenständen;[237] die Vermögenswerte werden damit für die gesetzlich vorgesehene Befriedigung der Tatgeschädigten und der sonstigen Gläubiger nach der Insolvenzordnung frei. Damit ermöglicht § 111i Abs. 1 StPO Geschädigten, die nicht zu den Verletzten im Sinne der vermögensabschöpfenden Vorschriften gehören,[238] oder Geschädigten, die Schmerzensgeldansprüche gegen den Beschuldigten haben, durch einen Antrag auf Eröffnung des Insolvenzverfahrens von den strafprozessual sichergestellten Vermögenswerten zu profitieren.[239] Das Sicherungsrecht erlischt jedoch nur, wenn der Gegenstand vom Insolvenzbeschlag erfasst wird und damit nach § 80 InsO der Verwaltungs- und Verfügungsbefugnis des Insolvenzverwalters unterliegt. Auf diese Weise soll das Entstehen von etwaigen Sicherungslücken[240] verhindert werden. Zugleich ergibt sich unmittelbar aus dem Gesetzeswortlaut, dass auch Sicherungsrechte an Gegenständen, die erst nach Eröffnung des Insolvenzverfahrens zur Masse gelangen, erlöschen.[241]

Schließlich stellt § 111i Abs. 1 Satz 2 StPO klar, dass für die Frage, ob ein im Ausland belegener Gegenstand vom Insolvenzbeschlag erfasst wird, das Recht des jeweiligen Belegenheitsstaats maßgeblich ist. Sicherungsrechte an im

---

235 BT-Drucks. 18/9525, S. 78.
236 BT-Drucks. 18/9525, S. 78.
237 Es erlischt lediglich das in Vollziehung des Vermögensarrestes entstandene Sicherungsrecht, nicht der Vermögensarrest selbst.
238 Z.B. bei §§ 170 Abs. 2, 154, 154a StPO, siehe hierzu Gliederungspunkt E.II.
239 BT-Drucks. 18/9525, S. 79.
240 Z.B. im Hinblick auf im Ausland belegenes Vermögen.
241 BT-Drucks. 18/9525, S. 79.

Ausland belegenen Vermögenswerten erlöschen nur dann, wenn der Insolvenzbeschlag im betreffenden Staat anerkannt ist.[242]

b. § 111i Abs. 2 StPO

§ 111i Abs. 2 Satz 1 StPO ermächtigt die Staatsanwaltschaft im Fall von mehreren Verletzten, den Antrag auf Eröffnung des Insolvenzverfahrens über das Vermögen des Beschuldigten zu stellen. Voraussetzung ist, dass die Staatsanwaltschaft feststellt, dass der Wert des in Vollziehung des Vermögensarrestes gesicherten Gegenstandes oder dessen Verwertungserlös nicht ausreicht, um die Ansprüche, die von den Verletzten geltend gemacht werden,[243] vollständig zu befriedigen, sog. „Mangelfall".[244] Die Feststellung des „Mangelfalls" erfolgt durch eine Gegenüberstellung des Wertes der in Vollziehung des Vermögensarrestes gesicherten Gegenstände und den von den Verletzten, für die die Sicherung erfolgte, auf Aufforderung gemäß § 111l Abs. 3 StPO hin geltend gemachten Ansprüche.[245]

Die Vorschrift ermächtigt die Staatsanwaltschaft lediglich zur Antragstellung. Eine entsprechende Pflicht normiert § 111i Abs. 2 StPO nicht. Es soll aber eine Ermessensreduzierung auf Null vorliegen, wenn aus Sicht der Staatsanwaltschaft die Voraussetzungen für einen zulässigen Gläubigerantrag nach § 14 Satz 1 InsO gegeben sind. Die Staatsanwaltschaft ist insoweit an den Vorrang der Befriedigung der Gläubiger eines zahlungsunfähigen Schuldners nach den Regeln der Insolvenzordnung gebunden. Das bedeutet zugleich, dass die Staatsanwaltschaft keinen erkennbar unzulässigen Antrag stellen darf. Unzulässig wäre ein Antrag beispielsweise bei einem „Mangelfall", in dem die Zahlungsunfähigkeit gemäß § 17 InsO nicht vorliegt.[246] Des Weiteren kann sie von einem Antrag mangels Masse gemäß § 26 InsO absehen.

Der Antrag im Sinne des § 111i Abs. 2 StPO ist ein Gläubigerantrag. Die Staatsanwaltschaft handelt aus eigenem Recht. Der Antragsinhalt ergibt sich daher aus § 14 InsO.[247] Voraussetzung für die Zulässigkeit des Antrags gemäß § 14 Abs. 1 InsO ist die Glaubhaftmachung der Forderungen und des Eröffnungsgrundes.

---

242 BT-Drucks. 18/9525, S. 79.

243 Die Ansprüche müssen von den Verletzten ernsthaft eingefordert werden. BT-Drucks. 18/9525, S. 79, vgl. dazu: *Mock*, in: Uhlenbruck InsO, § 17, Rn. 123.

244 BT-Drucks. 18/9525, S. 20.

245 BT-Drucks. 18/9525, S. 79; Gegenstand des Vermögensarrestes ist der Wert des aus der Tat zum Nachteil des Verletzten Erlangten.

246 BT-Drucks. 18/9525, S. 79.

247 BT-Drucks. 18/9525, S. 79.

Als Mittel zur Glaubhaftmachung der Forderung kommt die Vorlage von Entscheidungen eines Ermittlungsrichters oder sonstigen Aktenstücken aus einem Ermittlungsverfahren in Betracht.[248]

Eröffnungsgrund ist die Zahlungsunfähigkeit des Beschuldigten gemäß § 17 InsO. Die Feststellung der Zahlungsunfähigkeit soll durch eine Gegenüberstellung der fälligen Zahlungsverpflichtungen (hier: nur die angemeldeten Forderungen der Verletzten sind zu berücksichtigen) und den verfügbaren und kurzfristig (innerhalb von drei Wochen) liquidierbaren Zahlungsmitteln und sonstigen Vermögensgegenständen erfolgen. Als Zahlungsmittel gelten Bargeld, Schecks, Bankguthaben und Kreditmittel. Ein vollständiges Vermögensverzeichnis des Beschuldigten ist nicht erforderlich.[249]

Der Zeitpunkt der Antragstellung steht der Staatsanwaltschaft frei und richtet sich danach, wann gesicherte Tatsachengrundlagen vorhanden sind, dass ein „Mangelfall" vorliegt und die Voraussetzungen des Eröffnungsantrages gegeben sind.[250] Die Staatsanwaltschaft muss demnach fortlaufend prüfen, ob ein Antrag gestellt werden muss, beginnend mit der Benachrichtigung der Tatverletzten gemäß § 111l StPO und endend mit der Entscheidung über die Auskehrung der Vermögenswerte im Zuge des Vollstreckungsverfahrens.

Mit der Antragstellung erschöpft sich die Rolle der Staatsanwaltschaft. Insbesondere obliegt es den Verletzten als Insolvenzgläubigern ihre Forderungen beim Insolvenzverwalter gemäß § 174 InsO anzumelden. Die Entscheidung, ob die materiellen Voraussetzungen für die Eröffnung des Insolvenzverfahrens vorliegen, trifft allein das Insolvenzgericht. Die Staatsanwaltschaft kann den Insolvenzantrag jedoch gemäß § 13 Abs. 2 InsO zurücknehmen.[251]

Wird das Insolvenzverfahren durch das Insolvenzgericht eröffnet, richtet sich die Entschädigung durch den Verweis in § 111i Abs. 2 Satz 2 StPO nach § 111i Abs. 1 StPO.[252] Wird der Eröffnungsantrag der Staatsanwaltschaft hingegen durch das Insolvenzgericht abgelehnt oder stellt die Staatsanwaltschaft mangels Zahlungsunfähigkeit des Beschuldigten bereits gar keinen Antrag,

---

248 *Vuia*, in: MüKo InsO, § 14, Rn. 68.

249 BT-Drucks. 18/9525, S. 79.

250 BT-Drucks. 18/9525, S. 80.

251 BT-Drucks. 18/9525, S. 79 f.

252 BT-Drucks. 18/9525, S. 20.

erfolgt die Entschädigung gemäß § 459m Abs. 1 Satz 3 StPO[253] durch die zuvor gesicherten Vermögenswerte.[254]

Die Kosten eines abgelehnten Insolvenzantrages der Staatsanwaltschaft trägt gemäß § 23 Abs. 1 GKG i.V.m. § 2 Abs. 1 GKG die jeweilige Landeskasse.

Der Beschuldigte kann seine Einwendungen gegen die Eröffnung des Insolvenzverfahrens nur im Anhörungsverfahren gemäß § 14 Abs. 2 InsO oder dem Rechtsmittelverfahren gegen den Eröffnungsbeschluss gemäß § 34 InsO geltend machen.

3. *Entschädigung nach Durchführung des Insolvenz- und Auskehrungsverfahrens (§ 459m StPO)*

§ 459m StPO regelt die Opferentschädigung für die Fälle, in denen nach der Durchführung eines Insolvenz- oder Auskehrungsverfahrens ein Überschuss an Vermögenswerten verbleibt. Des Weiteren werden die „Mangelfälle" des § 111i Abs. 2 StPO erfasst, in denen das vorgesehene Insolvenzverfahren nicht eröffnet wird.

Sollte die Insolvenzmasse ausnahmsweise ausreichen, um die Forderungen sämtlicher am Insolvenzverfahren beteiligter Gläubiger zu befriedigen, richtet sich die Auskehr des Überschusses nach § 459m Abs. 1 Satz 1 StPO. Insoweit normiert § 111i Abs. 3 StPO, dass der Staat zunächst bis zur Höhe des Vermögensarrestes ein Pfandrecht am Anspruch des Beschuldigten auf Herausgabe des Überschusses erwirbt. In diesem Umfang hat der Insolvenzverwalter den Überschuss an die Staatsanwaltschaft herauszugeben. Die Staatsanwaltschaft kehrt den Überschuss ausschließlich an den Verletzten aus, der seinen Schadensersatzanspruch nicht in dem Insolvenzverfahren geltend gemacht hat. Dabei folgt die Entschädigung bei mehreren Verletzten dem Prioritätsprinzip und der Überschuss wird an denjenigen ausgekehrt, der seinen Schadensersatzanspruch mit einem zivilrechtlichen Titel nachweist. § 459m Abs. 1 Satz 3 StPO enthält allerdings eine Ausschlussfrist von zwei Jahren.[255]

Der Verwertungserlös wird an den Verletzten ausgekehrt, der ein vollstreckbares Endurteil im Sinne des § 704 ZPO oder einen anderen Vollstreckungstitel im Sinne des § 794 ZPO vorlegt, in dem festgestellt ist, dass ihm der geltend

---

253 § 459m StPO regelt weiterhin die Opferentschädigung in dem seltenen Fall, dass nach der Durchführung eines Insolvenz- oder Auskehrungsverfahrens ein Überschuss an Verwertungserlös verbleibt.

254 BT-Drucks. 18/9525, S. 80.

255 BT-Drucks. 18/9525, S. 97.

gemachte Anspruch auf Ersatz des Wertes des Erlangten aus der Straftat erwachsen ist.[256] Die Entschädigung folgt dem außerhalb des Insolvenzrechts geltenden und in den § 804 Abs. 3 ZPO und § 11 Abs. 2 ZVG normierten Grundsatz der Einzelvollstreckung nach dem „Prioritätsgrundsatz". Demnach wird derjenige Schadensersatzanspruch vorrangig befriedigt, der zeitlich am frühesten geltend gemacht wird.[257] Es werden also nur jene Tatverletzten entschädigt, die selbst einen Titel erwirkt haben, diejenigen, die sich für eine formlose Anmeldung ihrer Ansprüche entschieden haben, gehen leer aus. Vor diesem Hintergrund ist es von besonderer Bedeutung, dass die Staatsanwaltschaft die Hinweise auf den Ablauf des Entschädigungsverfahrens in den Mitteilungen nach § 111l StPO und § 459i StPO korrekt gestaltet, denn nur auf der oben aufgeführten Grundlage können die Verletzten entscheiden, ob sie ihre Ansprüche formlos oder mit einem Titel anmelden wollen.

Der § 459m Abs. 1 Satz 1 bis 3 StPO ist entsprechend anwendbar, wenn der Antrag der Staatsanwaltschaft auf Eröffnung des Insolvenzverfahrens in den Mangelfällen des § 111i Abs. 2 StPO abgelehnt wird. Des Weiteren wird der Absatz 1 nach § 459m Abs. 2 StPO entsprechend bei einem Überschuss nach Auskehrung des Verwertungserlöses angewandt. Der § 459m Abs. 2 StPO erfasst mithin Fälle, in denen ein Auskehrungsverfahren stattgefunden hat, nicht alle Verletzte jedoch ihre Ansprüche innerhalb der Frist des § 459k Abs. 1 Satz 1 StPO bei der Staatsanwaltschaft angemeldet haben.[258]

4. *Zuständigkeit für Entschädigung*

Die Opferentschädigung erfolgt grundsätzlich im Strafvollstreckungsverfahren durch die Staatsanwaltschaft als Vollstreckungsbehörde. Funktionell zuständig ist der Rechtspfleger, §§ 3 Nr. 4c, 31 Abs. 2 Satz 1 RPflG.

5. *Schutz des Beschuldigten*

Aus rechtsstaatlichen Gesichtspunkten müssen im Zuge der Reform der Opferentschädigung auch die Interessen des Beschuldigten ausreichend Berücksichtigung finden. Insbesondere ist der Gesetzgeber durch Art. 8 RiLi 2014/42/EU verpflichtet, entsprechende Vorschriften bei der Reform aufzunehmen. Im Rahmen der Entschädigung des Geschädigten besteht vor allem die Gefahr einer

---

256 BT-Drucks. 18/9525, S. 31.
257 BT-Drucks. 18/9525, S. 97.
258 BT-Drucks. 18/9525, S. 97.

doppelten Inanspruchnahme des Beschuldigten durch den Staat einerseits und andererseits durch den Verletzten, der seinen Entschädigungsanspruch auf zivilrechtlichem Wege verfolgt. Des Weiteren ist dem Beschuldigten stets rechtliches Gehör zu verschaffen. Im Strafvollstreckungsverfahren wird der Beschuldigte durch die folgenden Vorschriften geschützt:

§ 459g Abs. 4 StPO schützt den Beschuldigten vor einer doppelten Inanspruchnahme. Demnach ist die Vollstreckung der Einziehungsanordnung nicht gerechtfertigt, soweit der aus der Tat resultierende Anspruch nach der rechtskräftigen Einziehungsanordnung befriedigt wird. § 459g Abs. 4 StPO ergänzt insoweit § 73e StGB, der den Ausschluss bis zur Einziehungsentscheidung im Erkenntnisverfahren regelt. Die Vollstreckung hat in diesen Fällen zu unterbleiben; der Ausschluss wird durch das Gericht angeordnet.[259]

§ 459g Abs. 5 StPO trägt dem Umstand Rechnung, dass im Erkenntnisverfahren der Wegfall der Bereicherung ausschließlich für den gutgläubigen Drittbegünstigten gilt.[260] Nach Satz 1 unterbleibt die Vollstreckung auf Anordnung des Gerichts, soweit der Wert des Erlangten nicht mehr im Vermögen des Beschuldigten vorhanden ist oder die Vollstreckung aus sonstigen Gründen unverhältnismäßig wäre. Satz 2 regelt die Wiederaufnahme der Vollstreckung, wenn nachträglich bekannt gewordene oder eingetretene Umstände der Entscheidung nach Satz 1 entgegenstehen. Die vollstreckungsrechtliche Behandlung der Entreicherung des Beschuldigten soll die Einziehung von nachträglich entdeckten Vermögenswerten ermöglichen und den Beschuldigten zugleich vor der Wirkung der Wertersatzanordnung trotz möglicher Entreicherung schützen.[261]

Vor der Entscheidung über die Rückübertragung oder Herausgabe des Gegenstandes ist der Beschuldigte gemäß § 459j Abs. 2 Satz 1 SPO zu hören. Damit hat er die Möglichkeit, – zivilrechtliche – Einwendungen zu erheben.[262] Gleiches steht ihm vor Auskehrung des Verwertungserlöses gemäß § 459k Abs. 3 Satz 1 StPO zu.

§ 459l StPO regelt den Handlungs- und Restitutionsanspruch es Beschuldigten gegen den Staat, soweit der Verletzte die Befriedigung seiner Schadensersatzansprüche nicht im Strafvollstreckungsverfahren sucht, sondern unmittelbar beim Beschuldigten durchsetzt.[263] Die Vorschrift schützt den Beschuldigten vor einer

259 BT-Drucks. 18/9525, S. 93.
260 Vgl. § 73e Abs. 2 StGB.
261 BT-Drucks. 18/9525, S. 93.
262 BT-Drucks. 18/9525, S. 95.
263 BT-Drucks. 18/9525, S. 96.

doppelten Inanspruchnahme und gewährleistet in § 459l Abs. 2 Satz 1 StPO zugleich, dass der Staat vor einer Überkompensation bewahrt wird, da die Haftung nur im Umfang des Anspruchs auf Auskehrung des vorhandenen Verwertungserlös begründet ist.[264]

Macht der Verletzte seinen Anspruch aus § 459h Abs. 1 StPO bei dem Beschuldigten geltend, kann dieser von der Vollstreckungsbehörde verlangen, dass der eingezogene Gegenstand an den Verletzten übertragen oder herausgegeben wird, § 459l Abs. 1 Satz 1 StPO. Durch die entsprechende Anwendung des § 459j Abs. 2 StPO reicht die bloße Vorlage des Titels nur dann aus, wenn sich aus diesem und den zugrundeliegenden Feststellungen die Entschädigungsberechtigung des Verletzten ergibt. Im Übrigen muss der Beschuldigte glaubhaft machen, dass der dem Titel zugrundeliegende Anspruch aus der Straftat erwachsen ist. Damit wird gewährleistet, dass die Sache nur an einen tatsächlich durch die Tat Geschädigten zurückübertragen oder herausgegeben wird.[265]

§ 459l Abs. 2 StPO regelt den Ausgleichsanspruch des Beschuldigten für den Fall, dass er einen Schadensersatzanspruch des Verletzten befriedigt. Voraussetzung hierfür ist die Ersatzberechtigung des Verletzten aus § 459h Abs. 2 StPO und der Nachweis der Befriedigung durch Vorlage einer schriftlichen Erklärung des Verletzten über dessen Befriedigung. Der Anspruch ist also nur in der Höhe berechtigt, in welcher der Verletzte nach § 459h Abs. 2 StPO die Auskehr des Verwertungserlöses hätte verlangen können. Mithin muss der Staat dem Beschuldigten nur in der Höhe Ausgleich aus dem Verwertungserlös gewähren, in der der Staat zur Auskehrung an den Verletzten verpflichtet gewesen wäre. Schließlich ist der Verletzte vor der Entscheidung über den Ausgleichsanspruch zu hören, § 459l Abs. 2 Satz 4 StPO.[266]

---

264 BT-Drucks. 18/9525, S. 96.

265 BT-Drucks. 18/9525, S. 96.

266 Nach § 368 BGB hat der Einziehungsadressat gegen den Verletzten einen Anspruch auf Erteilung der Quittung.

Dritter Teil: Problemdarstellung

A. Die strafrechtliche Vermögensabschöpfung als quasi-kondiktionelle Maßnahme?

Da es nach neuem Recht im Regelfall zu einer Anordnung der Einziehung kommt,[267] soll der Frage der Rechtsnatur der strafrechtlichen Vermögensabschöpfung nachgegangen werden. In der Gesetzesbegründung wird hierzu ausgeführt, dass die Neufassung des § 73 Abs. 1 StGB den quasi-kondiktionellen Charakter der Vermögensabschöpfung unterstreiche. Der Gesetzgeber legt damit fest, dass sich die erforderliche Kausalbeziehung zwischen der Tat und dem rein gegenständlich zu bestimmenden Erlangten allein nach den Wertungen des Bereicherungsrechts richtet. Weiterhin unterstreiche die Regelung des § 73d Abs. 1 StGB die Bedeutung des Rechtsgedankens des § 817 Satz 2 BGB für die strafrechtliche Vermögensabschöpfung. Was in ein verbotenes Geschäft investiert worden sei, müsse unwiederbringlich verloren sein.[268] Dabei berücksichtige der Gesetzgeber auch, dass § 817 Satz 2 BGB restriktiv auszulegen ist.[269]

I. Darstellung des bisherigen Streitstandes

Unter Geltung des „Nettoprinzips" war die einhellige Auffassung in Rechtsprechung und Literatur, dass die Vermögensabschöpfung dogmatisch einen kondiktionsähnlichen Charakter aufweise.[270] Erst seit der Einführung des „Bruttoprinzips" im Jahre 1992 ist die dogmatische Einordnung der Abschöpfungsmaßnahmen umstritten.

Aus Sicht der Rechtsprechung hat sich die Rechtsnatur nach der Umstellung der Vorteilsberechnung vom „Netto-" auf das „Bruttoprinzip" nicht geändert. Die Vermögensabschöpfung diene auch weiterhin alleine der Gewinnabschöpfung und damit dem Ausgleich unrechtmäßiger Vermögensverschiebung.[271] Es gebe daher keinen Grund, einen möglichen finanziellen Nachteil, der dem

267 Ausnahmsweise kann nur noch nach § 421 StPO von der Einziehung abgesehen werden.

268 BT-Drucks. 18/9525, S. 54; vgl. dazu auch *Schwab*, in: MüKo BGB, § 817, Rn. 9.

269 BT-Drucks. 18/9525, S. 55; vgl. BGH, Urt. v. 08.11.1979 – VII ZR 337/78, Rn. 24.

270 *Joecks*, in: MüKo StGB, § 73, Rn. 6.

271 BGH, Urt. v. 01.03.1995 – 2 StR 691/94, Rn. 7; BGH, Urt. v. 21.08.2002 – 1 StR 115/02, Rn. 23.

Beschuldigten durch die Abschöpfungsmaßnahme entstehe, bei der Strafzumessung zu seinen Gunsten zu berücksichtigen. Vielmehr werden die Vermögensabschöpfung und die Verhängung der Strafe als jeweils unabhängig voneinander angesehen und eine innere Wechselbeziehung verneint, sodass beide isoliert mit Rechtsmitteln angefochten werden können.[272]

Nahezu die gesamte Literatur wendet sich gegen diese dogmatische Einordnung und kritisiert diese scharf.[273] Soweit dem Beschuldigten mehr als der Nettoerlös (Gewinn) entzogen werde, erhalte die Vermögensabschöpfung unzweifelhaft den Charakter einer Nebenstrafe.[274] Da der § 73 Abs. 1 Satz 1 StGB nur eine rechtswidrige, aber nicht notwendig schuldhafte Tat voraussetze, enthalte die Vorschrift einen Verstoß gegen das Schuldprinzip und die Unschuldsvermutung.[275] Dem könne nur dadurch begegnet werden, dass man entweder das Merkmal des erlangten Etwas wieder im Sinne des „Nettoprinzips" interpretiere[276] oder auch für den Verfall eine schuldhaft begangene Tat verlange und gleichzeitig den die Nettoerlösabschöpfung übersteigenden Teil des Verfalls bei der Strafzumessung berücksichtige.[277]

II. Reaktionen auf Gesetzesbegründung

Der überwiegende Teil der im Rahmen des Gesetzgebungsverfahrens erschienen Stellungnahmen und der bisher veröffentlichten Literaturansichten sieht die Einordnung der Abschöpfungsmaßnahmen als quasi-kondiktionelle Ausgleichsmaßnahme weiterhin kritisch.

---

272 BGH, Urt. v. 21.03.2002 – 5 StR 138/01, Rn. 23.

273 Für eine Qualifizierung des Verfalls als kondiktionsähnliche Maßnahme trotz Geltung des „Bruttoprinzips" sprechen sich aus: *Schmidt*, in: LK StGB, § 73, Rn. 12 f.; *Kracht*, wistra 2000, S. 326, 328 ff.; *Wallschläger*, Verfallsvorschriften, S. 24 ff.

274 *Waßmer*, HRRS 2014, S. 336, 341: sah den Verfall im Einzelfall unter Verweis auf die jeweils verfolgten Zwecke und Wirkungen durch die Anwendung des „Bruttoprinzips" klar über eine quasi-kondiktionelle Maßnahme hinausgehen; *Eser/Schuster*, in: Sch/Sch StGB, Vorbem. § 73, Rn. 15 ff. m.w.N.

275 *Eser*, in: FS Stree/Wessels, S. 833, 853; *Hoyer*, GA 1993, S. 407, 413 ff., 421.

276 *Hoyer*, GA 1993, S. 407, 422: Der diese Rückführung unter Zuhilfenahme der Härtefallklausel des § 73c StGB erreichen will; *Hellmann*, GA 1997, S. 503, 521: Habe der Täter hingegen nicht schuldhaft gehandelt oder werde der Verfall zum Nachteil eines tatunbeteiligten Dritten ausgesprochen, so verbiete es der Schuldgrundsatz, mehr als den Nettoerlös abzuschöpfen.

277 *Eser*, in: FS Stree/Wessels, S. 833, 853; *Hellmann/Beckemper*, Wirtschaftsstrafrecht, Rn. 994.

Der *Deutsche Anwaltsverein* ist der Ansicht, dass eine deutlich extensivere Anwendung der Einziehung dazu führe, dass die Rechtsfolge der Einziehung sodann unzweifelhaft Strafcharakter habe, also materielle Strafe wäre.[278]

Die *Wirtschaftsstrafrechtliche Vereinigung e. V.* geht ebenfalls davon aus, dass die Einziehung nach der Regelung im Entwurf zu einer Nebenstrafe werde und nicht mehr als eine kondiktionsähnliche Maßnahme behandelt werden könne.[279]

Der *Deutsche Richterbund* nimmt zwar nicht unmittelbar zur dogmatischen Einordnung Stellung, äußert sich aber zum Verweis auf § 817 Satz 2 BGB. Diese Bezugnahme sei nicht nachvollziehbar, da die Rechtsprechung des BGH zu § 817 Satz 2 BGB in Zivilstreitigkeiten auf die Vermögensabschöpfung nicht übertragbar sei. Die Rechtsprechung habe die bereicherungsrechtliche Rückabwicklung zwischen zwei Rechtsträgern im Blick, die beide gegen ein gesetzliches Verbot verstoßen. Dieser Fall liege aber bei der Vermögensabschöpfung gerade nicht vor. Hier stelle sich allein der Beschuldigte außerhalb des Rechts, nicht aber der Staat, der die Vermögensabschöpfung betreibe. Es sei daher kein Ausgleich zwischen zwei Rechtsträgern zu finden, von denen beide gegen ein gesetzliches Verbot verstoßen haben. Es gehe bei einer konsequenten Vermögensabschöpfung allein darum, dem Beschuldigten das aus, für und durch die Straftat Erlangte zu entziehen.[280]

Auch nach *Gebauer* mag der Hinweis auf § 817 Satz 2 BGB nicht zu überzeugen, werde doch durch die Abschöpfung nicht der Status-quo-ante erreicht, sondern entstehe ein Minus im Vermögen des Beschuldigten. Einer Abschöpfungsmaßnahme, welche über den Nettoerlös hinausgehe, müsse auch weiterhin ein bestrafender Charakter zugesprochen werden. Zudem stelle § 817 Satz 2 BGB eine Norm dar, die einen Ausschluss eines zur Verfügung stehenden Rechts nach §§ 812 ff. BGB herbeiführe, während die Einziehung an Stelle eines Ausschlusses einen zwingenden Eingriff durch den Staat vorsehe. Während also der Vermögensgegenstand im Bereicherungsrecht auf Grund von § 817 Satz 2 BGB an einem zufälligen Parteienort hinterlassen werde, bewirke die Einziehung stets eine Verschiebung des Vermögensgegenstandes zu Gunsten des Staates.[281]

278 *DAV*, Stellungnahme, S. 9 ff.
279 *WisteV*, Stellungnahme, S. 2 ff.
280 *DRB*, Stellungnahme, S. 2 f.
281 *Gebauer*, ZRP 2016, S. 101, 102.

III. Bewertung

Unter Berücksichtigung der Rechtsprechung sowie der Ansichten aus der Praxis und des Schrifttums ist eine differenzierende Ansicht zu bevorzugen.[282] Dabei hängt die dogmatische Einordnung von einem Vergleich der Vermögenslage vor und nach der Einziehung ab. Die Einziehung ist daher je nach Sachlage entweder eine Maßnahme mit kondiktionsähnlichem Charakter, die nur der Gewinnabschöpfung dient, oder eine solche, die einen strafähnlichen Charakter aufweist.

Der Einziehung kann dann ein kondiktionsähnlicher Charakter zugesprochen werden, wenn der Beschuldigte bei der Tatbegehung keine besonderen Aufwendungen erbracht hat und dadurch der Brutto- dem Nettoerlös entspricht.[283] In dieser Konstellation verbleibt nach der Einziehung gerade kein Minus im Vermögen des Beschuldigten.

Anders verhält es sich jedoch, wenn nach der Einziehung ein Minus im Vermögen des Beschuldigten verbleibt. Dann kann der Einziehung kein quasi-kondiktioneller Charakter beigemessen werden. Dies ergibt sich aus dem bereicherungsrechtlichen Grundsatz, dass die Herausgabepflicht keinesfalls zur Verminderung des Vermögens über den Betrag der wirklichen Bereicherung hinausführen darf.[284]

Zwar gibt es gemäß §§ 818 Abs. 4, 819 BGB für den Fall der Entreicherung eine Ausnahme von obigem Grundsatz. Demnach haftet der Bereicherte für den Schaden, der durch seine schuldhaft hervorgerufene Entreicherung entstanden ist. Die Haftung richtet sich aber nach den allgemeinen Vorschriften gemäß §§ 291, 292 BGB i.V.m. § 989 BGB[285] und gerade nicht nach Bereicherungsrecht. Diesem bleibt somit auch unter Berücksichtigung der §§ 818 Abs. 4, 819 BGB jede Schädigung des Bereicherten fremd.

Auch die Einführung des § 73d Abs. 1 StGB vermag einen kondiktionsähnlichen Charakter der Einziehung nicht begründen. Zwar will *Gericke* die Gefahr, dass der Vermögensabschöpfung faktisch doch ein strafähnlicher Charakter verliehen werde, durch die Einführung von § 73d Abs. 1 StGB gebannt wissen. Dies wird damit begründet, dass nunmehr die Aufwendungen des Täters berücksichtigt werden sollen.[286] Dem ist aber entgegen zu halten, dass auch durch

---

282 So auch *Hellmann*, GA 1997, S. 503, 521; *Eser/Schuster*, in: Sch/Sch StGB, Vorbem. § 73, Rn. 18.

283 So auch BGH, Urt. v. 01.03.1995 – 2 StR 691/94, Rn. 8.

284 RGZ 118, S. 185, 187; BGH, Urt. v. 19.01.1951 – I ZR 15/50, Rn. 14; *Schwab*, in: MüKo BGB, § 818, Rn. 47 ff.

285 *Sprau*, in: Palandt, § 818, Rn. 52.

286 Gericke, Stellungnahme, S. 5.

§ 73d Abs. 1 StGB die Möglichkeit, dass ein Minus im Vermögen des Täters verbleibt, nicht ausgeschlossen wird.[287] So sollen ausweislich der Gesetzesbegründung Aktien, die zweckgerichtet für ein verbotenes Insidergeschäft eingesetzt wurden, umfassend abgeschöpft werden.[288] Der Beschuldigte kann also bei der Bestimmung des Wertes des Erlangten nicht den für den ursprünglich rechtmäßigen Erwerb der Aktien aufgewandten Geldbetrag entgegenhalten. Auf diese Weise wird ein über seinen Gewinn hinausgehender Betrag abgeschöpft, sodass ein Minus im Beschuldigtenvermögen verbleibt.

In diesem Zusammenhang geht auch der Verweis auf § 817 Satz 2 BGB fehl.[289] Ein quasi-kondiktioneller Charakter kann schon daher nicht aus § 817 Satz 2 BGB geschlossen werden, weil der Norm kein allgemeiner Rechtsgedanke entnommen werden kann. Es würde sich also auch bei einer unterschiedlichen Regelung innerhalb der jeweiligen Rechtsgebiete kein Widerspruch ergeben.[290] Darüber hinaus passt die Norm nicht in das Gefüge des Bereicherungsrechts, da sie Sanktions- und Strafwirkung entfaltet.[291] Ebenfalls spricht gegen den Verweis auf § 817 Satz 2 BGB, dass die beiden Normen keinen vergleichbaren Regelungsinhalt haben. Denn § 817 Satz 2 BGB ist nicht nur auf die erbrachte, sondern auch auf die erhaltene Leistung anwendbar, während nach dem „Bruttoprinzip" nur der Beschuldigte einseitig getroffen wird.[292]

Wenn der Einziehung in dieser Konstellation aber kein kondiktionsähnlicher Charakter zukommt, hat sie dann einen, wie von der Literatur vertreten, strafähnlichen Charakter?

Das BVerfG geht davon aus, dass nicht alle staatlichen Maßnahmen, die mit einer Einbuße an Freiheit und Vermögen verbunden seien, strafähnlich wirken, sondern nur solche, die nach Anlass und Zweck auf einem strafrechtlichen Schuldvorwurf aufbauen und bei denen die vergeltende Sanktion im Vordergrund stehe.[293] Die Argumentation des BVerfG zugrunde gelegt, hätte die

---

287 So auch *Schäuble/Pananis*, NStZ 2019, S. 65, 68.

288 BT-Drucks. 18/9525, S. 67.

289 So auch *Geiger*, Die Rechtsnatur der Sanktion, S. 305 ff; *Gebauer*, ZRP 2016, S. 101, 102.

290 BGH, Urt. v. 20.05.1964 – VIII ZR 56/63, Rn. 24; so bereits RGZ 70, S. 1, 5 f.: § 817 Satz 2 BGB entzieht sich als eng auszulegende Ausnahmebestimmung einer Ausdehnung auf Ansprüche außerhalb des Bereicherungsrechts; str. für Ausnahmen: *Schwab*, in: MüKo BGB, § 817, Rn. 14 m.w.N.

291 BGH, Urt. v. 19.04.1961 – IV ZR 217/60, Rn. 31.

292 *Gebauer*, ZRP 2016, S. 101, 102; *DRB*, Stellungnahme, S. 2 f.

293 BVerfG, Beschl. v. 14.01.2004 – 2 BvR 564/95, Rn. 59, 63.

Einziehung keinen strafähnlichen Charakter, da § 73 Abs. 1 Satz 1 StGB gerade nicht auf einem strafrechtlichen Schuldvorwurf aufbaut.

Bei genauerer Betrachtung stellt sich dies aber als Zirkelschluss dar. Die fehlende Strafähnlichkeit der Einziehung aus der Tatsache abzuleiten, dass diese von Gesetzes wegen auch ohne Schuld stattfinden soll und dann wieder aus der fehlenden Strafähnlichkeit abzuleiten, dass die Einziehung unbeschadet der Unschuldsvermutung ohne Schuldfeststellung stattfinden darf, kann nicht überzeugen.[294] Korrekterweise müsste in einem ersten Schritt die Strafähnlichkeit der Einziehung geklärt sein. Erst danach darf nach dem strafrechtlichen Schuldvorwurf überhaupt gefragt werden. Hätte nämlich die Einziehung strafähnlichen Charakter, so folgt gerade aus dem Schuldprinzip[295], dass sie zugleich an dieselben Voraussetzungen wie Strafe gebunden ist. Die Strafähnlichkeit der Einziehung lässt sich daher nicht unter Hinweis auf das fehlende Schulderfordernis verneinen. Vielmehr hängt die Zulässigkeit einer schuldunabhängigen Einziehung selbst von ihrer Strafähnlichkeit ab.

Maßgeblich für die Frage der Strafähnlichkeit der Einziehung können daher nur die Wirkung und die Zweckrichtung der Maßnahme sein.[296] Verbleibt ein Minus im Vermögen des Beschuldigten, wirkt die Einziehung für diesen pönal, da ihm über seine Entreicherung hinaus ein zusätzliches Übel auferlegt wird. Des Weiteren soll die Einziehung zugleich Tatanreize für gewinnorientierte Delikte reduzieren und die Reinvestition von Verbrechensgewinnen in kriminelle Unternehmungen verhindern. Hierdurch werde das Vertrauen der Bevölkerung in die Gerechtigkeit und Unverbrüchlichkeit der Rechtsordnung gestärkt.[297] Diese Ziele sind allesamt Ausfluss eines generalpräventiven Zwecks, wobei die sog. „positive Generalprävention" einen Strafzweck der relativen Straftheorien

---

294 Vgl. *Eser/Schuster*, in: Sch/Sch StGB, Vorbem. § 73, Rn. 17; ebenso *Hoyer*, GA 1997, S. 407, 413: Mit dem Verweis darauf, dass diese Argumentation nach dem Motto, dass „nicht sein kann, was nicht sein darf" verfährt.

295 *Jarass*, in: Jarass/Pieroth GG, Art. 20, Rn. 148: Das Schuldprinzip ergibt sich aus Art. 1 Abs. 1 GG i.V.m. Art. 2 Abs. 1 GG und dem Rechtsstaatsprinzip. Darüber geht es aus der Unschuldsvermutung des Art. 6 Abs. 2 EMRK hervor und verbietet es, gegen einen Beschuldigten eine Strafe oder strafähnliche Sanktion zu verhängen, bevor ihm die Schuld nach den Regeln der StPO nachgewiesen wurde, siehe hierzu: *Meyer*, in: FS Tröndle, S. 61, 69.

296 *Keusch*, Probleme des Verfalls im Strafrecht, S. 59; *Kracht*, wistra 2000, S. 326, 329; *Eser/Schuster*, in: Sch/Sch StGB, Vorbem. § 73, Rn. 17; *Kühl*, Unschuldsvermutung, S. 15.

297 BT-Drucks. 18/9525, S. 43.

darstellt.[298] Diesen Strafzweck erkennt auch die mehrheitlich vertretene Vereinigungstheorie an.[299] Auf diese Weise werde die Geltung der normativen Ordnung und das Vertrauen in ihre Durchsetzungskraft bestätigt und die Rechtstreue der Bevölkerung gestärkt.[300] Daher haben sowohl Wirkung als auch Zweckrichtung der Einziehung strafähnlichen Charakter, mit der Folge, dass die Einziehung entgegen der Rechtsprechung und Gesetzesbegründung in den Fällen, in denen ein Minus im Vermögen des Beschuldigten verbleibet, dogmatisch als strafähnliche Maßnahme einzuordnen ist.[301]

Die vorstehende dogmatische Einordnung führt zunächst dazu, dass an die Einziehung – wenn sie über die bloße Gewinnabschöpfung hinausgeht und damit strafähnlichen Charakter hat – dieselben verfassungsrechtlichen Anforderungen zu stellen sind wie an andere Straf- und Bußgeldsanktionen.[302] Demnach ist die Einziehung nur bei einer „strafrechtlichen Vorwerfbarkeit zulässig"[303]; der Beschuldigte muss also schuldhaft gehandelt haben.

Darüber hinaus sind die über die bloße Gewinnabschöpfung hinausgehenden Vermögensnachteile im Rahmen der Strafzumessung zu berücksichtigen.[304] Denn bei der Bemessung der Hauptstrafe werden über § 46 Abs. 2 Satz 2 StGB auch solche Umstände mildernd einbezogen, die andere Nachteile für den Beschuldigten begründen.[305] Ein Grund, weshalb erlittene Vermögenseinbußen hiervon nicht erfasst sein sollten, kann nicht festgestellt werden.[306] Dies gilt umso

298 *Radtke*, in: MüKo StGB, Vorbem. § 38, Rn. 32.

299 *Radtke*, in: MüKo StGB, Vorbem. § 38, Rn. 32; vgl. BVerfG, Urt. v. 21.06.1977 – 1 BvL 14/76, Rn. 211.

300 BVerfG, Urt. v. 21.06.1977 – 1 BvL 14/76, Rn. 218; vgl. BGH, Urt. v. 08.12.1970 – 1 StR 353/70, Rn. 21.

301 *Hennecke*, NZWiSt 2018, S. 121, 124 sieht die reformierten Einziehungsvorschriften sich in ihrer Härte der Strafe annähern und bezweifelt daher, „ob die Voraussetzungen, von denen das Bundesverfassungsgericht seinerzeit ausgegangen ist, auch heute noch zutreffen." Vielmehr bewegt sich die jetzige Rechtslage auf den Schutzbereich des Art. 103 Abs. 2 GG zu; ebenso hält das LG Kaiserlautern, Beschl. v. 20.09.2017 – 7 Kls 6052 Js 8343/16 (3) die Einziehung nach den §§ 73 ff. StGB für eine Strafe i.S.d. Art. 7 Abs. 1 Satz 2 EMRK.

302 *Eser/Schuster*, in: Sch/Sch StGB, Vorbem. § 73, Rn. 18.

303 *Eser/Schuster*, in: Sch/Sch StGB, Vorbem. § 73, Rn. 18.

304 So auch *Eser/Schuster*, in: Sch/Sch StGB, Vorbem. § 73, Rn. 18; *Wolters*, in: SK StGB, § 73, Rn. 8.

305 *Wolters*, in: SK StGB, § 73, Rn. 8 mit Verweis auf *Horn/Wolters*, in: SK StGB, § 46, Rn. 161; *Joecks*, in: MüKo StGB, § 73, Rn. 16.

306 *Wolters*, in: SK StGB, § 73, Rn. 8.

mehr, als dass auch „der Verlust des Arbeitsplatzes – und damit ein hierdurch entstehender finanzieller Nachteil – ein Absehen von Strafe gemäß § 60 StGB rechtfertigen kann.“[307] Demnach stellt die Einziehung nur durch die Berücksichtigung bei der Strafzumessung zusammen mit der „verhängten Hauptstrafe eine schuldangemessene Sanktion“ dar.[308]

IV. Ergebnis

Die Gesetzesbegründung kann an dieser Stelle weder überzeugen noch rechtliche Zweifelsfragen beseitigen. Insbesondere wird – entgegen der Intention des Gesetzgebers – durch die Bezugnahme auf § 817 Satz 2 BGB das „Bruttoprinzip“ nicht gestärkt. Bemerkenswert ist dabei, dass auch der *Deutsche Richterbund* den Verweis auf § 817 Satz 2 BGB ablehnt. Darüber hinaus ist zu erwarten, dass die Literatur weiterhin von einem strafähnlichen Charakter der Einziehung ausgehen wird. Dies zeigen die veröffentlichten Stellungnahmen. Doch auch die Rechtsprechung zeigt sich nunmehr uneins. So sprach das LG Kaiserslautern den reformierten Vorschriften strafähnlichen Charakter zu,[309] während der BGH und weitere Oberlandesgerichte der bisherigen Ansicht in der Rechtsprechung folgten.[310] Somit wird nicht nur der bestehende Meinungsstreit zwischen Rechtsprechung und Literatur fortgeführt, sondern es drohen auch unterschiedliche Auffassungen innerhalb der Rechtsprechung.

Es ist bedauerlich, dass die Gesetzesbegründung das Ziel der Stärkung des „Bruttoprinzips“ nicht erreichen kann. Denn auch aus Opferschutzgesichtspunkten wäre dies zu begrüßen; stellt das „Brutto-“ im Vergleich zum „Nettoprinzip“ doch eine Besserstellung der Tatverletzten dar. Insoweit ist es dem Staat nämlich möglich, größere Vermögenswerte einzuziehen, an denen sich die Geschädigten in der Folgezeit schadlos halten können.

Des Weiteren würde die bestehende Rechtsunsicherheit aufgrund der unterschiedlichen Rechtsprechung des 1. und 5. Strafsenats durch eine Stärkung des „Bruttoprinzips“ behoben, während die aktuelle Rechtsprechung zu teilweise divergierenden Ergebnissen führt.

Schließlich ist eine Stärkung auch aus kriminalpolitischen Gesichtspunkten wünschenswert, da das „Bruttoprinzip“ Ausdruck des Grundsatzes „Verbrechen

---

307 *Joecks*, in: MüKo StGB, § 73, Rn. 16.

308 So auch *Eser/Schuster*, in: Sch/Sch StGB, Vorbem. § 73, Rn. 18.

309 LG Kaiserslautern, Urt. v. 20.09.2017 – 7 KLs 6052 Js 8343/16 (3).

310 BGH, Beschl. v. 15.05.2018 – 1 StR 651/17; OLG München, Urt. v. 19.07.2018 – 15 Ss 539/17; KG, Beschl. v. 01.12.2017 – (5) 161 Ss 148/17 (69/17).

dürfen sich nicht lohnen“ ist. Mit einem einheitlich ausgelegten „Bruttoprinzip“ können dem Beschuldigten die finanziellen Mittel zur Begehung künftiger Straftaten genommen und diese verhindert werden.

In diesem Zusammenhang stellt sich die Frage, ob nicht gerade durch die dogmatische Einordnung der Einziehung als strafähnlich, eine Stärkung des „Bruttoprinzips“ erreicht werden kann? Dem ist, um das Ergebnis vorwegzunehmen, zuzustimmen.

Zunächst ist festzuhalten, dass als Folge des strafähnlichen Charakters das „Bruttoprinzip“ umfassend im Sinne des 1. Strafsenats ausgelegt werden muss. So können alle Vermögenswerte, die dem Beschuldigten unmittelbar aus der Verwirklichung des Tatbestandes in irgendeiner Phase des Tatablaufs zugeflossen sind, in ihrer Gesamtheit abgeschöpft werden.[311] Notwendige Korrekturen von unbilligen Ergebnissen müssten dann nicht über eine Einschränkung des „Bruttoprinzips“ vorgenommen werden, sondern finden Berücksichtigung in der Strafzumessung. Auf diese Weise wird auch der Problematik begegnet, dass durch die Ausgestaltung des „Bruttoprinzips“ die Vermögensstrafe faktisch wieder Einzug in das StGB findet, da das „Bruttoprinzip“ einen unlimitierten Zugriff auf die Vermögenswerte des Beschuldigten zulässt, gleichzeitig aber durch den Wegfall der Härteklausel des § 73c StGB a.F. eine nachträgliche Korrektur nicht mehr möglich ist.[312]

Indem der Gesetzgeber der Rechtsprechung des 1. Strafsenats folgt, wird zum einen die bestehende Rechtsunsicherheit behoben. Zum anderen müsste nur noch das Bruttoerlangte festgestellt werden, sodass aufwendige zivilrechtliche Berechnungsfragen dem Strafverfahren entzogen werden. Hierdurch würde das Strafverfahren beschleunigt und die Gerichte entlastet.

Aufgrund der umfassenden Geltung des „Bruttoprinzips“ könnte weiterhin § 73d StGB samt der abzulehnenden Begründung gestrichen werden, da keine Notwendigkeit für eine Einschränkung des „Bruttoprinzips“ mehr besteht. Etwaige unbillige Ergebnisse würden durch eine Berücksichtigung der Einziehung bei der Strafzumessung aufgefangen. Es stimmt zwar, wie *Geiger* kritisch anführt, dass dies auch zur Folge hätte, dass bei schweren Straftaten mit einem hohen Bruttoerlangtem die Freiheitsstrafe wegen des zu berücksichtigenden strafenden Einziehungsanteils weit niedriger bemessen werden müsste, als dies bei vergleichbaren Straftaten ohne Vermögensabschöpfung der Fall wäre.[313]

---

311 BGH, Urt. v. 29.06.2010 – 1 StR 245/09, Rn. 37.

312 *Meissner*, KriPoz 2017, S. 237, 241.

313 *Geiger*, Die strafrechtliche Sanktion, S. 309.

Dieser Ansicht ist aber entgegen zu halten, dass eine solche Folge gerade dogmatisch konsequent ist und nur so zu einer tat- und schuldangemessenen Strafe führen kann.

Des Weiteren hätte die Berücksichtigung der Einziehung im Rahmen der Strafzumessung zur Folge, dass die Einziehungsentscheidung nicht mehr gemäß den §§ 422, 423 StPO von der Hauptsacheentscheidung und damit vom Strafausspruch abgetrennt werden dürfte. Dies ist aus Opferschutzgesichtspunkten zu begrüßen, da somit die Entschädigung im Anschluss an den rechtskräftigen Abschluss des Strafverfahrens erfolgt. Bei Abtrennung der Einziehungsentscheidung droht hingegen eine weitere zeitliche Verzögerung und damit eine Steigerung des Insolvenzrisikos des jeweiligen Verletzten.[314] Die Vorschriften der § 422, 423 StPO sind somit ersatzlos zu streichen.

Schließlich wären die Literaturansichten überholt, die im Fall eines Minus im Vermögen des Täters aufgrund des Schuldprinzips weiterhin das „Nettoprinzip" anwenden wollen. Der seit 1992 anhaltende Meinungsstreit zwischen Literatur und Rechtsprechung würde beigelegt.

Für die Stärkung sowohl des „Bruttoprinzips" als auch des Opferschutzes müsste nach alldem lediglich der Wortlaut des § 73 Abs. 1 StGB dahingehend geändert werden, als dass das Wort *schuldhaft* in den Gesetzestext aufgenommen wird. Damit hätte der strafähnliche Charakter der Einziehung Niederschlag im Gesetz gefunden.

B. Zeitliche Anwendbarkeit der Vorschriften

Das Gesetz zur Reform der strafrechtlichen Vermögensabschöpfung ist mit einer Stichtagsregelung zum 1. Juli 2017 in Kraft getreten. Damit gelten die neuen verfahrensrechtlichen Vorschriften gemäß § 14 EGStPO auch in bereits laufenden Verfahren, es sei denn es wurde vorher im Urteil oder Strafbefehl festgestellt, dass deshalb nicht auf „Verfall" erkannt wurde, weil Ansprüche eines Verletzten im Sinne des § 73 Abs. 1 Satz 2 StGB a.F. entgegenstanden.

Der § 14 EGStPO ist zunächst nicht zu beanstanden. Denn für die Frage der zeitlichen Geltung von Verfahrensvorschriften findet das Rückwirkungsverbot des Art. 103 Abs. 2 GG keine Anwendung, da Verfahrensvorschriften nicht die Strafbarkeit als solche, sondern lediglich deren Verfolgbarkeit betreffen.[315]

---

314 Vgl. zu dieser – dann entfallenden – Problematik den Gliederungspunkt: Dritter Teil, E.I.3.

315 BVerfG, Beschl. v. 26.02.1969 – 2 BvL 23/68, Rn. 83; *Radtke/Hagemeier*, in: BeckOK GG, 40. Edition, Stand: 01.03.2015, Art. 103, Rn. 43.

Selbiges gilt für das das Rückwirkungsverbot konkretisierende Meistbegünstigungsprinzip des § 2 Abs. 3 StGB.[316] Die Vorschrift bezieht sich inhaltlich nur auf materielles Recht,[317] sodass ein Wechsel im Verfahrensrecht grundsätzlich unberücksichtigt bleibt.[318]

Von diesem Grundsatz machte der BGH allerdings hinsichtlich der zeitlichen Geltung der „Rückgewinnungshilfe" eine Ausnahme. Die Vorschrift des § 111i StPO a.F. durfte insoweit nicht isoliert von den materiell-rechtlichen Vorschriften der §§ 73 ff. StGB a.F. betrachtet werden. Denn der Auffangrechtserwerb nach § 111i Abs. 5 StPO a.F. hatte trotz der systematischen Verortung in der Strafprozessordnung materiell-rechtlichen Charakter, da er dogmatisch die materiell-rechtliche Vorschrift zum Ausschluss des Verfalls gemäß § 73 Abs. 1 Satz 2 StGB a.F. modifizierte[319].[320] So lag in der feststellenden Entscheidung des § 111i Abs. 2 StPO a.F. der Grund für den Auffangrechtserwerb, sodass diese einer aufschiebend bedingten Verfallsanordnung gleichkam.[321] Dies hatte zur Folge, dass für die Anwendung von § 111i StPO a.F. der § 2 Abs. 5 StGB a.F. galt. Mithin war bei Taten, die vor Inkrafttreten der Vorschrift beendet wurden, das für den Beschuldigten nach § 2 Abs. 5 i.V.m. Abs. 3 StGB a.F. günstigere ältere Recht anzuwenden.[322]

Betrachtet man vor diesem Hintergrund die reformierten Verfahrensvorschriften, fallen die §§ 111b, 111e StPO auf. Die Anordnung der Beschlagnahme

---

316 *Schmitz*, in: MüKo StGB, § 2, Rn. 66.

317 Vgl. dazu: *Satzger*, Jura 2006, S. 746, 747 f.

318 BGH, Beschl. v. 20.02.1976 – 2 StR 601/75, Rn. 6: „Dass neue Vorschriften des Verfahrensrechts von ihrem Inkrafttreten an auch für bereits anhängige Verfahren gelten, ist eine Selbstverständlichkeit, die der Gesetzgeber nicht eigens auszusprechen brauchte"; *Fischer*, StGB, § 2, Rn. 7; a.A.: Auch Verfahrensvorschriften unterlägen dem Rückwirkungsverbot immer dann, wenn ihnen Strafwürdigkeits- oder Strafbedürftigkeitserwägungen zugrunde liegen. Dies sei insbesondere bei Strafantrag und Verjährung der Fall, *Pieroth*, Jura 1983, S. 124 ff.

319 Hatten die Geschädigten ihre Ansprüche nicht innerhalb der dreimonatigen Frist des § 111i Abs. 3 StPO a.F. geltend gemacht, mussten die sichergestellten Vermögenswerte an den Täter zurückübertragen werden. Die Reform des § 111i Abs. 5 StPO a.F. sah sodann vor, dass das Gericht den Auffangrechtserwerb anordnen konnte. Dies hatte zur Folge, dass die Vermögenswerte nicht mehr an den Täter herausgeben werden mussten und seine begünstigende Rechtsposition damit entfiel.

320 *Bohne/Boxleitner*, NStZ 2007, S. 552, 555; *Mosbacher/Claus*, wistra 2008, S. 1, 3 ff.

321 BGH, Beschl. v. 19.02.2008 – 1 StR 503/07, Rn. 2.

322 BGH, Urt. v. 07.02.2008 – 4 StR 502/07, Rn. 14 f.; BGH, Beschl. v. 19.02.2008 – 1 StR 503/07, Rn. 2; *Schmitz*, in: MüKo StGB, § 2, Rn. 66.

knüpft gemäß § 111b Abs. 1 StPO an das Vorliegen der Voraussetzung der Einziehung an, während der § 111e Abs. 1 StPO für die Anordnung des Vermögensarrestes das Vorliegen der Voraussetzungen für die Einziehung von Wertersatz verlangt. Damit beziehen sich beide Normen auf die materiell-rechtlichen Vorschriften der §§ 73 ff. StGB. Es stellt sich daher die Frage, ob diese Normen dogmatisch ebenfalls als verfahrensrechtliche Vorschriften mit materiell-rechtlichem Charakter einzuordnen sind. Sollte dies zutreffen, ist sodann dem Umstand nachzugehen, ob die alten Regelungen für den Beschuldigten gemäß § 2 Abs. 3 i.V.m. Abs. 5 StGB günstiger waren.

I. Verfahrensvorschriften mit materiell-rechtlichem Charakter?

Der § 111e StPO regelt die Anordnung des Vermögensarrestes und knüpft dabei an das Vorliegen der Voraussetzungen für die Wertersatzeinziehung an. Aus dem Wortlaut des § 111e Abs. 1 Satz 1 StPO ergibt sich, dass die Norm nicht isoliert betrachtet werden darf, sondern bei ihrer Anwendung materiell-rechtlich stets die §§ 73 ff StGB zu berücksichtigen sind.[323] Ob die Voraussetzungen der Wertersatzeinziehung vorliegen, ergibt sich aus den §§ 73, 73c StGB. Der neu eingeführte § 73c StGB entspricht dabei inhaltlich dem § 73a StGB a.F. und soll die vorherige Regelung lediglich im neuen Sprachgebrauch wiedergeben.[324]

Indem der § 111e StPO die Anordnung des Vermögenarrestes im Regelfall vorsieht, modifiziert die Norm die materiell-rechtlichen Vorschriften der §§ 73, 73c StGB, welche nunmehr die Wertersatzeinziehung zwingend und unabhängig vom Bestehen etwaiger Verletztenansprüche vorsehen. Demgegenüber knüpfte der § 111d StPO a.F. die Anordnung des dinglichen Arrestes an strengere Voraussetzungen. Darüber hinaus war die Aufrechterhaltung des dinglichen Arrestes nur unter Beachtung bestimmter Überprüfungsfristen zulässig. Der Wegfall dieser Voraussetzungen ist Ausdruck der gesetzgeberischen Intention, die „Rückgewinnungshilfe" aufzugeben, Abschöpfungslücken zu schließen und durch die Einführung des Entschädigungsmodells das System der Vermögensabschöpfung zu stärken. Hieraus folgt, dass der § 111e StPO rechtsdogmatisch eine Modifikation der materiell-rechtlichen Vorschriften über die Einziehung von Taterträgen darstellt.

---

323 *Heuchemer*, in: BeckOK StGB, 41. Edition, Stand: 01.02.2019, EGStGB Art. 316h, Rn. 11.

324 OLG Hamm, Beschl. v. 04.01.2018 – 4 Ws 196/17 mit Verweis auf BT-Drucks. 18/9525, S. 66.

Die vorstehenden Ausführungen gelten auch uneingeschränkt für § 111b StPO. So ergibt sich zum einen ebenfalls aus dem Wortlaut der Norm, dass die §§ 73 ff. StGB stets zu berücksichtigen sind, und zum anderen modifiziert die Vorschrift aus denselben Gründen diese materiell-rechtlichen Normen. Mithin ist bei der Frage der zeitlichen Geltung der §§ 111b, 111e StPO auf § 2 Abs. 3 i.V.m. Abs. 5 StGB abzustellen.

II. Nichtanwendung des § 2 Abs. 5 StGB durch den Gesetzgeber

§ 2 Abs. 5 StGB[325] stellt klar, dass für Einziehung und Unbrauchbarmachung dasselbe gilt wie für Strafen und somit die Absätze 1 bis 4 des § 2 StGB entsprechende Anwendung finden.[326] Dies verwundert, ordnet doch sowohl die hier behandelte Gesetzesbegründung als auch die Rechtsprechung diese Maßnahmen als quasikondiktionell ein.[327] In der Gesetzesbegründung zu § 2 Abs. 5 StGB a.F. hieß es jedoch, dass Verfall, Einziehung und Unbrauchbarmachung strafähnlichen Charakter haben und es deshalb der Billigkeit entspricht, sie hinsichtlich der zeitlichen Geltung wie Strafen zu behandeln.[328] Diesem Umstand trägt § 2 Abs. 5 StGB nach wie vor Rechnung und ordnet daher die Geltung des in Absatz 3 normierten Meistbegünstigungsprinzips an.

Das Meistbegünstigungsprinzip kommt zur Anwendung, wenn ein Strafgesetz, das bei Beendigung der Tat gilt, vor der Entscheidung geändert wird. Der Grundsatz besagt, dass in einem Vergleich beider Rechtslagen am Ende die für den Beschuldigten günstigere Rechtslage der Entscheidungsfindung zu Grunde zu legen ist.[329] Hieraus folgt auch, dass das Rückwirkungsverbot nur in malam partem gilt, während eine rückwirkende Rechtsanwendung zu Gunsten des Beschuldigten zulässig ist.[330] Darüber hinaus sind Gesetzesänderungen i.S.d. Absatzes 3 in jeder Lage des Verfahrens zu beachten.[331] Ändert sich also das zur

---

325 Der Wortlaut des § 2 Abs. 5 StGB wurde dahingehend geändert, dass der Begriff des „Verfalls" gestrichen wurde und nur noch der einheitliche Begriff der „Einziehung" verwendet wird.

326 *Fischer*, StGB, § 2, Rn. 2.

327 Siehe hierzu: Abschnitt „dogmatische Einordnung der Vermögensabschöpfung".

328 BT-Drucks. IV/650, S. 108; so auch: *Hassemer/Kargl*, in: NK StGB, § 2, Rn. 56; *Schmitz*, in: MüKo StGB, § 2, Rn. 66.

329 Dabei darf das zur Tatzeit geltende Recht kein Zeitgesetz i.S.v. § 2 Abs. 4 StGB sein; BGH, Beschl. v. 07.06.2005 – 2 StR 122/05, Rn. 7: „Das mildeste Gesetz im Sinne des § 2 Abs. 3 StGB ist dasjenige, das bei einem Gesamtvergleich im konkreten Einzelfall nach dessen besonderen Umständen die dem Täter günstigste Beurteilung zulässt".

330 *Schmitz*, in: MüKo StGB, § 1, Rn. 22 ff.

331 BGH, Beschl. v. 20.05.1999 – 4 StR 718/98.

Tatzeit geltende Gesetz vor der Entscheidung, ist das für den Beschuldigten mildeste Gesetz anzuwenden, sodass bei einer Rechtsänderung für die Bestimmung des mildesten Gesetzes für jeden konkreten Einzelfall zu ermitteln ist, welche Rechtsfolgen weniger einschneidend sind.[332] Das Meistbegünstigungsprinzip findet nur dann keine Anwendung, wenn der Gesetzgeber die Fortgeltung eines Gesetzes für einen bestimmten Übergangszeitraum, in welchem ein neues Gesetz erlassen werden soll, ausdrücklich angeordnet hat.[333]

Demnach müsste unter Anwendung des Meistbegünstigungsprinzips bei Taten, die vor Inkrafttreten der Gesetzesreform beendet und bei denen die Beschlagnahme oder der Vermögensarrest angeordnet wurden, stets geprüft werden, ob die Rechtsfolgen der §§ 111b, 111e StPO oder die der §§ 111b, 111d StPO a.F. für den Beschuldigten günstiger sind. Dabei kann davon ausgegangen werden, dass die Rechtsfolgen der §§ 111b, 111d StPO a.F. aufgrund der strengeren Anforderungen an die Dauer der Aufrechterhaltung grundsätzlich weniger einschneidend und daher günstiger für den Beschuldigten sind. Die Anordnung der Beschlagnahme und des Vermögensarrestes würden sich also bei Taten, die vor Inkrafttreten der Gesetzesreform beendet wurden, gemäß § 2 Abs. 5 i.V.m. Abs. 3 StGB nach den §§ 111b, 111d StPO a.F. richten.

Der Gesetzgeber hat jedoch die Anwendung des § 2 Abs. 5 StGB für die reformierten materiell-rechtlichen Vorschriften der Vermögensabschöpfung durch Art. 316h Satz 1 EGStGB ausgeschlossen;[334] ab Inkrafttreten gilt das neue Recht. Nur ausnahmsweise sind die Vorschriften gemäß Art. 316h Satz 2 EGStGB nicht anzuwenden, wenn in einem Verfahren vor Inkrafttreten der Reform bereits eine Entscheidung über die Anordnung des Verfalls oder des Verfalls von Wertersatz ergangen ist. Da die §§ 111b, 111e StPO dogmatisch Verfahrensvorschriften mit materiell-rechtlichem Charakter sind, ist für die Frage ihrer zeitlichen Geltung ebenfalls auf Art. 316h EGStGB abzustellen;[335] der § 14 EGStPO findet nur auf Verfahrensvorschriften Anwendung. Der Gesetzgeber begründet die Stichtagsregelung des Art 316h EGStGB damit, dass die Strafrechtspraxis von der schwierigen Prüfung, welches Recht im konkreten Einzelfall anzuwenden ist, entbunden werden soll. Des Weiteren müsse ein jahrelanges Nebeneinander der alten und neuen Regelungen verhindert werden. Denn nur so werde

332 *Schmitz*, in: MüKo StGB, § 2, Rn. 66.

333 BGH, Urt. v. 08.01.1965 – 2 StR 49/64, Rn. 14.

334 BT-Drucks. 18/11640, S. 84.

335 *Heuchemer*, in: BeckOK StGB, 41. Edition, Stand: 01.02.2019, EGStGB Art. 316h, Rn. 11.

die Anwendung der Vermögensabschöpfung vereinfacht und die Akzeptanz der neuen Vorschriften gestärkt.[336]

Zwar konkretisiert das Meistbegünstigungsprinzip das Rückwirkungsverbot, es genießt im Gegensatz zu diesem aber gerade keinen verfassungsrechtlichen Schutz durch Art. 103 Abs. 2 GG.[337] Dem Gesetzgeber steht es mithin frei, im Einzelfall etwas anderes als die Geltung des § 2 Abs. 3 StGB zu bestimmen.[338] Damit soll verhindert werden, dass der Beschuldigte aus einem Tatbestand verurteilt wird, den der Gesetzgeber nicht mehr für angemessen hält.[339]

Der Gesetzgeber durfte den § 2 Abs. 5 StGB daher in zulässigerweise ausschließen. Insoweit lässt sich auch kein Verstoß gegen das allgemeine Willkürverbot, welches aus dem Gleichheitssatz des Art. 3 Abs. 1 GG und dem Rechtsstaatsprinzip des Art. 20 Abs. 3 GG hergeleitet wird,[340] feststellen. Das allgemeine Willkürverbot gilt zwar für jede staatliche Tätigkeit,[341] ist aber nur dann verletzt, wenn ein staatliches Handeln bei verständiger Würdigung der das Grundgesetz beherrschenden Gedanken nicht mehr verständlich ist und sich daher der Schluss aufdrängt, dass dieses Handeln auf sachfremden Erwägungen beruht.[342] Der Begründung des Gesetzgebers lassen sich derartige sachfremde Erwägungen nicht entnehmen. Der Ausschluss des § 2 Abs. 5 StGB dient der einfacheren Anwendung der Vermögensabschöpfung und damit auch dem mit dem Grundgesetz im Einklang stehenden vermögensabschöpfungsrechtlichen Leitsatz „Straftaten dürfen sich nicht lohnen". So ist es zutreffend, dass die Anwendung des Meistbegünstigungsprinzips in der Praxis zu komplizierten Fallgestaltungen führt, welche fehlerträchtige Entscheidungsfindungen nach sich ziehen.[343] Dies kann die Obergerichte über Jahre beschäftigen und der Akzeptanz der neuen Vorschriften in der Praxis entgegenstehen.[344] Schließlich droht dem Beschuldigten durch die Anwendung der alten oder der neuen Berechnungsmethoden bei

---

336 BT-Drucks. 18/11640, S. 84.
337 BVerfG, Beschl. v. 18.09.2008 – 2 BvR 1817/08, Rn. 14.
338 *Schmitz*, in: MüKo StGB, § 2, Rn. 22 mit Verweis auf BGH, Beschl. v. 02.04.1996 – GSSt 2/95.
339 *Hecker*, in: Sch/Sch StGB, § 2, Rn. 14 m.w.N.
340 BVerfG, Beschl. v. 26.02.1985 – 2 BvR145/83, Rn. 29; BVerfG, Urt. v. 27.05.1992 – 2 BvF 1/88, Rn. 359.
341 BVerfG, Beschl. v. 19.06.1973 – 1 BvL 39/69, Rn. 29 f.
342 StRspr. seit BVerfG, Beschl. v. 01.07.1954 – 1 BvR 361/52.
343 Exemplarisch anstelle vieler: BGH, Beschl. v. 15.06.2011 – 4 StR 264/11; BGH, Beschl. v. 25.11.2014 – 5 StR 527/14.
344 *Gericke*, Stellungnahme, S. 13.

der Bestimmung des erlangten Etwas erhebliche Rechtsunsicherheit, da je nach zuständigem Strafsenat die alte oder neue Berechnungsweise für den Beschuldigten günstiger sein kann.[345]

III. Verstoß gegen Rückwirkungsverbot

Der Gesetzgeber konnte zwar die Anwendung des Meistbegünstigungsprinzips in verfassungsmäßig zulässiger Weise ausschließen, gleichwohl verstößt die Anwendung des Art. 316h EGStGB gegen das Rückwirkungsverbot.

Das Rückwirkungsverbot ist in § 1 StGB normiert und hat durch Art. 103 Abs. 2 GG ausdrücklich Verfassungsrang.[346] Der Wortlaut des § 1 StGB stellt klar, dass die Strafbarkeit bestimmt sein muss, „bevor" die Tat begangen wurde. Das Verbot untersagt somit rückwirkend Strafgesetze zu schaffen oder zu verschärfen. Denn ohne dieses Gesetzlichkeitsprinzips wäre eine staatliche Sanktion nicht vorhersehbar und die Verbotsnorm könnte ihre verhaltenssteuernde Funktion nicht entfalten, da sich der Beschuldigte an einer nachträglich in Kraft getretenen Norm nicht orientieren kann.[347] Adressaten des Verbots sind wegen seines Verfassungsrangs gleichermaßen der Strafrichter und der Gesetzgeber. Während der Gesetzgeber eine neu erlassene Strafnorm nicht auf zuvor begangene Taten erstrecken darf, ist der Strafrichter gehindert, sie rückwirkend anzuwenden.[348]

Wie bereits festgestellt, haben die §§ 73 ff. StGB bestrafenden Charakter, sodass die Vermögensabschöpfung entgegen der gesetzgeberischen Auffassung dogmatisch eine strafähnliche Maßnahme darstellt.[349] Demnach ist das Rückwirkungsverbot bei der Frage der zeitlichen Geltung der §§ 73 ff StGB zu beachten. Da der Art. 316h EGStGB die durch die Reform verschärften vermögensrechtlichen Vorschriften rückwirkend auf bereits vor deren Inkrafttreten beendete Straftaten anwendet, verstoßen die Normen gegen das Rückwirkungsverbot.[350]

---

345 *Heger*, Stellungnahme, S. 6.

346 *Hecker*, in: Sch/Sch StGB, § 2, Rn. 1: „[Das Rückwirkungsverbot] lässt sich nicht nur aus dem Rechtsstaatsprinzip und der Wahrung der Menschenwürde i.V.m. dem Schuldgrundsatz begründen, sondern hat auch eine kriminalpolitisch, positiv-generalpräventive Funktion. [...] Diese teilweise Herleitung aus verfassungsrechtlichen Schuld- und Rechtsstaatsaspekten ist [hierdurch] abgesichert".

347 *Schmitz*, in: MüKo StGB, § 1, Rn. 32; *Hassemer/Kargl*, in: NK StGB, § 1, Rn. 6.

348 *Schmitz*, in: MüKo StGB, § 1, Rn. 34.

349 Siehe hierzu: Dritter Teil, Gliederungspunkt A.

350 So auch *Hennecke*, NZWiSt 2018, S. 121, 126, der diese Problematik allerdings nur für die Vorschrift des § 76a Abs. 2 Satz 1 StGB behandelt und das Rückwirkungsverbot nicht über Art. 103 Abs. 2 GG verletzt sieht, sondern eine Abwägung anhand der

Denn die neuen Vorschriften wiegen für den Beschuldigten schwerer als das alte Recht und wirken damit strafschärfend. Dies ergibt sich bereits aus der gesetzgeberischen Intention, die Vermögenseinziehung durch die Reform zu erleichtern und auszuweiten. Auch, dass sich der Einziehungsumfang nunmehr nach dem Bruttoprinzip bemisst, hat für den Beschuldigten strafschärfende Wirkung, da die Berechnungsmethode der in der Rechtsprechung des BGH ergangenen striktesten Ansicht folgt und die der Einziehung unterliegende Vermögensmasse erheblich vergrößert.[351] Da für die zeitliche Geltung der §§ 111b, 111e StPO ebenfalls der Art. 316h EGStGB maßgeblich ist, hat der Verstoß gegen das Rückwirkungsverbot zur Folge, dass auch die §§ 111b, 111e StPO für Taten, die vor Inkrafttreten der Reform beendet wurden, nicht angewandt werden dürfen. Denn die Vorschriften stellen für den Beschuldigten strafschärfende Regelungen im Vergleich zum alten Recht dar. Dies wurde bereits im Rahmen der Anwendung des Meistbegünstigungsprinzips festgestellt, sodass insoweit nur exemplarisch auf den Wegfall der strengeren Anforderungen an die Dauer der Aufrechterhaltung hingewiesen werden soll.

IV. Ergebnis

Die Ausführungen verdeutlichen, dass die Frage der zeitlichen Geltung der §§ 111b, 111e StPO unweigerlich mit der dogmatischen Einordnung der vermögensabschöpfenden Maßnahmen verbunden ist. Unter Berücksichtigung des Rückwirkungsverbotes richtet sich die Anordnung vorläufiger Sicherungsmaßnahmen bei Taten, die vor Inkrafttreten des Gesetzes zur Reform der strafrechtlichen Vermögensabschöpfung beendet wurden, nach den §§ 111b, 111d StPO a.F. und nicht nach den §§ 111b, 111e StPO. Mithin gilt das alte Recht neben dem neuen Recht weiter. Vor dem Hintergrund, dass jedoch die Anwendung des Meistbegünstigungsprinzips verfassungsgemäß ausgeschlossen wurde, wird die Akzeptanz der neuen Vorschriften keinen Schaden nehmen. Denn aufgrund der Stichtagsregelung ist klar, wann das alte und wann das neue Recht gilt. Einer fehlerträchtigen Einzelfallabwägung im Rahmen des

---

allgemeinen, in Rechtsprechung und Schrifttum für Fälle der Rückwirkung entwickelten Kriterien aus Art. 20 Abs. 3 GG vornimmt. Diese Abwägung räumt dem Bestandsschutz den Vorrang vor dem öffentlichen Interesse an der Abschöpfung rechtswidrig erlangter Vermögensvorteile den Vorrang ein. A.A.: LG Berlin, Beschl. 08.11.2017 – 526 KLs 244 Js 863/14 (10/16), wistra 2018, S. 184.

351 Vgl. auch LG Kaiserslautern, Urt. v. 20.09.2017 – 7 KLs 6052 Js 8343/16 (3), Rn. 43 f., 46 unter Berufung auf Art. 7 Abs. 1 EMRK.

Meistbegünstigungsprinzips bedarf es nicht. Insoweit ist jedoch abschließend anzumerken, dass zwar der Ausschluss der Anwendbarkeit der Norm verfassungsrechtlich nicht zu beanstanden ist, weshalb der Gesetzgeber den Absatz 5 nicht gestrichen hat, ist hingegen nicht nachvollziehbar. Der historische Gesetzgeber ging – zutreffend – in der Gesetzesbegründung zu § 2 Abs. 5 StGB a.F. und entgegen dem aktuellen Gesetzgeber davon aus, dass die Vermögensabschöpfung dogmatisch eine strafähnliche Maßnahme ist. Die Streichung der Norm wurde dabei bereits im Gesetzgebungsverfahren thematisiert.[352] Da der Gesetzgeber seine Entscheidung für eine Beibehaltung der Norm nicht ausführt, ist nicht nachvollziehbar, ob eine Abwägung zwischen Ausschluss und Streichung stattfand. Festzuhalten bleibt lediglich, dass der Gesetzgeber eine Gelegenheit verpasst hat, sich durch Streichung des Absatzes 5 endgültig von der dogmatischen Auffassung des historischen Gesetzgebers zu distanzieren und eine – seiner Argumentation folgend – stringente Lösung im Hinblick auf die dogmatische Einordnung der Vermögensabschöpfung zu schaffen.

C. Vorläufige strafprozessuale Sicherungsmaßnahmen

Müsste mit der Durchsetzung des staatlichen Einziehungsanspruchs bis zur rechtskräftigen Entscheidung über die Einziehungsanordnung am Ende des Strafverfahrens abgewartet werden, bestünde die Gefahr, dass der Beschuldigte den Einziehungsgegenstand oder die Vermögenswerte einem späteren Zugriff entzieht. Die Vollstreckung der gerichtlichen Einziehungsanordnung liefe sodann ins Leere und die strafrechtliche Vermögensabschöpfung wäre ein „stumpfes Schwert“.[353] Um dieser Gefahr zu begegnen, kennt die Strafprozessordnung die Möglichkeit, bereits im Ermittlungsverfahren Vermögenswerte des Beschuldigten vorläufig sicherzustellen.[354] Der Gesetzgeber geht davon aus, dass das bisherige Regelungswerk der strafprozessualen Sicherungsmaßnahmen der hohen kriminalpolitischen Bedeutung der strafrechtlichen Vermögensabschöpfung nicht gerecht wurde.[355] Dem soll durch eine umfassende Reform der vorläufigen Sicherungsmaßnahmen abgeholfen werden. Zugleich soll das Regelungswerk von zivilrechtlichen Fragen entlastet werden.[356] Der Gesetzesbegründung

352 *Heger*, Stellungnahme, S. 6; *Gericke* sprach sich in seiner Stellungnahme hingegen für einen Ausschluss des § 2 Abs. 5 StGB aus, vgl. *Gericke*, Stellungnahme, S. 12.

353 *Köhler*, NStZ 2017, S. 497, 502.

354 *Köhler/Burkhard*, NStZ 2017, S. 665, 676.

355 BT-Drucks. 18/9525, S. 47.

356 BT-Drucks. 18/9525, S. 47.

ist jedoch nicht zu entnehmen, dass sich die vorläufigen Sicherungsmaßnahmen als ineffektiv erwiesen hätten und daher mitursächlich für etwaige Defizite der Vermögensabschöpfung waren.[357] Die Begründung des Gesetzgebers sowie die konkrete Ausgestaltung der Normen stößt auf erhebliche Kritik.

I. Vereinfachung eingriffsintensiver Maßnahmen

Die vom Gesetzgeber angestrebte Stärkung der verfahrensrechtlichen Instrumente vorläufiger Sicherung geht untrennbar mit einem Eingriff in grundrechtliche Garantien des Beschuldigten einher. Aus diesem Grund sind die reformierten Normen im Hinblick auf ihre Vorläufigkeit und Eingriffstiefe sowohl im Lichte der Unschuldsvermutung als auch der Eigentumsgarantie zu betrachten. Vor diesem Hintergrund begegnet es sodann Bedenken, wenn der Gesetzgeber in verschiedener Hinsicht die gesetzlichen Anforderungen für die Anordnung und Aufrechterhaltung von Sicherungsmaßnahmen absenkt.[358]

1. Gesetzlicher Regelfall beim Vorliegen dringender Gründe

Die Anordnung vorläufiger Sicherungsmaßnahmen lag gemäß den §§ 111b ff. StPO a.F. im pflichtgemäßen Ermessen der Strafverfolgungsbehörden.[359] Nunmehr „soll" die Anordnung von vorläufigen Sicherungsmaßnahmen beim Vorliegen dringender Gründe zum gesetzlichen Regelfall werden; in den übrigen Fällen bleibt es beim vormals weiten Ermessensspielraum der Strafverfolgungsbehörden.[360]

Die Regelung ist in der aktuellen Fassung nicht zu beanstanden. Zwar wird das vormals weite Ermessen der Strafverfolgungsbehörden dahingehend eingeschränkt, dass die Anordnung beim Vorliegen dringender Gründe zu erfolgen hat. Hierdurch wird aber gerade der im Rahmen der Anordnung von vorläufigen Sicherungsmaßnahmen zwingend vorzunehmenden Prognoseentscheidung Rechnung getragen. Denn Ausgangspunkt jeder vorläufigen Sicherungsanordnung ist die auf Tatsachen gestützte Annahme, dass die Einziehung im späteren Strafurteil angeordnet wird.[361] Wann nunmehr „dringende" Gründe vorliegen, wird in der Gesetzesbegründung nicht näher definiert; begrifflich ist aber an

---

357 *BRAK*, Stellungnahme 15/2016, S. 8.
358 *BRAK*, Stellungnahme 15/2016, S. 8.
359 *Bittmann*, in: MüKo StPO, § 111b, Rn. 5.
360 BT-Drucks. 18/9525, S. 76.
361 *Köhler/Burkhard*, NStZ 2017, S. 665, 666.

den dringenden Tatverdacht i.S.d. § 112 ff. StPO anzuknüpfen.[362] Demnach sind vorläufige Sicherungsmaßnahmen anzuordnen, wenn Tatsachen vorliegen, die eine große Wahrscheinlichkeit begründen, dass im Strafurteil die Einziehung angeordnet wird.[363] Es besteht also weiterhin ein die besonderen Umstände der Prognoseentscheidung berücksichtigendes Stufenverhältnis.

Vor dem Hintergrund der in der aktuellen Fassung nicht zu beanstandenden Regelung ist positiv hervorzuheben, dass der Gesetzgeber die erhebliche Kritik an der Fassung der Norm im Referentenentwurf aufgreift und die Pflicht zur Anordnung nur beim Vorliegen dringender Gründe statuiert hat. In der Entwurfsfassung sahen die §§ 111b Abs. 1, 111e Abs. 1 StPO noch vor, dass die Anordnung vorläufiger Sicherungsmaßnahmen beim Vorliegen der Einziehungsvoraussetzungen zu erfolgen hatte. Es sollte sich demnach um eine gebundene Entscheidung handeln.[364]

Diese Abkehr von der Ermessensentscheidung war mit der Natur der Anordnung von vorläufigen Sicherungsmaßnahmen als eine Prognoseentscheidung nicht vereinbar und hätte dazu geführt, dass ein „Primat der Sicherstellungsinteressen" gesetzlich verankert worden wäre.[365] Darüber hinaus hätte eine solche Regelung angesichts der weitreichenden Eingriffe in den Schutzbereich des Art. 14 GG einen Verstoß gegen das Übermaßverbot dargestellt und somit eine wachsende Zahl an Beschwerdeverfahren nach sich gezogen. Auch hätte die Regel-Anordnung von vermögenssichernden Maßnahmen die Möglichkeit der schematischen Anordnung ohne besondere Berücksichtigung des Einzelfalles begünstigt.[366]

2. Wegfall des Arrestgrundes

Die Anordnung des dinglichen Arrestes sah nach altem Recht das Vorliegen eines Arrestgrundes vor. Insoweit verwies § 111d Abs. 2 StPO a.F. auf § 917 ZPO. Demnach konnte der dingliche Arrest angeordnet werden, wenn zu besorgen war, dass ohne dessen Verhängung die Vollstreckung des Urteils vereitelt oder

---

362 OLG Köln in stRrspr., Beschl. v. 23.11.2009 – 2 Ws 559 - 560/09, Rn. 6; *Trüg*, NJW 2017, S. 1913, 1917.

363 Vgl. zum Begriff des dringenden Tatverdachts i.S.d. § 112 StPO: *Krauß*, in: BeckOK StPO, 32. Edition, Stand: 01.01.2019, § 112, Rn. 9 mit Verweis auf BVerfG, Beschl. v. 12.09.1995 – 2 BvR 2475/94; BGH, Beschl. v. 05.05.1992 – StB 9/92.

364 Referentenentwurf des BMJV zum Entwurf eines Gesetzes zur Reform der strafrechtlichen Vermögensabschöpfung, S. 19 f.

365 *BRAK*, Stellungnahme 15/2016, S. 9.

366 *BRAK*, Stellungnahme 15/2016, S. 9.

wesentlich erschwert werden würde.[367] Dies war anhand einer Prognoseentscheidung, welche eine tatsachengestützte objektive Bewertung durch eine verständige (Ideal-)Person voraussetzte, zu beurteilen.[368] Durch die Reform ist der Verweis auf § 917 ZPO weggefallen. Nun soll bei der Anordnung des Vermögensarrestes von Verfassung wegen der allgemeine Verhältnismäßigkeitsgrundsatz beachtet werden; eine ausdrückliche Regelung des Arrestgrundes sei nicht mehr erforderlich. Dem Übermaßverbot[369] werde nunmehr unmittelbar durch die Strafprozessordnung Rechnung getragen: Da der Vermögensarrest einzig zur vorläufigen Sicherung einer Wertersatzeinziehung angeordnet werden darf, ergebe sich hieraus das Erfordernis eines Sicherungsgrundes.[370]

Den Wegfall des Arrestgrund-Erfordernisses begründet der Gesetzgeber nunmehr damit, dass das Regelwerk der „Rückgewinnungshilfe" eine wirksame Abschöpfung rechtswidrig erlangter Vermögenswerte nicht gewährleistete. Daher habe es u.a. einer Stärkung des verfahrensrechtlichen Instruments der vorläufigen Sicherungsmaßnahmen bedurft. Zwar sei das vorherige Abschöpfungsmodell grundsätzlich durchdacht, allerdings auch äußerst komplex und unübersichtlich ausgestaltet. Darüber hinaus seien die strafgerichtlichen Entscheidungen auf dem Gebiet der Vermögensabschöpfung in hohem Maße fehleranfällig gewesen.[371] Dass der Gesetzgeber hingegen etwaige Defizite in der Vermögensabschöpfung darauf zurückführt, dass die Instrumente vorläufiger Sicherungsmaßnahmen nicht ausreichend oder ineffektiv waren, ergibt sich aus der Begründung expressis verbis nicht.[372]

Der Wegfall des Erfordernisses eines Arrestgrundes begegnet nicht nur wegen der mangelnden Begründung durchgreifenden Bedenken. Vielmehr haben diese Bedenken ihren Ursprung im Sinn und Zweck des Arrestgrundes, welcher insbesondere im Schutz des Beschuldigten vor unverhältnismäßigen Sicherungsmaßnahmen lag.[373] Der Arrestgrund diente jedoch auch dem Schutz des Gläubigers, wenn ohne die Verhängung des Arrestes eine Vollstreckung seiner Ansprüche gegen den Beschuldigten vereitelt oder erschwert wurden.[374] Diese

367 *Kemper*, in: NK ZPO, § 917, Rn. 1.
368 *Kemper*, in: NK ZPO, § 917, Rn. 3.
369 *Burghart*, in: S/S/W StPO, 2. Aufl., § 111d, Rn. 8.
370 BT-Drucks. 18/9525, S. 47 u. 76.
371 BT-Drucks. 18/9525, S. 1.
372 *BRAK*, Stellungnahme 15/2016, S. 8.
373 BVerfG, Beschl. v. 17.04.2015 – 2 BvR 1986/14, Rn. 12; *Madauß*, NZWiSt 2018, S. 28, 30.
374 *Kemper*, in: NK ZPO, § 917, Rn. 1.

klaren Anforderungen waren eine Ausprägung der im Rahmen der Verhältnismäßigkeit vorzunehmenden Prüfung der Erforderlichkeit und der Angemessenheit i.e.S.[375] Um diesen Besonderheiten des Strafprozesses Rechnung zu tragen, normierte § 111d Abs. 2 StPO a.F. die sinngemäße Anwendung des § 917 ZPO.[376]

Der vollständige Wegfall des Arrestgrundes ist abzulehnen und stellt unter schlichtem Hinweis auf den Verhältnismäßigkeitsgrundsatz einen Verstoß gegen den allgemeinen Bestimmtheitsgrundsatz dar.[377] Der allgemeine Bestimmtheitsgrundsatz ergibt sich aus dem Rechtsstaatsprinzip und ist bei der Ausgestaltung von Normen zu beachten. Demnach müssen belastende hoheitliche Eingriffe neben der Berücksichtigung des Verhältnismäßigkeitsgrundsatzes eine hinreichend klare gesetzliche Grundlage haben.[378] Hieraus folgt zwar nicht, dass Gesetzestatbestände stets mit konkret umrissenen Maßstäben auszuformulieren sind,[379] sodass auch Generalklauseln und unbestimmte, der Ausfüllung bedürftige Begriffe zulässig sind.[380] Doch muss der Gesetzgeber die Regelung „der Eigenart der zu ordnenden Lebenssachverhalte und mit Rücksicht auf den Normzweck“ entsprechend bestimmt fassen.[381] Wie hoch die Anforderungen an die Bestimmtheit sind, lässt sich zwar nicht allgemein festlegen. Bei Straftatbeständen ist aber ein höherer Grad notwendig, als bei Verwaltungsgesetzen, „die im Hinblick auf die Eigenart der geregelten Materie Raum für die Berücksichtigung zahlreicher im Voraus nicht normierbarer Gesichtspunkte durch die Behörden lassen müssen.“[382]

Der allgemeine Bestimmtheitsgrundsatz verlangt also zunächst, dass die Voraussetzungen für die Anordnung des Vermögensarrestes hinreichend bestimmt geregelt sind. Dem wird die Ausgestaltung des § 111e Abs. 1 StPO nicht gerecht, da die Norm als Voraussetzung nur das Vorliegen der Einziehung nennt, die Anordnung im Übrigen aber im Ermessen der Strafverfolgungsbehörde steht. Die Norm regelt also gerade nicht, wann die Anordnung als vorläufige Maßnahme aufgrund besonderer Eilbedürftigkeit erforderlich und damit verhältnismäßig ist. Dem Bestimmtheitsgrundsatz folgend bedarf die Rechtsanwendung aber gerade gesetzlicher Vorgaben, sodass der Gesetzgeber nicht darauf verweisen

375 *BRAK*, Stellungnahme 15/2016, S. 10.
376 *Bittmann*, in: MüKo StPO, § 111d, Rn. 1.
377 *Strafverteidigervereinigung*, Stellungnahme, S. 23.
378 BVerfG, Beschl. v. 18.07.1973 – 1 BvR 23/73, Rn. 51.
379 BVerfG, Beschl. v. 26.09.1978 – 1 BvR 525/77, Rn. 34.
380 BVerfG, Beschl. v. 12.11.1958 – 2 BvL 4/56, Rn. 198.
381 BVerfG, Beschl. v. 26.09.1978 – 1 BvR 525/77, Rn. 34.
382 BVerfG, Beschl. v. 26.09.1978 – 1 BvR 525/77, Rn. 34.

darf, dass sich eine Einzelfallrechtsprechung zur Konkretisierung des Verhältnismäßigkeitsgrundsatzes herausbilden werde. Vielmehr muss der Gesetzgeber diese Konkretisierung im Rahmen der Reform selbst schaffen.[383] Der Gesetzgeber hat also im Wortlaut des § 111e Abs. 1 StPO konkrete Maßstäbe zu umreißen, wann die Gefahr einer Vereitelung des staatlichen Einziehungsanspruchs droht und der Grundrechtseingriff daher verhältnismäßig ist.

Auf diese Weise würde auch der Gefahr entgegengetreten, dass es künftig zu einer willkürlicheren Anordnung vorläufiger Sicherungsmaßnahmen kommen könnte. Der Schutz des Beschuldigten vor nicht erforderlichen Sicherstellungen wird nämlich ausgehöhlt, wenn eine konkrete Darlegung von tatsächlichen Anhaltspunkten, wie es der § 917 ZPO vorsieht, durch das Gesetz nicht mehr vorgesehen ist.[384] Es waren also gerade die normativen Vorgaben des § 917 ZPO nötig, um willkürliche oder vorschnelle Anordnungen vorläufiger Sicherungsmaßnahmen zu verhindern und eine intensive Auseinandersetzung mit den zugrundeliegenden Tatsachen zu gewährleisten.[385] Denn lagen die durch den Arrestgrund statuierten Minimalvoraussetzung für die Anordnung vorläufiger Maßnahmen nicht vor, gab es auch keine hinreichenden Gründe für eine Gefährdung des staatlichen Einziehungsanspruchs und damit keine Rechtfertigung für tief in die Vermögenssphäre des Beschuldigten eingreifende vorläufige Sicherungsmaßnahmen.[386]

Schließlich ist der Beschuldigte im Rahmen der Anordnung des Vermögensarrestes schlechter gestellt als der Schuldner im Zivilrecht, da die Eingriffsschwellen für den strafprozessualen Arrest signifikant niedriger sind.[387] So werden im Zivilrecht nicht nur höhere Anforderungen an die Schlüssigkeit und die Glaubhaftmachung des Verfügungsgrundes gestellt, der begehrte Rechtsschutz muss in der Hauptsache auch noch hinreichende Aussicht auf Erfolg haben.[388] Nur, wenn diese Voraussetzungen vorliegen, ist die Maßnahmen des zivilrechtlichen Rechtsschutzes gerechtfertigt.[389]

---

383 *Strafverteidigervereinigung*, Stellungnahme, S. 23.

384 *BRAK*, Stellungnahme 15/2016, S. 8.

385 *BRAK*, Stellungnahme 15/2016, S. 10.

386 *BRAK*, Stellungnahme 15/2016, S. 10.

387 *DAV*, Stellungnahme, S. 24.

388 Vgl. *Drescher*, in: MüKo ZPO, Vorbem. § 916, Rn. 20; *Mayer*, in: BeckOK ZPO, 31. Edition, Stand: 01.12.2018, § 917, Rn. 5 f.; *Kemper*, in: NK ZPO, § 917, Rn. 6.

389 *DAV*, Stellungnahme, S. 24.

3. *Verdachtsgradunabhängige Aufrechterhaltung der Sicherungsmaßnahmen*

Die Dauer der Aufrechterhaltung von vorläufigen Sicherungsmaßnahmen richtet sich nunmehr nach dem allgemeinen Verhältnismäßigkeitsgrundsatz. Der vormals maßgebliche § 111b Abs. 3 StPO a.F. wurde durch den Gesetzgeber gestrichen. Die Regelung sah vor, dass die Aufrechterhaltung einer vorläufigen Sicherungsmaßnahme über einen Zeitraum von sechs – höchstens zwölf – Monaten hinaus nur zulässig war, wenn dringende Gründe i.S. eines dringenden Tatverdachts für die Anordnung vorlagen.[390] Nunmehr können sowohl die Beschlagnahme als auch der Vermögensarrest zeitlich unbegrenzt aufrechterhalten werden, solange dies verhältnismäßig bleibt.[391] Bei der Prüfung der Verhältnismäßigkeit ist das Übermaßverbot angesichts des möglichen intensiven Eingriffs in das Eigentumsgrundrecht aus Art. 14 GG zu beachten.[392] Insoweit ist ein die Unverhältnismäßigkeit begründender Umstand z.B. bei gravierenden Verfahrensverzögerungen gegeben.[393] Der Gesetzgeber begründet die Abschaffung des § 111b Abs. 3 StPO a.F. damit, dass die Vorschrift „eine inkonsequente und wenig verständliche" Regelung gewesen sei und der Schutz der Beschuldigten vor unverhältnismäßigen Sicherungsmaßnahmen durch die neuen Regelungen nicht beeinträchtigt werde.[394]

Die Abschaffung der Voraussetzungen des § 111b Abs. 3 StPO a.F. stößt auf durchgreifende Bedenken. Denn nunmehr können vorläufige Sicherungsmaßnahmen auch ohne eine nach bestimmten Fristen vorzunehmenden Prüfung des Vorliegens dringender Gründe aufrechterhalten werden. Mithin ist es möglich, diese Maßnahmen auch beim Vorliegen eines einfachen Tatverdachts mit entsprechender Argumentation für mehr als zwölf Monate als verhältnismäßig zu begründen.[395] So müsste lediglich nachgewiesen werden, dass keine gravierenden Verfahrensverzögerungen vorliegen; z.B. durch den Hinweis darauf, dass es sich um ein umfangreiches Ermittlungsverfahren handle. Die vorläufigen Sicherungsmaßnahmen können demnach nicht nur verdachtsgradunabhängig

---

390 *Huber*, in: BeckOK StPO, 27. Edition, Stand: 01.01.2017, § 111b, Rn. 9.

391 *Huber*, in: BeckOK StPO, 32. Edition, Stand: 01.01.2019, § 111b, Rn. 12.

392 BT-Drucks. 18/9525, S. 47 mit Verweis auf BVerfG, Beschl. v. 17.04.2014 – 2 BvR 1986/14, Rn. 12.

393 OLG Brandenburg, Beschl. v. 27.07.2015 – 1 Ws 41/15, Rn. 23; OLG Celle, Beschl. v. 20.04.2015 – 1 Ws 426/14, Rn. 15.

394 BT-Drucks. 18/9525, S. 47 u. 74.

395 *BRAK*, Stellungnahme 15/2016, S. 11.

aufrechterhalten werden, es mangelt darüber hinaus auch an einem Fristenregime, wann die Aufrechterhaltung der Maßnahmen zu überprüfen ist bzw. wann sie, unabhängig vom Vorliegen dringender Gründe, aufzuheben sind. Daher ist im Zusammenhang mit der Abschaffung des § 111b Abs. 3 StPO a.F. und im Kontext der historischen Gesetzesentwicklung zutreffend von einer „Erosion der Eingriffsvoraussetzungen“[396] zu sprechen. So lehnte auch der Gesetzgeber im Rahmen der letzten Reform der strafrechtlichen Vermögensabschöpfung „eine zeitlich unbefristete Sicherstellung auf der Grundlage eines hinreichenden Tatverdachts oder gar eines bloßen Anfangsverdachts“ ab, da dies „angesichts der Eingriffsschwere und der daraus folgenden erhöhten Gefahr von Entschädigungsansprüchen nicht zu rechtfertigen“ gewesen wäre.[397] Argumente, die diese Eingriffsschwere nunmehr rechtfertigen würden, sind der Gesetzesbegründung nicht zu entnehmen, sodass eine Abkehr von der damaligen gesetzgeberischen Auffassung nicht angezeigt ist; die Aufrechterhaltung vorläufiger Sicherungsmaßnahmen einzig vom allgemeinen Verhältnismäßigkeitsgrundsatz abhängig zu machen, ist somit abzulehnen.[398]

Vor diesem Hintergrund ist es unerlässlich, Fristen für die zeitliche Dauer bis zur notwendigen Überprüfung der Maßnahmen zu normieren. Des Weiteren sollten steigende Anforderungen an die zu treffende Prognoseentscheidung gestellt werden.[399] Um diese Pflicht zur kontinuierlichen Überprüfung eines etwaigen Anpassungsbedarfs umzusetzen, wird eine Regelung ähnlich der des § 121 StPO vorgeschlagen.[400] § 121 Abs. 1 StPO normiert, dass der Vollzug der Untersuchungshaft über einen Zeitraum von sechs Monaten hinaus nur aufrechterhalten werden darf, „wenn die besondere Schwierigkeit oder der besondere Umfang der Ermittlungen oder ein anderer wichtiger Grund das Urteil noch nicht zulassen und die Fortdauer der Haft rechtfertigen.“ Auf die vorliegende Situation übertragen, bedeutet dies, dass nach Ablauf einer im Einzelnen zu bestimmenden Frist das zuständige Oberlandesgericht die Erfüllung des Anpassungsbedarfs unter Berücksichtigung eines wichtigen Grundes von Amts wegen zu prüfen hat. Dabei müssen allerdings die Fristen, wegen der unterschiedlichen

396 *Köllner/Mück*, NZI 2017, S. 593, 598.

397 BT-Drucks. 16/700, S. 11.

398 So auch *DAV*, Stellungnahme, S. 25: der vor dem Hintergrund der erheblichen Grundrechtsbeeinträchtigung eine einschränkende Gesetzesauslegung dahingehend fordert, dass die Anordnung des Vermögensarrestes nur beim Vorliegen eines dringenden Tatverdachts für zulässig erklärt werden dürfe.

399 *BRAK*, Stellungnahme 15/2016, S. 11.

400 *BRAK*, Stellungnahme 15/2016, S. 11; *DAV*, Stellungnahme, S. 25.

Eingriffstiefe der Untersuchungshaft und der vorläufigen Sicherungsmaßnahmen, länger sein als bei § 121 StPO. Insoweit wird eine Frist von zwölf Monaten als verhältnismäßig erachtet.[401]

Ein alternativer Lösungsansatz erwägt die Statthaftigkeit der weiteren Beschwerde nach § 310 StPO auch auf Vollziehungsmaßnahmen zu erstrecken und deren Voraussetzungen im Übrigen durch Absenken der Wertgrenze des Arrestes zu erleichtern.[402] Zwar könne der Beschuldigte bereits die einfache Beschwerde gemäß § 304 StPO gegen Anordnung und Vollziehung der Sicherungsmaßnahmen einlegen. Gegen den daraufhin ergehenden Beschluss ist aber nur bei der Anordnung eines Arrestes von mehr als EUR 20.000,00 die weitere Beschwerde nach § 310 Abs. 1 Nr. 3 StPO statthaft. Das Gericht der weiteren Beschwerde sollte sodann in seiner Entscheidung eine Frist setzen dürfen, vor deren Ablauf ein erneuter Antrag auf Überprüfung der Aufrechterhaltung unzulässig wäre; hiervon wäre lediglich die Antragsbefugnis aufgrund veränderter Umstände auszunehmen. Die Berechtigung zum Ausspruch einer solchen Frist sei in Anlehnung an Fälle beantragter vorzeitiger Entlassung aus der Strafhaft zulässig und diene der Entlastung der Gerichte vor dem Hintergrund, als Beschwerdeentscheidungen nicht in Rechtskraft erwachsen.[403]

Für den vorstehenden Lösungsansatz spricht die nachvollziehbare Gesetzesbegründung, die weitere Beschwerde für Fälle der Anordnung eines Arrestes von mehr als EUR 20.000,00 zuzulassen. Der Gesetzgeber führte die Regelung ein, um dem Beschuldigten ein zusätzliches Kontrollinstrument zur Überprüfung des drohenden Vermögensentzugs in oftmals empfindlicher Höhe zu eröffnen.[404] Wenn der Vermögensentzug also nicht nur droht, sondern im Rahmen der Vollziehung des Arrestes bereits eingetreten ist, so ist es unter Geltung der neuen Vorschriften erst Recht angezeigt, dem Beschuldigten ein weiteres Kontrollinstrument zur Wahrung seiner Rechte an die Hand zu geben. Dies muss umso mehr gelten, als die Aufrechterhaltung der Vollziehung durch die Streichung von § 111b Abs. 3 StPO a.F. nunmehr verdachtsgradunabhängig ist. Dementgegen ist eine Herabsetzung der Wertgrenze des Arrestes nicht angezeigt. Denn der Gesetzgeber hat diese Wertgrenze nicht willkürlich aufgestellt, sondern vielmehr an die Vorschrift des § 26 Nr. 8 EGZPO angelehnt.[405] Die Norm lässt die

401 *BRAK*, Stellungnahme 15/2016, S. 11.
402 *WisteV*, Stellungnahme, S. 6.
403 *WisteV*, Stellungnahme, S. 6.
404 BT-Drucks. 16/2021, S. 6.
405 BT-Drucks. 16/2021, S. 6.

Beschwerde gegen die Nichtzulassung der Revision nur zu, wenn die Wertgrenze von EUR 20.000,00 überschritten wird. Sinn und Zweck der Wertgrenzen ist es, eine Überlastung des BGH bzw. des Gerichts der weiteren Beschwerde zu verhindern.[406]

Die gewichtigeren Argumente sprechen jedoch für den erstgenannten Lösungsansatz. So ist die Wirkung einer Norm, ähnlich der des § 121 StPO, für den Beschuldigten rechtsschutzintensiver. Denn das zuständige Oberlandesgericht überprüft von Amts wegen die Aufrechterhaltung des Arrestes, während für die Einlegung der (weiteren) Beschwerde der Beschuldigte selbst aktiv werden muss. Darüber hinaus berücksichtigt der Lösungsansatz die Arbeitsbelastung der Gerichte, welche durch eine Mehrzahl an Beschwerdeverfahren weiter steigen würde. Schließlich wird der gesetzgeberischen Intention, die Aufrechterhaltung der vorläufigen Sicherungsmaßnahmen am allgemeinen Verhältnismäßigkeitsgrundsatz zu messen, unter Beachtung des Übermaßverbotes Rechnung getragen. Insoweit wird dem Übermaßverbot, welches Maßnahmen mit vergleichbarer Eingriffstiefe in Bezug auf Art. 14 GG beim Vorliegen eines einfachen Tatverdachts für nicht mehr gerechtfertigt hält,[407] entsprochen, als der Arrest nach Ablauf bestimmter Fristen nur aufrechterhalten werden darf, wenn hierfür ein gewichtiger Grund vorliegt. Denn auch im Recht der Untersuchungshaft, wo der allgemeine Verhältnismäßigkeitsgrundsatz mit der Unschuldsvermutung des Art. 6 EMRK streitet, hat der Gesetzgeber mit den §§ 122, 123 StPO spezialgesetzliche Regelungen getroffen, um der gravierenden Grundrechtsbeeinträchtigung Rechnung zu tragen.[408]

Abschließend sei darauf hingewiesen, dass trotz der Entscheidung für die Einführung einer Norm entsprechend dem § 121 StPO in den Wortlaut des § 310 Abs. 1 Nr. 3 StPO die Antragsbefugnis der Staatsanwaltschaft klarstellend für die weitere Beschwerde aufgenommen werden sollte.[409] Das Klarstellungserfordernis ergibt sich daraus, dass die Antragsbefugnis der Staatsanwaltschaft vormals umstritten war. So lehnte das OLG München einen solchen Rechtsbefehl ab,[410] während das OLG Celle und das OLG Hamburg die weitere Beschwerde für die Strafverfolgungsbehörde zuließen.[411]

---

406 *Gruber*, in: MüKo ZPO, EGZPO § 26, Rn. 5.

407 BVerfG, Beschl. v. 17.04.2014 – 2 BvR 1986/14, Rn. 12.

408 *Meissner*, KriPoz 2017, S. 237, 242.

409 *Roth*, wistra 2010, S. 335, 338f; *WisteV*, Stellungnahme, S. 6.

410 OLG München, Beschl. v. 12.11.2007 – 2 Ws 942/07.

411 OLG Celle, Beschl. v. 20.05.2008 – Ws 155/08; OLG Hamburg, Beschl. v. 27.11.2008 – 2 Ws 197/08.

Die gewichtigeren Argumente sprechen für ein Antragsrecht der Staatsanwaltschaft und gegen die vom OLG München vertretene restriktive Auslegung des § 310 Abs. 1 Nr. 3 StPO. Denn entgegen dieser restriktiven Auslegung ist dem Wortlaut der Norm der Ausschluss des Rechtsbehelfs der Staatsanwaltschaft nicht zwingend zu entnehmen.[412] Darüber hinaus entspricht es dem Grundsatz der Waffengleichheit, dass neben dem Beschuldigten auch die Strafverfolgungsbehörde das Recht zur weiteren Beschwerde hat.[413] Andernfalls entsteht eine asymmetrische Anfechtungsmöglichkeit, die in der StPO nur ausnahmsweise zulässig und daher ausdrücklich zu normieren ist.[414] Schließlich entspricht die Antragsbefugnis auch der Gesetzsystematik, nach der in den Fällen des § 310 Abs. 1 Nr. 1 und Nr. 2 StPO die weitere Beschwerde der Staatsanwaltschaft unstreitig zulässig ist.[415]

II. Verhältnis von Arresten unterschiedlicher Rechtsgebiete

Eine einheitliche Auffassung oder eine Regelung, die das Verhältnis von Arresten unterschiedlicher Rechtsgebiete zueinander normierte, gab es nach altem Recht nicht. Zwar war allgemein anerkannt, dass der steuerrechtliche und der strafprozessuale Arrest nebeneinander zulässig waren,[416] im Verhältnis der zivil- und strafprozessualen Arreste war hingegen umstritten, ob diese nebeneinander bestehen konnten. Die Literatur verhielt sich zu der Frage uneinheitlich. Es wurde einerseits vertreten, dass Maßnahmen der strafprozessualen Rückgewinnungshilfe einem zivilrechtlichen Arrestgrund nicht entgegenstünden.[417] Andererseits

---

412 OLG Hamburg, Beschl. v. 27.11.2008 – 2 Ws 197/08; OLG Thüringen, Beschl. v. 15.04.2011 – 1 Ws 129/11, Rn. 14 mit Verweis auf § 210 Abs. 1 StPO.

413 *Roth*, wistra 2010, S. 335, 338.

414 OLG Hamburg, Beschl. v. 27.11.2008 – 2 Ws 197/08.

415 OLG Thüringen, Beschl. v. 15.04.2011 – 1 Ws 129/11; OLG Celle, Beschl. v. 20.05.2008 – 2 Ws 155/08; KG, Beschl. v. 16.04.2010 – 1 Ws 179/09; *Zabeck*, in: KK StPO, § 310, Rn. 12.

416 OLG Zweibrücken, Beschl. v. 08.04.2009 – 1 Ws 339/08; LG Halle, Beschl. v. 20.08.2008 – 22 Qs 15/08, LG Düsseldorf, Beschl. v. 31.07.2008 – 4 Qs 86/08; LG Hamburg, Beschl. v. 14.04.2004 – 620 Qs 14/04 und Beschl. v. 13.11.2003 – 620 Qs 99/03; *Roth*, wistra 2010, S. 335, 336; a.A. LG Mannheim, Beschl. v. 21.12.2006 – 25 Qs 14/06; LG Berlin, Beschl. v. 06.03.2006 – 526 Qs 47–49/06 diese gegenteilige Auffassung einzelner Landgerichte, die dem steuerrechtlichen Arrest den Vorrang einräumten, hat sich nicht durchgesetzt.

417 *Köper*, NJW 2004, S. 2485, 2487; *Drescher*, in: MüKo ZPO, § 917, Rn. 21; *Vollkommer*, in: Zöller ZPO, § 917, Rn. 11.

wurde angenommen, dass die Rückgewinnungshilfe eine den Arrestgrund ausschließende hinreichende anderweitige Sicherung darstelle.[418] Zwar hat auch die Rechtsprechung ein grundsätzliches Nebeneinander abgelehnt, der BGH war jedoch der Auffassung, dass ein Arrestgrund regelmäßig dann vorliege, „wenn das vorsätzliche vertragswidrige Verhalten des Schuldners mit einer gegen den Gläubiger gerichteten strafbaren Handlung zusammenfiel."[419] Diese vom BGH vertretene Ansicht lehnte ein überwiegender Teil der Oberlandesgerichte ab, da es keinen allgemeinen Erfahrungssatz dafür gäbe, dass ein Schuldner, dem ein strafbares Verhalten oder eine vorsätzlich unerlaubte Handlung gegenüber dem Gläubiger vorgeworfen wird, grundsätzlich auch zu einer Vollstreckungsvereitelung bereit sei.[420] Vielmehr seien für die Frage des Vorliegens eines zivilrechtlichen Arrestgrundes zusätzliche Umstände erforderlich, die auf eine wesentliche Vollstreckungserschwerung schließen lassen und im Rahmen einer Einzelfallabwägung zu gewichten sind.[421] Derartige Umstände wurden beispielsweise angenommen, wenn sich der Schuldner wahrheitswidrig zu seinen Vermögensverhältnissen erklärte[422] oder beabsichtigte, vorhandene Vermögenswerte zu veräußern.[423]

Nach § 111h Abs. 2 Satz 1 StPO sperrt der strafprozessuale Arrest nunmehr die Vollziehung des zivilprozessualen Arrestes. Insoweit normiert die Vorschrift den Grundsatz, dass „Zwangsvollstreckungen in Gegenstände, die im Wege der Arrestvollziehung gepfändet wurden, während der Dauer der Arrestvollziehung nicht zulässig sind." Der Gesetzgeber beschränkt also im Rahmen des Entschädigungsmodells unter dem Aspekt der Sicherung einer späteren strafprozessual erfolgreichen Verwertung die Möglichkeit des Verletzten, auf dem Zivilrechtsweg gegen den Beschuldigten zu vollstrecken. Anders das Verhältnis von strafprozessualem Arrest zu dem Arrest nach § 324 AO: Hier geht der Gesetzgeber weiterhin von einer parallelen Zulässigkeit aus,[424] sodass der

418 *Baumbach/Lauterbach/Albers/Hartmann*, ZPO, § 917, Rn. 11; *Huber*, in: Musielak/Voit ZPO, § 917, Rn. 8.

419 BGH, Beschl. v. 24.03.1983 – III ZR 116/82.

420 Anstelle aller: OLG Schleswig-Holstein, Beschl. v. 10.06.2014 – 5 W 24/14.

421 OLG Bamberg, Urt. v. 12.11.2012 – 4 U 168/12, Rn. 70; LG Frankfurt, Beschl. v. 20.03.2012 – 8 W 14/12, Rn. 4.

422 OLG Celle, Beschl. v. 16.07.2007 – 13 W 77/07, Rn. 9.

423 OLG Karlsruhe, Urt. v. 17.10.1996 – 2 UF 140/96, Rn. 26.

424 BT-Drucks. 18/9525, S. 77; der AO-Arrestes hat mithin entgegen der vormals teilweise vertretenen Auffassung keinen Vorrang, *Madauß*, NZWiSt 2018, S. 28, 29; *Roth*, ZWH 2017, S. 317; *Wengenroth*, PStR 2017, S. 310.

§ 111h Abs. 2 Satz 2 StPO eine Ausnahme von vorstehendem Grundsatz statuiert. Der § 111h Abs. 2 Satz 1 StPO soll den grundsätzlichen Vorrang der Verletztenansprüche vor denen anderer Gläubiger sichern und stellt das Äquivalent zum Zulassungsverfahren nach § 111g Abs. 2 StPO a.F. dar. Darüber hinaus gewährleiste die Norm die Gleichbehandlung der Verletzten, indem sie ein Einzelzwangsvollstreckungsverbot konstatiere. Daher sei die Vorschrift eine notwendige Ergänzung des § 89 InsO. Trotzdem hindere die Norm die Verletzten nicht, ihre Schadensersatzansprüche zivilrechtlich geltend zu machen; es werde lediglich die Zwangsvollstreckung für unzulässig erklärt.[425]

Die Neuerungen überzeugen systematisch nicht.[426] Vor dem Hintergrund der mit dem Entschädigungsmodell verfolgten Gleichbehandlung der Verletzten ist es nicht nachvollziehbar, warum der Gesetzgeber einerseits ein Einzelzwangsvollstreckungsverbot konstatiert, gleichzeitig aber den Fiskus nicht nur gegenüber anderen Gläubigern, sondern auch gegenüber den Verletzten privilegiert. Insoweit überzeugt auch die Argumentation des Gesetzgebers nicht, dass bereits das alte Recht den Fiskus bevorteilt habe.[427] Denn das Entschädigungsmodell folgt dem Prinzip der Gläubigergleichbehandlung. Entscheidet sich der Gesetzgeber für eine Abkehr vom Prioritätsprinzip, muss er dies systematisch stringent durchführen und darf nicht einzelne Verletzte, wie den Fiskus, privilegieren. Denn dass das Verbot der Einzelzwangsvollstreckung gegenüber dem Fiskus als Geschädigtem nicht gilt, geht zu Lasten der übrigen Verletzten und führt zu einer Gläubigerungleichbehandlung. Darüber hinaus besteht auch für den abgabenrechtlichen Anspruch kein Sicherungsbedürfnis mehr, sollte die Finanzbehörde bis zur Vollziehung des strafprozessualen Vermögensarrestes von ihren eigenen Sicherungsmöglichkeiten keinen Gebrauch gemacht haben.[428] Denn die Befriedigung des abgabenrechtlichen Anspruches wird durch den vollzogenen Vermögensarrest bereits hinreichend gesichert.

Darüber hinaus wird gegen die Regelung des § 111h Abs. 2 Satz 1 StPO angeführt, dass den Verletzten durch die Beschränkung der zivilprozessualen Vollstreckungsmöglichkeiten für den Fall, dass ihr Strafverfahren eingestellt wird,

---

425 BT-Drucks. 18/9525, S. 78.

426 So auch *WisteV*, Stellungnahme, S. 8.

427 BT-Drucks. 18/9525, S. 78.

428 *BRAK*, Stellungnahme 39/2016, S. 7 mit Verweis auf OLG Karlsruhe, Beschl. v. 16.10.2007 – 3 Ws 308/07, Rn. 13; OLG Oldenburg, Beschl. v. 26.11.2007 – 1 Ws 554/07, Rn. 8; OLG Celle, Beschl. v. 20.05.2008 – 2 Ws 155/08, Rn. 12; OLG Zweibrücken, Beschl. v. 08.04.2009 – 1 Ws 339/08, Rn. 37; vgl. auch *Madauß*, NZWiSt 2013, S. 128 m.w.N.

eine nachrangige Sicherung und damit möglicherweise eine wertmäßig geringere Befriedigung ihrer Entschädigungsansprüche drohe. Insoweit sei problematisch, dass dem Verletzten die Anordnung des zivilrechtlichen Arrestes gar nicht möglich sei, da das Vorliegen eines Arrestgrundes wegen der strafprozessualen Sicherung abgelehnt werden würde. Dies führe dazu, dass andere Gläubiger bereits frühzeitig die Arrestanordnung erwirken könnten und so zumindest einen zeitlichen Vorteil gegenüber den Verletzten hätten. Denn nach Beendigung des Strafverfahrens durch Freispruch oder Einstellung und gleichzeitiger Aufhebung der Arrestvollziehung könnten die Allgemeingläubiger ihren angeordneten Arrest direkt vollziehen, während die Verletzten diesen erst beantragen müssten.[429]

Dieser Argumentation kann nur bedingt gefolgt werden. Denn der strafprozessuale Arrest schließt den zivilrechtlichen Arrestgrund gerade nicht von vornherein aus. Wurde das Strafverfahren des Verletzten nämlich eingestellt, hat dieser auch keinen Entschädigungsanspruch i.S.d. § 459h StPO und zählt daher auch nicht mehr zum Kreis der durch den strafprozessualen Arrest Gesicherten. Dem Arrestgesuch des Verletzten steht erst gar keine strafprozessuale Sicherung entgegen, sodass er gegenüber den anderen Gläubigern hinsichtlich des Darlegungserfordernisses nicht schlechter gestellt wird.

Problematisch ist die Regelung demnach nur, solange der Verletzte von der Sicherung des strafprozessualen Arrestes erfasst ist. Aber auch in dieser Konstellation schließt die strafprozessuale Sicherung das Vorliegen des Arrestgrundes nicht von vornherein aus; es kommt vielmehr auf eine einzelfallabhängige Betrachtung an. Zwar ist es unbestreitbar, dass es dem Verletzten nur in Ausnahmefällen möglich sein wird, die für das Vorliegen eines zivilrechtlichen Arrestgrundes notwendigen zusätzlichen Umstände darzulegen. Dies liegt daran, dass dem Verletzten in der Regel keine ausreichenden Informationen über die Vermögensverhältnisse des Beschuldigten vorliegen dürften.[430] Diese Argumentation verkennt jedoch, dass die vorstehende Problematik nicht nur den Verletzten betrifft, sondern auch sämtliche anderen Gläubiger. Denn die Rechtsprechung legt die Annahme eines Arrestgrundes restriktiv aus. Der Arrest soll gerade nicht die Vollstreckungsmöglichkeiten des Gläubigers verbessern, sondern lediglich ihre Verschlechterung aufgrund einer Vermögensminderung verhindern.[431] Die den § 111h Abs. 2 Satz 1 StPO unter dem Aspekt der Gefahr einer nachrangigen

---

429 *WisteV*, Stellungnahme, S. 8.

430 *Müller-Sartori*, WiJ 2016, S. 87, 91.

431 BGH, Urt. v. 19.10.1995 – IX ZR 82/94.

Sicherung kritisierenden Ansichten verkennen demnach sämtlich, dass Ziel des Arrestes gerade nicht ist, dem Antragsteller die Möglichkeit der Befriedigung vorrangig vor anderen Gläubigern zu verschaffen.[432] Die Gefahr einer nachrangigen Sicherung ist Ausdruck des Ausnahmecharakters eines zivilrechtlichen Arrestes und tritt im Rahmen einer Abwägung zu den Vorteilen der Gläubigergleichbehandlung zurück. Vor diesem Hintergrund ist es auch abzulehnen, den § 111h Abs. 2 StPO dahingehend anzupassen, den Verletzten eine nachrangige Sicherung zu ermöglichen – auch wenn diese nur für den Fall der Aufhebung des vollzogenen Vermögensarrestes ihre volle Bedeutung erlangt.[433] Denn eine solche Regelung wäre Ausdruck des abgeschafften Prioritätsprinzips und Auslöser eines neuerlichen „Windhundrennens". Dies kann nicht richtig sein und widerspräche der mit der Reform verfolgten Intention des Gesetzgebers.

Es ist daher festzuhalten, dass die Beschränkung der Vollziehung gemäß § 111h Abs. 2 Satz 1 StPO im Hinblick auf die Gläubigergleichbehandlung sachgerecht ist. Allerdings sollte der § 111h Abs. 2 Satz 2 StPO gestrichen werden, ist die Privilegierung des Fiskus' doch gerade eine Ungleichbehandlung der Verletzten.

III. Ausschließliche Zuständigkeit der Strafgerichtsbarkeit für Rechtsbehelfe gegen Vollziehungsmaßnahmen

Die Strafgerichtsbarkeit ist gemäß § 111k Abs. 3 StPO für alle Einwendungen gegen Maßnahmen in Vollziehung der Beschlagnahme oder des Arrestes ausschließlich zuständig. Die Zuständigkeit richtet sich dabei nach § 162 StPO. Demnach ist im Ermittlungsverfahren der Ermittlungsrichter, nach Erhebung der öffentlichen Klage das mit der Hauptsache befasste Gericht und nach Rechtskraft der Ermittlungsrichter am Sitz der Staatsanwaltschaft zuständig,[434] § 162 Abs. 3 StPO. Dies gilt auch, wenn ein Dritter Einwendungen gegen die Vollstreckungsmaßnahme geltend macht.[435] Die Notwendigkeit einer eigenständigen Anfechtungsregelung ergibt sich daraus, dass die Aufhebung der

432 BGH, Urt. v. 19.10.1995 – IX ZR 82/94; *Drescher*, in: MüKo ZPO. § 917, Rn. 7; *Huber*, in: Musielak/Voit ZPO, § 917, Rn. 4; a.A. *Grunsky*, in: Stein/Jonas ZPO, § 917, Rn. 1; *Thümmel*, in: Wieczorek/Schütze ZPO, § 917, Rn. 17.

433 *WisteV*, Stellungnahme, S. 8.

434 OLG Hamburg, Beschl. v. 11.01.2011 – 2 Ws 184/10, Rn. 17.

435 *Huber*, in: BeckOK StPO, 32. Edition, Stand: 01.01.2019, § 111k, Rn. 12.

Anordnung der Beschlagnahme oder des Vermögensarrestes den ergriffenen Vollziehungsmaßnahmen nicht ihre Wirkung nimmt.[436]

Der § 111k Abs. 3 StPO ist kritisch zu betrachten, da die Regelung zu einer Beschränkung der Rechtschutzwege führt. So müssen Streitfragen des Zwangsvollstreckungs- und des Insolvenzrechtes, die in die originäre Zuständigkeit der Zivil- oder Insolvenzgerichte fallen, von den Strafgerichten entschieden werden, obwohl diesen die erforderliche Sachkompetenz fehlt.[437] Zwar bestand diese Problematik bereits nach der alten Regelung des § 111f Abs. 5 StPO a.F.; insoweit war das Strafgericht auch bei Einwendungen Dritter gegen die Vollstreckung zuständig.[438] Gleiches wurde teilweise für Anfechtungsklagen des Insolvenzverwalters gegen Verfügungen der Staatsanwaltschaft angenommen.[439] Nunmehr droht jedoch wegen der zu erwartenden Zunahme von Vollziehungsmaßnahmen und der komplexen Rechtsfragen eine uneinheitliche Rechtsprechung.[440] Dies gilt insbesondere bei insolvenzrechtlichen Anfechtungsklagen, da es hier bereits streitentscheidend sein kann, welche Prozessordnung anzuwenden ist. So findet im Zivilprozess der Beibringungsgrundsatz unter Berücksichtigung der Darlegungs- und Beweislast Anwendung, während im Strafprozess die Zahlungsunfähigkeit von Amts wegen festgestellt wird.[441] In insolvenzrechtlichen Anfechtungsklagen stellt § 17 Abs. 2 Satz 2 InsO eine widerlegbare Vermutung[442] auf, die die im Zivilprozess geltenden Darlegungs- und Beweislastregeln verschiebt: Derjenige, der die Zahlungsunfähigkeit darzulegen hat, kommt dem grundsätzlich nach, indem er die Zahlungseinstellung beweist. Dem Schuldner obliegt es sodann, diese widerlegbare Vermutung durch Gegenbeweis zu entkräften. Da dem Strafprozess eine solche Beweislastumkehr fremd ist, findet § 17 Abs. 2 Satz 2 InsO im Strafprozess keine Anwendung, sodass die Zahlungseinstellung lediglich als bloßes Indiz wirkt.[443]

---

436 OLG Bamberg, Urt. v. 19.03.2012 – 4 U 145/11, Rn. 17; *Hellerbrand*, wistra 2003, S. 201, 207; *Mayer*, in: KMR StPO, § 111d, Rn. 10; *Johann*, in: LR StPO, § 111d, Rn. 44; a.A.: *Spillecke*, in: KK StPO, 7. Aufl., § 111d, Rn. 14.

437 *WisteV*, Stellungnahme, S. 15.

438 OLG Bamberg, Beschl. v. 17.07.2012 – 1 Ws 448/12: „Als Betroffener ist auch derjenige Dritte anzusehen, der bei einer zivilrechtlichen Zwangsvollstreckungsmaßnahme gleicher Art Drittwiderspruchsklage nach § 771 ZPO erheben könnte".

439 LG Göttingen, Beschl. v. 19.01.2016 – 5 Qs 3/15.

440 *WisteV*, Stellungnahme, S. 16.

441 *Schmidt*, in: Schmidt InsO, § 17, Rn. 37 f.

442 *Pape*, WM 2008, S. 1949, 1954.

443 *Schmidt*, in: Schmidt InsO, § 17, Rn. 40.

Das Vorstehende führt dazu, dass Gerichte unterschiedlicher Gerichtsbarkeiten über dieselbe Rechtsmaterie unter Berücksichtigung unterschiedlicher Verfahrensgrundsätze entscheiden. Da der Instanzenzug im Ermittlungs- und Vollstreckungsverfahren sowie in amtsgerichtlichen Verfahren spätestens beim Oberlandesgericht endet, ist auch keine Rechtssicherheit durch eine Grundsatzentscheidung des Großen Senats des BGH zu erwarten. Diese Rechtszersplitterung erzeugt Rechtsunsicherheit, welche es zu vermeiden gilt.

Als Lösungsansatz kommt die Rückkehr zur Aufteilung in einen strafrechtlichen und einen zivilrechtlichen Rechtsschutz in Betracht.[444] Demnach sind für Einwendungen, bei denen es sich der Sache nach um einen zwangsvollstreckungsrechtlichen Rechtsbehelf i.S.d. §§ 766, 771 ff. ZPO handelt, wieder die Zivilgerichte zuständig. Für diesen Lösungsansatz spricht, dass er – der gesetzgeberischen Intention folgend – die Zuständigkeit anhand der jeweiligen Fachkompetenz verteilt[445] und für Rechtssicherheit sorgt, indem eine Rechtszersplitterung vermieden wird.[446]

IV. Ergebnis

Die weitere Reduzierung der prozessualen Eingriffsschwellen bei vorläufigen Sicherungsmaßnahmen ist abzulehnen. Der Wegfall der ehemaligen Stufenregelung der Prüfung einer konkretisierten Verdachtslage nach bestimmten Fristen gemäß § 111b StPO a.F. sowie der Verzicht auf das gesetzlich geregelte Erfordernis des Vorliegens eines Arrestgrundes i.S.d. § 917 ZPO in § 111e StPO geben Anlass zur Besorgnis.[447] Insoweit wird zu Recht von der „Erosion der Eingriffsvoraussetzungen“ im Rahmen der §§ 111b ff. StPO gesprochen.[448]

Der Wegfall der Prüfung einer konkretisierten Verdachtslage nach bestimmten Fristen eröffnet die Möglichkeit, Maßnahmen bei bloßem Verdacht über längere Zeiträume aufrechtzuerhalten. Die allgemeine Verhältnismäßigkeit bietet insoweit kaum Schutz vor überzogenen Maßnahmen. Denn es obliegt nunmehr dem Beschuldigten, diejenigen Gründe darzulegen, aus denen sich eine Rechtsverletzung und damit eine unverhältnismäßige Aufrechterhaltung

444 *WisteV*, Stellungnahme, S. 16.

445 *WisteV*, Stellungnahme, S. 16.

446 Dieser Argumentation folgend ist auch im Rahmen des § 459o StPO zwischen einem strafrechtlichen und einem zivilrechtlichen Rechtsschutz zu differenzieren.

447 *Köllner/Mück*, NZI 2017, S. 593, 598; *Strafverteidigervereinigung*, Stellungnahme, S. 23; *BRAK*, Stellungnahme 15/2016, S. 7.

448 *Köllner/Mück*, NZI 2017, S. 593, 598.

der Sicherungsmaßnahme ergibt.[449] Dem Beschuldigten wird also eine faktische Darlegungslast auferlegt, während die bisherige Stufenregelung des § 111b Abs. 3 StPO a.F. das Begründungserfordernis bei der Strafjustiz sah.[450]

Auch durch den Wegfall des Erfordernisses eines Arrestgrundes wird der Schutz des Beschuldigten reduziert und dieser schlechter gestellt als der Schuldner im Zivilrecht.[451] Die Herabsetzung der Eingriffsschwelle lässt befürchten, dass die Aufweichung grundlegender staatlicher Prinzipien bei eingriffsintensiven Maßnahmen als Vorbild für eine weitere Einschränkung der Beschuldigtenrechte dienen könnte.[452] Denn eine mit der Herabsetzung der Eingriffsschwellen einhergehende Stärkung des Rechtsschutzes gegen die vorläufigen Sicherstellungsmaßnahmen beinhaltet die Gesetzesnovellierung gerade nicht. Dies wäre jedoch im Hinblick auf die Eingriffsintensität und unter Berücksichtigung der Unschuldsvermutung im Interesse einer zügigen Rechtmäßigkeitsprüfung angezeigt.[453]

Diese Zusammenschau veranschaulicht nochmals deutlich, dass eine weitere Absenkung der Eingriffsvoraussetzungen abzulehnen ist. Eine derart grundlegende Reform war auch vor dem Hintergrund, dass die alte Regelungssystematik den gesetzlich intendierten Sicherungszweck durchaus angemessen umsetzte,[454] nicht angezeigt.[455] Vielmehr führt der Gesetzgeber mit der weiteren Erleichterung der Eingriffsvoraussetzungen eine bereits im Jahr 1998 eingeleitete Tendenz fort. Konnten Maßnahmen der vorläufigen Sicherstellung bis ins Jahr 1998 nur beim Vorliegen „dringender Gründe" angeordnet werden, reichten seither „einfache Gründe" aus.[456] Diese Absenkung der Eingriffsvoraussetzungen fand im Jahr 2006 mit dem „Gesetz zur Stärkung der Rückgewinnungshilfe und der Vermögensabschöpfung bei Straftaten"[457] – mit der Novelle wurde die Aufrechterhaltung vorläufiger Sicherungsmaßnahmen weiter erleichtert[458] – seinen Fortgang und erklimmt nunmehr eine neue Stufe.[459]

---

449 *Köllner/Mück*, NZI 2017, S. 593, 598.

450 *DAV*, Stellungnahme, S. 23.

451 *DAV*, Stellungnahme, S. 24.

452 *Köllner/Mück*, NZI 2017, S. 593, 598.

453 *BRAK*, Stellungnahme 15/2016, S. 8.

454 Vgl. *Johann*, in: LR StPO, Vor §§ 111b ff., Rn. 3; *Rogall*, in: SK StPO, Vor §§ 111b-111p, Rn. 58 ff.; *Huber*, Rpfleger 2002, S. 285, 295.

455 *BRAK*, Stellungnahme 15/2016, S. 9.

456 *Johann*, in: LR StPO, § 111b, Rn. 23.

457 BGBl. I 2006, S. 2350.

458 *Greven*, in: KK StPO, Vor §§ 94 ff., Rn. 2.

459 *BRAK*, Stellungnahme 15/2016, S. 9; siehe hierzu auch den Überblick über die Ergebnisse des 41. Strafverteidigertages in: StV 2017, S. 427, 428.

D. Strafprozessrecht und Insolvenzrecht

Der Gesetzgeber führt die Schnittstelle zwischen Straf- und Insolvenzrecht erstmals einer gesetzlichen Regelung zu.[460] Erklärtes gesetzgeberisches Ziel ist es, bei der Umsetzung konsequent dem Grundsatz der Einheit der Rechtsordnung zu folgen und Brüche und Friktionen mit zivil- und insolvenzrechtlichen Grundsätzen zu vermeiden.[461] Zentrale Neuerungen sind zum einen die insolvenzfeste Ausgestaltung der strafprozessualen Sicherungsmaßnahmen und zum anderen das Insolvenzantragsrecht der Staatsanwaltschaft.

I. Bestand strafprozessualer Sicherungsmaßnahmen im Insolvenzverfahren

Das Nebeneinander der Vorschriften des Insolvenzrechts und der strafprozessualen Sicherung wirft die Frage nach ihrem Verhältnis und dem jeweiligen Vorrang auf.[462] Nach altem Recht war das Konkurrenzverhältnis von strafprozessualer Vermögens- und insolvenzrechtlicher Massesicherung gesetzlich nicht ausdrücklich geregelt und daher umstritten.[463]

Seit Inkrafttreten der Insolvenzordnung am 1. Januar 1999 behandelten im älteren Schrifttum etliche Stellungnahmen das vorstehende Spannungsverhältnis.[464] Diese älteren Ansichten ließen sich in zwei Lager unterteilen.[465] Einerseits wurde ein genereller Vorrang der insolvenzrechtlichen Spezialvorschriften gegenüber den allgemeinen strafprozessualen Vorschriften des Verfalls und der Rückgewinnungshilfe angenommen.[466] Andererseits stellten die differenzierenden Ansichten darauf ab, in welchem zeitlichen Abstand die Maßnahmen der §§ 111b ff. StPO a.F. zur Eröffnung des Insolvenzverfahrens erlassen wurden.[467] In der jüngeren Literatur wird zwar ein wirksames Pfändungspfandrecht des

460 BT-Drucks. 18/9525, S. 78.

461 BT-Drucks. 18/9525, S. 50.

462 *Bremen*, in: FS Wessing, S. 821, 823.

463 Vgl. insoweit: *Rönnau*, in: FS Achenbach, S. 385 ff.

464 Eine Übersicht zu den einzelnen Ansichten im Schrifttum findet sich bei: *von Gleichstein*, ZIP 2008, S. 1151, 1153 bis 1155.

465 *Bremen*, in: FS Wessing, S. 821, 826.

466 *Meyer-Goßner*, Meyer-Goßner, 49. Aufl., § 111c, Rn. 12a; *Spillecke*, in: KK StPO, 7. Aufl., § 111g, Rn. 10.

467 *Schäfer*, in: LR StPO, 25. Aufl., § 111b, Rn. 50d ff.; *Kiethe/Groeschke/Hohmann*, ZIP 2003, S. 185 ff.

Staates in den Fällen eines Auffangrechtserwerbs bejaht, gleichzeitig wird aber mit Blick auf die Nachrangigkeit von Geldstrafen, Geldbußen, Ordnungsgeldern und Zwangsmitteln gemäß § 39 Abs. 1 Nr. 3 InsO der Geltung des Insolvenzrechts der Vorrang eingeräumt.[468]

Auch die Rechtsprechung hat sich mit dem Problem auseinandergesetzt.[469] Nach Ansicht des BGH entfalte jedenfalls die Beschlagnahme nach Eröffnung des Insolvenzverfahrens keine Wirkung mehr. Dies ergebe sich sowohl aus dem eindeutigen Wortlaut des § 111c Abs. 5 StPO a.F. als auch aus der Wertung des Gesetzgebers, der der Beschlagnahme die Wirkung eines relativen Veräußerungsverbotes beimessen wollte.[470]

Die unterschiedlichen Ansichten in Literatur und Rechtsprechung riefen erhebliche Rechtsunsicherheit hervor, sodass ein dringendes praktisches Bedürfnis bestand, die alten Vorschriften zu reformieren.[471] Dies erkannte auch der Gesetzgeber und regelte die Schnittstelle zwischen der strafprozessualen Sicherung und dem Insolvenzrecht neu. Dabei sollen bestehende Rechtsunsicherheiten behoben und das aufgeführte Spannungsverhältnis aufgelöst werden, weshalb die insolvenzrechtliche Entschädigungslösung nunmehr konsequent dem Grundsatz der Einheit der Rechtsordnung folge. Sie vermeide Brüche und Friktionen mit zivil- und insolvenzrechtlichen Grundsätzen und unterstreiche den rechts- und sozialpolitisch begründeten Vorrang des Prinzips der Gläubigergleichbehandlung im Fall der Insolvenz des Schuldners.[472]

Im Hinblick auf die insolvenzfeste Ausgestaltung der strafprozessualen Sicherungsmaßnahmen ist der Verweis auf den Gläubigergleichbehandlungsgrundsatz von besonderer Bedeutung. Zwar ist dieser Grundsatz in der Insolvenzordnung nicht explizit normiert,[473] hat seinen Ursprung aber in der „Vergemeinschaftung der Gläubigerrechte".[474] Demnach werden gemäß § 53 InsO nicht nur die Kosten der Verwaltung und Verwertung der

468 *Rönnau*, ZInsO 2012, S. 509, 518 ff.

469 Siehe zusammenfassend zu den einzelnen Entscheidungen der Instanzgerichte: *Bremen*, in: FS Wessing, S. 821, 826 bis 830.

470 BGH, Urt. v. 24.05.2007 – IX ZR 41/05.

471 *Bittmann*, KriPoz 2016, S. 120, 127.

472 BT-Drucks. 18/9525, S. 50.

473 Siehe dazu auch: *Paulus*, NZI 2015, S. 1001, 1005 f.

474 *Madaus*, in: BeckOK InsO, 13. Edition, Stand: 28.01.2019, § 1, Rn. 31.

Insolvenzmasse zwischen den Insolvenzgläubigern aufgeteilt, sondern auch die anschließende Befriedigung der Insolvenzgläubiger aus dem Schuldnervermögen erfolgt entsprechend ihrer Anteile. Diese Verfahrensweise folgt der sich aus den §§ 748, 752 BGB ergebenden „beschränkenden Wirkung der Rechtsgemeinschaft im Innenverhältnis";[475] eine Herleitung durch allgemeine Gerechtigkeitserwägungen oder „einer wechselseitigen Haftung der Insolvenzgläubiger"[476] ist daher nicht erforderlich.[477]

Dieser insolvenzrechtliche Leitgedanke droht durch das Schaffen einer Sondermasse, welche eine dem Insolvenzrecht fernliegende und widersprechende Privilegierung der Straftatgeschädigten darstellen würde, ausgehöhlt zu werden. Es lässt sich also bereits jetzt ein Spannungsverhältnis zwischen dem Grundsatz der Gläubigergleichbehandlung und den Interessen der Straftatgeschädigten ausmachen. Denn für die Verletzten ist es von gesteigerter Bedeutung, dass der Insolvenzverwalter die sichergestellten Vermögenswerte nicht zu Gunsten der allgemeinen Insolvenzmasse herausverlangen kann, sondern diese zur gleichmäßigen Befriedigung ihrer Ansprüche erhalten bleiben.

1. *Beschlagnahme im Insolvenzverfahren*

Die Beschlagnahme ist gemäß § 111d Abs. 1 Satz 2 StPO insolvenzfest und begründet auch weiterhin lediglich ein relatives Veräußerungsverbot gemäß § 136 BGB. Insoweit liegt zunächst keine Änderung zum alten Recht vor.[478] Das relative Veräußerungsverbot war allerdings nicht insolvenzfest, da § 80 Abs. 2 Satz 1 InsO anordnete, dass dieses im Insolvenzverfahren keine Wirkung entfalte. Neu ist nunmehr, dass § 111d Abs. 1 Satz 2 StPO die Anwendung des § 80 Abs. 2 Satz 1 InsO für das in Vollziehung der Beschlagnahme entstandene relative Veräußerungsverbot ausschließt. Darüber hinaus findet auch der § 88 InsO keine Anwendung; die Vollziehung der Beschlagnahme kann demnach nicht mehr angefochten werden. Dies führt dazu, dass nicht nur die Beschlagnahme insolvenzfest ist, sondern auch das relative Veräußerungsverbot.

---

475 *Madaus*, in: BeckOK InsO, 13. Edition, Stand: 28.01.2019, § 1, Rn. 31.

476 So *Häsemeyer*, Insolvenzrecht, Rn 2.33.

477 *Madaus*, in: BeckOK InsO, 13. Edition, Stand: 28.01.2019, § 1, Rn. 31.

478 Vgl. zum alten Recht: *Bittmann*, in: MüKo StPO, Vor §§ 111b-111p, Rn. 9 mit Verweis auf: BGH, Urt. v. 24.05.2007 – IX ZR 41/05, Rn. 23; *Markgraf*, Der Grundsatz der *par conditio creditorum*, S. 102 ff.; *Rönnau*, in: FS Achenbach, S. 385 ff., *Schmidt*, Gewinnabschöpfung, Rn. 532 ff., 1180.

Aus systematischen Gesichtspunkten ist das Vorstehende zu beanstanden. Zwar liegt die insolvenzrechtliche Ausgestaltung der Beschlagnahme grundsätzlich innerhalb des gesetzgeberischen Spielraums. Denn das Strafprozessrecht darf das Insolvenzrecht ausdrücklich modifizieren. Aus dem Grundsatz der Einheit der Rechtsordnung ergibt sich jedoch sogleich die Grenze des gesetzgeberischen Spielraums: Die beiden Rechtsordnungen müssen einheitlichen Regelungen folgen und dürfen sich nicht widersprechen.[479]

Die durch die Beschlagnahme gesicherten Rückübertragungsansprüche sind zivilrechtlicher Natur; es geht um die Frage der Güterzuordnung. Daher gebührt vorliegend dem Insolvenzrecht der Vorrang vor dem Strafprozessrecht. Mithin ist eine Modifikation durch das Strafprozessrecht nur dort zulässig, wo das Insolvenzrecht keine ausdrückliche Regelung trifft.[480] Da das Insolvenzrecht aber gerade in § 80 Abs. 2 Satz 1 InsO eine ausdrückliche Regelung hinsichtlich der Wirkung eines relativen Veräußerungsverbots vorsieht, widerspricht die Vorschrift des § 111d Abs. 1 Satz 2 StPO der Einheit der Rechtsordnung.

Über diese grundsätzlichen systematischen Erwägungen hinaus entfaltet die Regelung des § 111d Abs. 1 Satz 2 StPO je nach Fallgestaltung unterschiedliche Rechtsfolgen. Zu differenzieren ist, ob sich die dingliche Berechtigung an dem Gegenstand durch die Straftat verändert hat.

Wurde der Verletzte Opfer eines Diebstahls, bleibt er Eigentümer des beschlagnahmten Gegenstands. Aufgrund des dinglichen Herausgabeanspruchs steht dem Verletzten also unabhängig vom Fortbestand der Beschlagnahme ein Aussonderungsrecht gemäß § 47 InsO zu. Dieses Aussonderungsrecht bewirkt, dass der Gegenstand gar nicht erst in die Insolvenzmasse fällt, § 47 Satz 1 InsO. Eine Rechtsänderung durch die insolvenzfeste Ausgestaltung der Beschlagnahme tritt nicht ein.

Anders gestaltet es sich bei einem Verletzten, der Opfer eines Betruges wurde. Im Zuge der Vermögensverfügung hat er das Eigentum an dem Gegenstand auf den Beschuldigten übertragen. Dem Verletzten steht mithin kein dingliches Recht mehr an dem Gegenstand zu. Ficht der Verletzte das schuldrechtliche und dingliche Rechtsgeschäft sodann nicht gemäß § 123 BGB an, steht ihm gegen den Beschuldigten nur ein zivilrechtlicher Rückübertragungsanspruch zu. Diese schuldrechtliche Forderung begründet jedoch kein Aussonderungsrecht gemäß § 47 InsO,[481] sodass der Gegenstand in die Insolvenzmasse

479 *Bittmann*, KriPoz 2016, S. 8.
480 *Bittmann*, KriPoz 2016, S. 8.
481 *Brinkmann*, in: Uhlenbruck InsO, § 47, Rn. 60.

fällt.[482] Andererseits wird der Rückübertragungsanspruch aber durch das im Zuge der Beschlagnahme entstandene insolvenzfeste relative Veräußerungsverbot an dem entzogenen Gegenstand gesichert. Dies hat zur Folge, dass der Gegenstand zwar Teil der Insolvenzmasse ist, durch den Insolvenzverwalter aber nicht verwertet werden darf. Hierdurch entsteht zum einen eine Pattsituation – der Verletzte kann nicht aussondern, der Insolvenzverwalter nicht verwerten – und zum anderen wird das gesetzgeberische Ziel gegenständlicher Restitution nicht erreicht.[483]

Im Schrifttum wird angeregt, diese Pattsituation dadurch zu lösen, dass dem Verletzten die Aussonderung des beschlagnahmten Gegenstandes gestattet wird. Demnach würde das durch die Beschlagnahme an dem Gegenstand entstandene relative Veräußerungsverbot ein Aussonderungsrecht begründen. Auf diese Weise werde das gesetzgeberische Ziel des Opferschutzes auch im Insolvenzverfahren erreicht.[484]

Der Lösungsansatz widerspricht der insolvenzrechtlichen Dogmatik. Diese sieht ein Aussonderungsrecht für den Betrogenen nicht vor, da dieser kein dingliches Recht mehr an dem entzogenen Gegenstand hat; der Anspruch des Betrogenen auf Rückübertragung ist mangels dinglicher Wirkung rein schuldrechtlicher Natur. Nur solche persönlichen Rückübertragungsansprüche, die auf die Herausgabe der Sache selbst abzielen, berechtigen zur Aussonderung, da der Gegenstand dem Vermögen des Besitzers haftungsrechtlich nicht zugeordnet ist. Der Rückübertragungsanspruch des Betrogenen hingegen ist lediglich auf die Verschaffung der Eigentumsposition an dem Gegenstand gerichtet.[485]

Entscheidend für die Begründung eines Aussonderungsrechtes an dem entzogenen Gegenstand spricht jedoch zunächst die Auflösung der Pattsituation zwischen Verletztem und Insolvenzverwalter. Diese Pattsituation verursacht überflüssige Verwaltungskosten, die die Insolvenzmasse schmälern. Denn der im „rechtlichen Nirvana“[486] befindliche Gegenstand muss durch den Insolvenzverwalter verwahrt werden, die Kosten des Insolvenzverfahrens steigen. Gleichzeitig wird die Insolvenzmasse durch die Aussonderung rein faktisch nicht geschmälert, da der Gegenstand aufgrund der Pattsituation zwar zur Insolvenzmasse zählte, nicht aber verwertet werden durfte. Die übrigen

---

482 Unter der Aussonderung versteht man die haftungsrechtliche Trennung der Sache von der Insolvenzmasse, *Ganter*, in: MüKo InsO, § 47, Rn. 12.

483 *Bittmann*, KriPoz 2016, S. 120, 128; *WisteV*, Stellungnahme, S. 6.

484 *Bittmann*, KriPoz 2016, S. 120, 128; *WisteV*, Stellungnahme, S. 7.

485 *Brinkmann*, in: Uhlenbruck InsO, § 47, Rn. 60 f.

486 *Bittmann*, KriPoz 2016, S. 120, 128.

Insolvenzgläubiger konnten daher zu keiner Zeit mit einer quotalen Befriedigung durch Verwertung des beschlagnahmten Gegenstandes rechnen. Mithin liegt auch keine weitere – über die bereits durch die Einführung der Insolvenzfestigkeit der Beschlagnahme hervorgerufene – Einschränkung des Gläubigergleichbehandlungsgrundsatzes vor.

Weiterhin lässt sich der Opferschutz und das gesetzgeberische Reformziel für ein Aussonderungsrecht anführen. Aus Opferschutzgesichtspunkten führt die Pattsituation für den jeweiligen Verletzten zu einer Verringerung der Insolvenzquote, was sich als (empfundene) Last für diese auswirkt.[487] Dies lässt sich durch eine ausgesonderte Befriedigung beheben. Aber auch das gesetzgeberische Ziel der gegenständlichen Restitution kann auf diese Weise erreicht werden; der inkriminierte Gegenstand wird an den Verletzten zurückgeführt.

Mithin sprechen die gewichtigeren Argumente dafür, dass das durch die Beschlagnahme begründete relative Veräußerungsverbot aufgrund seiner bis in das Insolvenzverfahren hineinreichenden Wirkung den jeweiligen Verletzten zur Aussonderung berechtigt. Dies stellt zwar ein „insolvenzrechtliches Unikum auf strafprozessualer Basis" dar, welches mangels ausdrücklicher insolvenzrechtlicher Regelung aber letztlich innerhalb des gesetzgeberischen Spielraums liegt.[488] Nur so kann das mit der Reform des § 111d Abs. 1 Satz 2 StPO verfolgte Ziel der gegenständlichen Restitution auch tatsächlich erreicht werden.

Im Schrifttum wird, die vorstehende Problematik zum Anlass nehmend, die Einführung eines einheitlichen Sicherungsinstrumentes gefordert: die strafprozessuale Verfügungssperre.[489] Dies wird damit begründet, dass sowohl die Beschlagnahme als auch der Vermögensarrest ein relatives Veräußerungsverbot bewirken, welches grundsätzlich nur schuldrechtlich wirkt. Damit erfolge eine faktische Angleichung der Beschlagnahmewirkung an die Wirkung des Vermögensarrestes.

Um ein einheitliches Sicherungsinstrument zu schaffen, müsste die Beschlagnahme zunächst ebenso wie der Vermögensarrest ein Pfandrecht begründen.[490] Dies würde die eingangs behandelte Problematik allerdings nicht beheben. Denn das Pfandrecht berechtigt nur zur abgesonderten Befriedigung nach §§ 49, 50 InsO. Es besteht also die Möglichkeit, dass der Gegenstand zunächst durch

487 *Bittmann*, KriPoz 2016, S. 120, 128.
488 *Bittmann*, KriPoz 2016, S. 120, 129.
489 *WisteV*, Stellungnahme, S. 7; *Bittmann*, ZInsO 2016, S. 873, 889 f.; *ders.*, KriPoz 2016, S. 120, 128; *ders.*, NZWiSt 2016, S. 131, 138; *Frind*, NZI 2016, S. 674 ff.
490 *WisteV*, Stellungnahme, S. 7.

den Insolvenzverwalter verwertet wird und dem Verletzten nur der Verwertungserlös zustünde. Die gegenständliche Restitution ist folglich nicht sichergestellt. Daher soll in einem zweiten Schritt das Pfandrecht, welches auf der strafprozessualen Verfügungssperre fußt, zur Aussonderung berechtigen.[491]

Gewiss wäre ein einheitliches Sicherungsinstrument praxisfreundlich, da anwendungsfehlerminimierend.[492] In der vorgeschlagenen Ausgestaltung widerspricht es aber ausdrücklichen insolvenzrechtlichen Regelungen. Denn ausweislich des Wortlautes von § 50 InsO berechtigen insolvenzfeste Pfandrechte nur zur abgesonderten Befriedigung. Sinn und Zweck des in Vollziehung des Vermögensarrestes entstandenen Pfandrechtes ist, den Wertersatzanspruch des Verletzten zu sichern. Demgegenüber dient die Beschlagnahme der Einziehung eines „noch in seiner Ursprungsform vorhandenen Einziehungsgegenstandes."[493] Daher berechtigt ein Pfandrecht auch nur zur abgesonderten Befriedigung. Denn der über das Pfandrecht hinausgehende Verwertungserlös fällt in die Insolvenzmasse und steht den übrigen Insolvenzgläubigern zu. Das durch die Vollziehung des Vermögensarrestes entstehende Pfandrecht ist also gerade nicht auf gegenständliche Restitution, sondern auf einen wertmäßigen Ausgleich ausgelegt. Im Ergebnis bewirkt die Vollziehung des jeweiligen Sicherungsinstruments trotz ihrer faktischen Angleichung unterschiedliche Sicherungsrechte, sodass ein einheitliches Sicherungsinstrument zu unsachgemäßen Ergebnissen führt.

Die Einführung eines einheitlichen Sicherungsinstrumentes ist trotz seiner praxis- und damit auch anwendungsfreundlichen Ausgestaltung abzulehnen. Des Weiteren ist der Lösungsansatz, die Pattsituation zwischen Insolvenzverwalter und Verletzten zu beheben, indem das relative Veräußerungsverbot ein Aussonderungsrecht begründet, zwar folgerichtig. Eine Harmonisierung und damit eine Vereinfachung der Rechtspraxis an der Schnittstelle zwischen Strafprozessrecht und Insolvenzrecht wird jedoch aus den aufgezeigten Gründen nicht erreicht.

Eine Harmonisierung ist systematisch eleganter zu erreichen, wenn der Einheit der Rechtsordnung folgend, dem Insolvenzrecht der uneingeschränkte Vorrang vor dem Strafprozessrecht eingeräumt wird. Dies hat zunächst zur Folge, dass strafprozessuale Sicherungsmaßnahmen in einer Konfliktsituation relativ unwirksam sind. Das Strafprozessrecht tritt aber nur soweit zurück, wie es

491 *WisteV*, Stellungnahme, S. 7.

492 *Bittmann*, KriPoz 2016, S. 120, 128.

493 *Huber*, in: BeckOK StPO, 32. Edition, Stand: 01.01.2019, § 111b, Rn. 1.

insolvenzrechtlich erforderlich ist. Kollisionsbedingte Lücken entstehen somit nicht.[494]

Dies ist systematisch konsequent. Dem Insolvenzrecht gebührt aufgrund der zivilrechtlichen Natur der gesicherten Rückforderungsansprüche der uneingeschränkte Vorrang vor dem Strafprozessrecht. Hieraus folgt sogleich, dass der Gläubigergleichbehandlungsgrundsatz gewichtiger ist, als das vom Gesetzgeber verfolgte Ziel der gegenständlichen Restitution. Dies gilt insbesondere vor dem Hintergrund, als die Verletzten keineswegs rechtsschutzlos gestellt sind. Das Opfer eines Betruges kann den schuldrechtlichen Vertrag und die dingliche Einigung gemäß § 123 BGB anfechten. Die Anfechtung begründet ein Aussonderungsrecht nach § 47 InsO, der Gegenstand fällt nicht in die Insolvenzmasse. Denjenigen Opfern, die ihr Eigentum durch die Tat erst gar nicht verloren haben, steht ohnehin ein Aussonderungsrecht aufgrund ihrer Eigentümerstellung zu. Mithin ist das gesetzgeberische Ziel der gegenständlichen Restitution bereits durch insolvenzrechtliche Vorschriften gesichert. Die insolvenzfeste Ausgestaltung der Beschlagnahme in ihrer aktuellen Fassung ist abzulehnen.

2. *Vermögensarrest im Insolvenzverfahren*

Die Wirkung des in Vollziehung des Vermögensarrests entstandenen Sicherungsrechts entspricht zunächst der des alten Rechts. § 80 Abs. 2 Satz 2 InsO ist weiterhin für den Bestand des in Vollziehung des Vermögensarrestes entstandenen Sicherungsrechtes[495] die maßgebliche Norm. Aus dieser folgt, dass das Sicherungsrecht dann Bestand hat, wenn es nicht von der Rückschlagsperre gemäß § 88 InsO oder der Insolvenzanfechtung nach den §§ 129 ff. InsO erfasst wird. Das insolvenzfeste Sicherungsrecht begründet ein Pfandrecht an dem sichergestellten Gegenstand, welches nach den §§ 49, 50 InsO zur abgesonderten Befriedigung berechtigt,[496] soweit keine Änderungen.

---

494 *Bittmann*, NZWiSt 2016, S. 131, 138.

495 Pfändungspfandrecht oder Sicherungshypothek.

496 *Brinkmann*, in: Uhlenbruck, InsO, § 49, Rn. 1 mit Verweis auf *Häsemeyer*, Insolvenzrecht, Rn. 18.03.: „Ein Absonderungsrecht, wie etwa ein Pfandrecht, § 50 InsO, eine Sicherungsübereignung, § 51 Nr. 1 InsO, oder ein Recht im Sinne des § 49 InsO, gewährt seinem Inhaber einen Anspruch auf vorzugsweise Befriedigung des Gläubigeranspruchs aus einem zur Masse gehörigen Gegenstand. Absonderungsrechte sind insofern nichts anderes als insolvenzfeste Vorzugsrechte an haftungsrechtlich der Insolvenzmasse zugeordneten Gegenständen. Demnach besteht in Abgrenzung zur Aussonderung das Absonderungsrecht an einem zur Masse gehörigen Gegenstand".

§ 111h Abs. 1 StPO hat aber nicht nur rein deklaratorischen Charakter.[497] Denn insbesondere bei Straftaten ohne individuellen Geschädigten entsteht eine sachwidrige Einschränkung des Gläubigergleichbehandlungsgrundsatzes zu Gunsten des Staates und zu Lasten der übrigen ungesicherten Insolvenzgläubiger. Denn der Vermögensarrest zu Gunsten des Staates ist insolvenzfest ausgestaltet. Das Pfandrecht berechtigt den Staat zur abgesonderten Befriedigung gemäß § 49 InsO. Dies resultiert daraus, dass § 111i Abs. 1 StPO nur zur Anwendung kommt, wenn es individuelle Geschädigte gibt. Nur in diesem Fall erlischt das in Vollziehung des Vermögensarrestes entstandene Pfändungspfandrecht. Hat der Täter also eine Straftat zu Lasten der Allgemeinheit begangen, sichert das insolvenzfeste Pfändungspfandrecht den Anspruch des Staates.

Insoweit war umstritten, ob das Sicherungsrecht seine volle Wirkung nach Eröffnung des Insolvenzverfahrens behält, also auch gegenüber den sonstigen Insolvenzgläubigern zu Gunsten des Staates weiterbesteht. Der Gesetzgeber hat sich nunmehr dem Teil der Rechtsprechung angeschlossen, die dem insolvenzfesten Pfandrecht zu Gunsten des Staates auch nach Eröffnung des Insolvenzverfahrens seine volle Wirkung zusprach. Begründet wird diese Auffassung damit, dass auch für den Insolvenzfall eine Rückausschüttung an den Beschuldigten vermieden werden muss.[498] Denn im Regelfall würden die Verletzten ihre Ansprüche im Insolvenzverfahren nicht geltend machen.[499] Diese Argumentation greift der Gesetzgeber auf und begründet seine Entscheidung weiterhin damit, dass der Beschuldigte seine sonstigen Verbindlichkeiten nicht mit aus der Tat erlangten Vermögenswerten befriedigen können soll.[500]

Die andere in der Rechtsprechung vertretene Ansicht ging davon aus, dass das Insolvenzverfahren Vorrang vor dem staatlichen Auffangrechtserwerb hat. Zur Begründung wurde ausgeführt, dass nach Eröffnung des Insolvenzverfahrens der strafprozessual vollzogene dingliche Arrest seine „Platzhalterfunktion" für die Ansprüche der Verletzten nicht mehr erfüllen kann. Vielmehr konterkariere die Aufrechterhaltung des Sicherungsrechts den damit bezweckten Schutz der

497 *Frind*, NZI 2016, S. 674, 676.

498 OLG Hamm, Beschl. v. 20.06.2013, Rn. 42; OLG Hamm, Beschl. 28.07.2015 – 1 Ws 102/15, Rn. 35.

499 KG, Beschl. v. 10.06.2013 – 2 Ws 190/13, Rn. 23; so auch OLG Frankfurt a.M., Beschl. v. 09.07.2015 – 3 Ws 355/15, Rn. 4; den Entscheidungen lagen Massebetrugsfälle mit kleinen Einzelschäden zugrunde.

500 BT-Drucks. 18/9525, S. 78.

Rückgewinnungshilfe, da sich eine geringere Verteilungsmasse zum Nachteil der Verletzten auswirkt.[501]

Der vorstehenden Ansicht ist zuzustimmen. Zunächst ist festzuhalten, dass es gerade den Regelfall darstellt, dass die Verletzten ihre Ansprüche im Insolvenzverfahren anmelden; nur ausnahmsweise kommt es vor, dass die Verletzten ihre Rechte nicht geltend machen.[502] Mithin begründet der Gesetzgeber die nunmehr den Regelfall darstellende volle Wirkung des insolvenzfesten Sicherungsrechts zu Gunsten des Staates mit einem Ausnahmefall. Dies ist systematisch verfehlt und führt zu nicht praxisgerechten Ergebnissen.[503]

Aber auch den weiteren Argumenten des Gesetzgebers lässt sich entgegentreten und diese vielmehr einer systematisch gelungeneren Lösung zuführen. Dass der Beschuldigte seine übrigen Verbindlichkeiten nicht mit aus der Tat erlangten Vermögenswerten befriedigen soll, ist unter Tatanreiz-Gesichtspunkten nachvollziehbar. Allerdings findet dieses Argument keine insolvenzrechtliche Grundlage. Auch die übrigen Inhaber einer deliktischen Forderung gegen den Insolvenzschuldner werden im Insolvenzverfahren nicht privilegiert, sondern sind „normale" Insolvenzgläubiger.[504] Sollte der Beschuldigte also aufgrund einer unerlaubten Handlung zu Lasten eines deliktischen Insolvenzgläubigers einen Vermögenszuwachs erlangt haben, fällt dieses Vermögen trotzdem in die Insolvenzmasse. Der Beschuldigte befriedigt die Insolvenzgläubiger also mit seinem gesamten (dann auch inkriminiertem) Vermögen. Mithin stellt der Kondiktionsgedanke, dass inkriminiertes Vermögen nicht beim Beschuldigten verbleiben soll, keine Rechtfertigung dafür dar, dass unbeteiligte Dritte ein Sonderopfer zugunsten des Staates zu erbringen haben.[505]

Im Übrigen ist dem Gesetzgeber zuzustimmen, dass nach Beendigung des Insolvenzverfahrens eine überschüssige Masse nicht an den Beschuldigten zurückfließen darf. Die als Begründung angeführte Konstellation des zu sichernden „Auffangrechtserwerbs" stellt erneut nur einen Ausnahmefall dar. Denn nur, wenn eine Vollbefriedigung aller Insolvenzgläubiger erreicht wurde und danach noch Masse vorhanden ist, wäre die Sicherung für den „Auffangrechtserwerb"

---

501 OLG Nürnberg, Beschl. v. 15.03.2013 – 2 Ws 561/12; zustimmend *Markgraf*, NZG 2013, S. 1014; *Frind*, NZI 2016, S. 674, 677; *Rönnau*, in: FS Achenbach, S. 385, 403.

502 *Frind*, NZI 2016, S. 674, 677.

503 *Frind*, NZI 2016, S. 674, 677.

504 Die Inhaber einer Forderung aus vorsätzlich unerlaubter Handlung werden erst im Anschluss an das Insolvenzverfahren durch § 302 Nr. 1 InsO privilegiert. Die Vorschrift besagt, dass diese Forderungen nicht von der Restschuldbefreiung erfasst sind.

505 *WisteV*, Stellungnahme, S. 11.

relevant. Dies kommt allerdings nur äußerst selten vor.[506] Nichtsdestotrotz muss auch in diesen Ausnahmefällen ein Rückfluss an den Beschuldigten verhindert werden. Systematisch angemessen umzusetzen ist dieses Anliegen jedoch, indem der Gesetzgeber dem bereits im Rahmen der Wirkung der Beschlagnahme im Insolvenzverfahren aufgestellten Lösungsweg folgt.

Normiert der Gesetzgeber, dass die strafprozessualen Maßnahmen im Konfliktfall zum Insolvenzrecht relativ unwirksam sind, erreicht man zum einen eine Harmonisierung der Rechtsgebiete unter Berücksichtigung der Einheit der Rechtsordnung und verhindert zum anderen, dass Vermögenswerte nach Abschluss des Insolvenzverfahrens an den Beschuldigten zurückfließen. Nach Abschluss des Insolvenzverfahrens entfalten die strafprozessualen Sicherungsmaßnahmen wieder ihre volle Wirkung.[507] Hierfür spricht schließlich auch der Gläubigergleichbehandlungsgrundsatz, da es nach alldem nicht nachvollziehbar ist, warum eine Sondermasse zu Gunsten des Staates und zu Lasten der übrigen Insolvenzgläubiger geschaffen werden soll.[508]

II. Insolvenzantragsrecht der Staatsanwaltschaft

Der Gesetzgeber hat in § 111i Abs. 2 StPO das Antragsrecht der Staatsanwaltschaft auf Eröffnung des Insolvenzverfahrens über das Vermögen des Beschuldigten eingeführt. Damit will der Gesetzgeber die Konkurrenzsituation zwischen mehreren Tatverletzten in Mangelfällen auflösen und somit für eine größere Verteilungsgerechtigkeit sorgen.

1. Rechtsschutzinteresse der Staatsanwaltschaft

Der Gläubiger benötigt ein rechtliches Interesse an der Eröffnung des Insolvenzverfahrens, da von dem Insolvenzverfahren weitreichende Folgen für den Schuldner ausgehen; wirtschaftliche Existenz können bedroht und juristische Personen liquidiert werden.[509] Daher zählt zu den allgemeinen Zulässigkeitsvoraussetzungen des Eröffnungsantrags gemäß § 14 InsO das Rechtsschutzinteresse.[510] Dieses

506 *Frind*, NZI 2016, S. 674, 677.

507 *Bittmann*, KriPoz 2016, S. 120, 127; *Frind*, NZI 2016, S. 674, 678.

508 So auch *Frind*, NZI 2016, S. 674, 677.

509 *Schmerbach*, in: FK InsO, § 14, Rn. 101.

510 Das Rechtsschutzinteresse in § 14 Abs. 1 Satz 1 InsO dient einerseits der Bestimmung des Kreises der antragsberechtigten Gläubiger und soll andererseits einem rechtsmissbräuchlichen Gläubigerantrag entgegentreten, BT-Drucks. 12/2443, S. 113.

ist bei jedem Antrag auf gerichtliche Entscheidung erforderlich und gilt gleichsam für den Schuldner, Gläubiger oder sonstigen Berechtigten.[511]

Ausweislich der Gesetzesbegründung stellt die Staatsanwaltschaft den Antrag auf Eröffnung des Insolvenzverfahrens über das Vermögen des Beschuldigten aus eigenem Recht. Das eigene Recht folgt dabei aus dem staatlichen Einziehungsanspruch, der jedoch im Fall der Eröffnung des Insolvenzverfahrens gegenüber den Ansprüchen der Verletzten gemäß § 39 Abs. 1 Nr. 3 InsO nachrangig ist. Begründet wird dies damit, dass der Einziehungsanspruch des Staates dogmatisch eine sonstige Nebenfolge einer Straftat sei, die zu einer Geldzahlung verpflichtet.[512]

Vor diesem Hintergrund ist es ebenfalls folgerichtig, dass § 111i Abs. 2 StPO im Gesetzgebungsverfahren geändert wurde. Der ursprüngliche Entwurf sah vor, dass die Staatsanwaltschaft lediglich als berechtigt galt, für die Verletzten einen Antrag auf Eröffnung des Insolvenzverfahrens zu stellen. Mit dem Stellen des Antrags sollte sich die Rolle der Staatsanwaltschaft erschöpfen. Die Staatsanwaltschaft hätte also keinen eigenen Antrag gestellt und damit auch kein eigenes Recht verfolgt, sondern wäre lediglich als Dritter aufgetreten. Insoweit hätte der Staatsanwaltschaft das erforderliche Rechtsschutzinteresse gefehlt, da sie keine Beteiligte des anschließenden Insolvenzverfahrens war.

Zwar wird vertreten, dass die Insolvenzantragsberechtigung nicht zwingend mit der Forderungsinhaberschaft zusammenfalle. Insoweit wird darauf verwiesen, dass auch die BaFin, die zumeist keine Forderung gegen den insolventen Schuldner hat, berechtigt ist, für bestimmte Institute den Insolvenzantrag zu stellen.[513] Dieser Argumentation ist aber der unterschiedliche Sinn und Zweck der Vorschriften entgegenzuhalten. Während das Insolvenzantragsrecht des § 111i Abs. 2 StPO unmittelbar dem Schutz der Verletzten dient, ist dies bei § 46b KWG gerade nicht der Fall.[514] Die Norm soll lediglich das Prüfungsverfahren für die Stellung eines Insolvenzantrages durch die BaFin sicherstellen.[515]

---

511 *Vuia*, in: MüKo InsO, § 14, Rn. 18.

512 BT-Drucks. 18/11640, S. 87 mit Verweis auf: *Ehricke/Behme*, in: MüKo InsO, § 39, Rn. 23.

513 *Gundlach/Müller*, ZInsO 2011, S. 84, 86; *Vuia*, in: Insolvenzrechts-Handbuch, Kapitel II, § 8, Rn. 47.

514 *Janssen/Gercke*, in: NK Kapitalmarktstrafrecht, § 46b, Rn. 2; *Bock*, in: Graf/Jäger/Wittig, KWG, § 55, Rn. 3.

515 *Janssen/Gercke*, in: NK Kapitalmarktstrafrecht, § 46b, Rn. 2; *Lindemann*, in: Boos/Fischer/Schulte-Mattler KWG, § 55, Rn. 2; *Bock*, in: Graf/Jäger/Wittig, KWG, § 55, Rn. 3.

Auf diese Weise soll eine Sanierung möglichst frühzeitig außerhalb des Insolvenzverfahrens ermöglicht werden.[516] Der BaFin wird diese besondere Position also nur eingeräumt, weil sie wegen der laufenden Überwachung über einen umfangreichen Kenntnisstand verfügt und Erfahrungen mit Maßnahmen nach den §§ 45, 46 KWG hat. Daher kann sie beurteilen, wann das Insolvenzverfahren durchgeführt werden sollte.[517]

Im Gegensatz hierzu hat die Staatsanwaltschaft weder die weitreichenden Erkenntnisse über die wirtschaftliche Situation des Beschuldigten, noch kann sie auf einen vergleichbaren Erfahrungsschatz zurückgreifen. Darüber hinaus schafft § 46b KWG ein Antragsmonopol der BaFin, wonach einzelne Gläubiger erst gar keinen eigenen Antrag stellen können,[518] während die Verletzten im Rahmen des § 111i Abs. 2 StPO weiterhin berechtigt sind, als Forderungsinhaber neben der Staatsanwaltschaft den Insolvenzantrag zu stellen. Mithin kann mangels vergleichbarer Sachlage aus dem Verweis auf § 46b KWG kein Argument für ein Rechtschutzinteresse der Staatsanwaltschaft im Rahmen der alten Regelung des § 111i Abs. 2 StPO-E gezogen werden.

Weiterhin ist die Frage aufzuwerfen, ob die Staatsanwaltschaft als nachrangiger Gläubiger überhaupt zur Stellung eines Insolvenzantrages berechtigt ist, wenn sie im Insolvenzverfahren nicht mit einer Befriedigung ihres eigenen Einziehungsanspruchs rechnen kann. Dem Staat könnte in derartigen Konstellationen das notwendige Rechtsschutzinteresse gemäß § 14 InsO fehlen. Dies war in Rechtsprechung und Literatur umstritten. Die Gesetzesbegründung geht davon aus, dass die Staatsanwaltschaft trotz des Nachrangs des staatlichen Einziehungsanspruchs ein Rechtsschutzinteresse zur Stellung des Antrags hat. Begründet wird dies mit einem Verweis auf die einschlägige Rechtsprechung des BGH.[519]

Ein Teil des Schrifttums leitete hingegen aus der Regelung des § 174 Abs. 3 InsO her, dass nachrangige Gläubiger im Sinne des § 39 Abs. 1 InsO zu einer Antragstellung nur berechtigt seien, wenn sie zumindest eine teilweise Befriedigung erwarten können.[520]

Die Gegenauffassung sprach einem nachrangigen Gläubiger das Rechtsschutzinteresse auch dann zu, wenn dieser nicht mit einer Quote rechnen

---

516 *Lindemann*, in: Boos/Fischer/Schulte-Mattler KWG, § 55, Rn. 1.
517 *Lindemann*, in: Boos/Fischer/Schulte-Mattler KWG, § 55, Rn. 1.
518 *Vuia*, in: Insolvenzrechts-Handbuch, Kapitel II, § 8, Rn. 47 f.
519 BT-Drucks. 18/11640, S. 87.
520 *Gerhardt*, in: Jaeger InsO, § 14, Rn. 13; *Haas/Scholl*, ZInsO 2002, S. 645, 649 f.

konnte.[521] Dies wurde einerseits damit begründet, dass jeder Gläubiger, dessen Befriedigung ausstehe und der seine Forderung nicht auf andere Weise befriedigen könne, ein legitimes Vollstreckungsinteresse habe. Dieses Vollstreckungsinteresse sei im Fall der Insolvenz des Schuldners durch die Durchführung eines Insolvenzverfahrens zu wahren. Der Gesetzgeber erkenne das Interesse der Gläubiger an der Verfahrensdurchführung selbst dann an, wenn kein Insolvenzgläubiger mit einer Befriedigung seiner Forderung rechnen könne, die Masse aber ausreiche, die Kosten der Verfahrensdurchführung zu decken. Zudem könne in dem Zeitpunkt der Entscheidung über die Verfahrenseröffnung (unabhängig vom Vorliegen eines Gutachtens) noch nicht hinreichend abgeschätzt werden, ob der Gläubiger tatsächlich vollständig ausfallen werde.[522]

Weiterhin wurde angeführt, dass auch nachrangige Gläubiger in der Regel ein Rechtsschutzinteresse für einen Eröffnungsantrag unabhängig davon haben, ob sie im eröffneten Insolvenzverfahren irgendeine Befriedigung erwarten können. Denn nachrangige Forderungen seien bei der Prüfung der Insolvenzvoraussetzungen den sonstigen Forderungen gleichzustellen und dienten dem Zweck, die verfahrensrechtliche Stellung nachrangiger Insolvenzgläubiger im Sinne von § 19 Abs. 2 Satz 2 InsO im Hinblick auf Antragspflichten aus § 15a InsO zu stärken.[523]

Der BGH hat sich mit seiner Entscheidung aus dem Jahre 2010[524] denjenigen Literaturansichten angeschlossen, die das Rechtsschutzinteresse auch für nachrangige Forderungen annehmen.[525] Zur Begründung führte der BGH aus, dass sich die Regelung des § 174 Abs. 3 InsO auf eröffnete Verfahren bezieht, die im Falle fehlender Befriedigungsaussichten nicht mit der Anmeldung und Prüfung nachrangiger Forderungen belastet werden sollen.[526] Damit trifft das Gesetz jedoch keine weitergehende Aussage darüber, ob ein Insolvenzantrag und die Verfahrenseröffnung nicht auf eine nachrangige Forderung gestützt

---

521 *Schmahl*, in: MüKo InsO, 2. Aufl., § 14, Rn. 48; *Pape*, in: Kübler/Prütting/Bork InsO, § 14, Rn. 63; *Goetsch*, in: BK InsO, § 14, Rn. 13; *Häsemeyer*, Insolvenzrecht, Rn. 17.13, Fn. 38; *Lang*, Das Rechtsschutzinteresse beim Antrag auf Eröffnung des Insolvenzverfahrens, S. 110 f.

522 *Gundlach*, in: Schmidt InsO, § 14, Rn. 26.

523 *Kirchhof*, in: HK InsO, 7. Aufl., § 14, Rn. 13.

524 BGH, Beschl. v. 23.09.2010 – IX ZB 282/09.

525 Dem sind nunmehr auch die vormals kritischen Auffassungen in der Literatur gefolgt, siehe hierzu: *Schmerbach*, in FK InsO, § 14, Rn. 144; *Linker*, in: Hamburger Kommentar InsO, § 14, Rn. 48.

526 BT-Drucks. 12/2443, S. 184.

werden können.[527] Vielmehr will der Gesetzgeber die nachrangigen Gläubiger von Anfang an in das Insolvenzverfahren einbeziehen und lediglich im weiteren Verfahren wegen ihrer geringen Befriedigungsaussichten eine Verzögerung vermeiden, indem eine Anmeldung solcher Forderungen nur auf besondere Aufforderung hin erfolgen soll. Mithin sind die nachrangigen Insolvenzgläubiger ebenso Insolvenzgläubiger wie die Nichtnachrangigen.[528] In ausdrücklicher Abkehr von dem Regierungsentwurf[529] hat der Gesetzgeber zudem § 19 Abs. 2 InsO dahingehend gefasst, dass nachrangige Forderungen im Sinne von § 39 Abs. 1 InsO bei der Prüfung einer Überschuldung zu berücksichtigen sind. Dadurch soll eine unkontrollierte Zunahme masseloser Insolvenzen verhindert werden. Sind nachrangige Forderungen bei der Prüfung der Insolvenz sonstigen Forderungen gleichzustellen, entspricht es dem Gesetzeszweck, dass die Insolvenzeröffnung auch auf der Grundlage einer nachrangigen Forderung beantragt werden kann. Dementsprechend ist § 174 Abs. 3 InsO, der erst nach Feststellung der Teilungsmasse eingreift, eine Beschneidung der Antragsbefugnis nachrangiger Insolvenzgläubiger nicht zu entnehmen.[530]

Ferner hängt das Rechtsschutzinteresse für einen Insolvenzantrag generell nicht davon ab, ob der Gläubiger in dem Verfahren eine Befriedigung erlangen kann. Auch im Falle völliger Masseunzulänglichkeit werde das Rechtsschutzinteresse für einen Eröffnungsantrag nicht berührt.[531] Aus § 26 InsO ergibt sich, dass auch Verfahren ohne Verteilungsperspektive zu eröffnen sind, wenn nur die Verfahrenskosten gedeckt sind.[532] Sind nicht nachrangige Insolvenzgläubiger trotz fehlender Befriedigungsaussichten zur Antragstellung berechtigt, kann für nachrangige Insolvenzgläubiger nichts Anderes gelten.[533] Im Übrigen läuft eine Beschränkung der Antragsbefugnis nachrangiger Gläubiger auf Fälle ernsthafter Befriedigungsaussichten den allgemeinen Zwecken eines Insolvenzverfahrens zuwider.[534]

---

527 BGH, Beschluss v. 23.09.2010 – IX ZB 282/09, Rn. 10.

528 So auch *Kießner*, in: FK InsO, § 174, Rn. 55.

529 BT-Drucks. 16/6140, S. 56.

530 BGH, Beschl. v. 23.09.2010 – IX ZB 282/09, Rn. 10.

531 OLG Frankfurt a.M., Beschl. v. 28.02.1978 – 20 VA 2/78; *Kirchhof*, in: HK InsO, 7. Aufl., § 14, Rn. 25, 35; Vuia, in: MüKo InsO, § 14, Rn. 22; *Wegener*, in: Uhlenbruck InsO, § 14, Rn. 84; ebenso wohl *Schmerbach*, in: FK InsO, § 14, Rn. 147.

532 *Gerhardt*, in: Jaeger InsO, § 14, Rn. 14.

533 BGH, Beschl. v. 23.09.2010 – IX ZB 282/09, Rn. 11.

534 BGH, Beschl. v. 23.09.2010 – IX ZB 282/09, Rn. 12.

Der in der Literatur teilweise vertretenen Auffassung, wonach das Antragsrecht der Gläubiger nachrangiger Forderungen nach § 39 Abs. 1 InsO von einer voraussichtlichen Quotenerwartung abhänge, hat der BGH eine klare Absage erteilt.[535] Dem ist zuzustimmen. Die Insolvenzordnung will den Nachranggläubiger von Anfang an in das Insolvenzverfahren einbeziehen.[536] Dem steht auch § 174 Abs. 3 InsO nicht entgegen, der lediglich eine Verfahrensverzögerung vermeiden will. Für die vom BGH vertretene Auffassung spricht ferner die Regelung in § 237 Abs. 1 Satz 1 InsO. Danach steht auch dem Nachranggläubiger mangels Verweis auf § 77 Abs. 1 Satz 2 InsO grundsätzlich ein Stimmrecht bei der Abstimmung über einen Insolvenzplan zu.[537] Da das Insolvenzplanverfahren[538] Teil des Regelverfahrens ist, hat auch der nachrangige Gläubiger ein Rechtschutzinteresse zur Antragstellung.[539] Der vorstehenden Argumentation folgend, haben sich nunmehr auch die ehemals kritischen Stimmen im Schrifttum der Ansicht des BGH angeschlossen.[540]

535 Etwas Anderes kann nur gelten, wenn zwischen dem antragstellenden Gläubiger und dem Schuldner ein qualifizierter Rangrücktritt vereinbart worden ist. Derartige Forderungen im Rang hinter den § 39 Abs. 1 Nr. 5 InsO sind weder bei der Zahlungsunfähigkeit noch bei der Überschuldungsprüfung (nach der Neuregelung des § 19 Abs. 2 Satz 2 InsO durch das MoMiG – BGBl. I, S. 2026 v. 28.10.2008) zu berücksichtigen. Der Argumentation des BGH folgend, wäre wohl davon auszugehen, dass der BGH in diesem Fall (aber auch nur dann) einem Insolvenzantrag eines Gläubigers einer nachrangigen Forderung ein Rechtsschutzbedürfnis absprechen würde: *Herzig*, FD-InsR 2010, 310701 beck-online.

536 So auch *Herzig*, FD-InsR 2010, 310701 beck-online.

537 *Lüer/Streit*, in: Uhlenbruck InsO, § 237, Rn. 4.

538 Vgl. *Eidenmüller*, in: MüKo InsO, § 217, Rn. 1: Sinn und Zweck des Rechtsinstituts ist es, den Beteiligten die Privatisierung der Insolvenzabwicklung zu ermöglichen. Das Insolvenzplanverfahren, geregelt in den §§ 217 ff. InsO, ist Teil des einheitlichen Insolvenzverfahrens und in drei Abschnitte untergliedert: Aufstellung des Plans nach den §§ 217 bis 234 InsO, Annahme und Bestätigung des Plans nach den §§ 235 bis 253 InsO sowie Wirkungen des bestätigten Plans und Überwachung der Planerfüllung nach den §§ 254 bis 269 InsO; *Eidenmüller*, in: MüKo InsO, Vorbem. §§ 217 bis 269, Rn. 12.

539 *Herzig*, FD-InsR 2010, 310701 beck-online.

540 *Wegener*, in: Uhlenbruck InsO, § 14, Rn. 7; *Leithaus*, in: Andres/Leithaus/Dahl InsO, § 14, Rn. 8; *Bußhardt*, in: Braun InsO, § 14, Rn. 12; *Mönning*, in: Nerlich/Römermann InsO, § 14, Rn. 34; mit Verweis auf die BGH-Rechtsprechung.

2. *Feststellung des Mangelfalls durch die Staatsanwaltschaft*

Die Feststellung, ob ein Mangelfall vorliegt und sodann ein Antrag auf Eröffnung des Insolvenzverfahrens zu stellen ist, obliegt der Staatsanwaltschaft. Demnach prüft die Staatsanwaltschaft die Zahlungsunfähigkeit des Beschuldigten gemäß § 17 InsO und hat dabei den Nachweis zu erbringen, dass keine oder keine weiteren (kurzfristig) liquidierbaren Vermögensgegenstände beim Beschuldigten sichergestellt werden konnten.

Der Gesetzgeber geht davon aus, dass die Staatsanwaltschaft diesen Nachweis aufgrund der vorangegangenen Finanzermittlungen führen könne, da die liquidierbaren Gegenstände typischerweise bei den Finanzermittlungen festgestellt würden.[541] Damit erlegt der Gesetzgeber der Staatsanwaltschaft faktisch die Aufstellung einer insolvenzrechtlichen Liquiditätsbilanz auf.[542] Im Rahmen dieser Liquiditätsbilanz[543] muss die Staatsanwaltschaft zur Ermittlung der Zahlungsunfähigkeit einen stichtagsbezogenen Finanzstatut erstellen, welcher sodann um einen die nächsten drei Wochen abdeckenden Finanzplan zu ergänzen ist.[544] In der insolvenzrechtlichen Praxis wird eine solche Liquiditätsbilanz durch Gutachten oder Berichte des vorläufigen Insolvenzverwalters und/oder eines Wirtschaftsreferenten aufgestellt.[545] Für die Erstellung der insolvenzrechtlichen Liquiditätsbilanz könnte der Staatsanwaltschaft und insbesondere dem funktionell zuständigen Rechtspfleger jedoch die notwendige Sachkunde fehlen.[546]

Die Aufstellung der Liquiditätsbilanz ist der Staatsanwaltschaft in den Fällen ohne Weiteres möglich, in denen lediglich Geld oder Gegenstände mit feststehendem Wert[547] sichergestellt wurden. Insoweit ist eine simple Gegenüberstellung der Summe der sichergestellten Vermögenswerte zu der Summe der angemeldeten Opferansprüche ausreichend. Die erforderliche Glaubhaftmachung der Zahlungsunfähigkeit kann sodann – wie vom Gesetzgeber vorgesehen – anhand des Durchsuchungsprotokolls erfolgen.[548] Dabei ist das Durchsuchungsprotokoll der Fruchtlosigkeitsbescheinigung eines Gerichtsvollziehers, mit der die

541 BT-Drucks. 18/9525, S. 80.

542 *Köllner/Cryrus/Mück*, NZI 2016, S. 329, 333.

543 BGH, Urt. v. 30.06.2011 – IX ZR 134/10, Rn. 10: Die Feststellung der Zahlungsunfähigkeit des Schuldners kann sowohl durch die Aufstellung einer Liquiditätsbilanz als auch aufgrund der Indizwirkung der Zahlungseinstellung des Schuldners erfolgen.

544 *Wolfer*, in: BeckOK InsO, 13. Edition, Stand: 28.01.2019, § 17, Rn. 22.

545 *Köllner/Cryrus/Mück*, NZI 2016, S. 329, 333.

546 Dies bejahend: *Weitzell/Wolfer*, NZI 2018, S. 734, 736.

547 Dies können z.B. Kontoguthaben, Sparbücher oder Schecks sein.

548 *Köllner/Cryrus/Mück*, NZI 2016, S. 329, 333.

Zahlungsunfähigkeit des Schuldners durch die Gläubiger glaubhaft gemacht werden kann, gleichzusetzen.[549]

Diffiziler verhält es sich, wenn die Summe der sichergestellten Vermögensgegenwerte vom späteren Verwertungserlös abhängt und sich die Frage der kurzfristigen Liquidierbarkeit stellt. Hier bedarf es der Schätzung oder sogar der Hinzuziehung eines Sachverständigen. Zwar fehlt der Staatsanwaltschaft die insolvenzrechtliche Sachkunde eines Insolvenzverwalters oder eines Wirtschaftsreferenten, jedoch sind die Fragen der kurzfristigen Liquidierbarkeit und der Schätzung des zu erwartenden Verwertungserlöses in der Praxis regelmäßig auftretende Probleme, welche sich insbesondere bei Vollstreckungsmaßnahmen eines Gerichtsvollziehers ergeben. Mithin kann auf bereits bestehende Erfahrungssätze zurückgegriffen werden, sodass zwar eine Mehrbelastung für die Staatsanwaltschaft entsteht, welche aber grundsätzlich zu bewältigen ist.[550]

3. *Prüfung des Insolvenzgrundes durch das Insolvenzgericht*

Die Eröffnung des Insolvenzverfahrens setzt gemäß § 16 InsO das objektive Vorliegen eines Eröffnungsgrundes voraus.[551] Aufgrund der gemäß § 5 Abs. 1 Satz 1 InsO bestehenden Amtsermittlungspflicht hat das Insolvenzgericht eine umfassende Prüfung aller Umstände vorzunehmen, die für das Insolvenzverfahren von Bedeutung sind und sodann anhand eigener Sachkunde über das Vorliegen des Eröffnungsgrundes zu entscheiden;[552] der Insolvenzgrund muss dabei zur Überzeugung des Insolvenzgerichts vorliegen.[553] Das Insolvenzgericht prüft also zum einen die Glaubhaftmachung der im Gläubigerantrag angeführten Forderung(en) und zum anderen den Nachweis der Zahlungsunfähigkeit.

Die von der Staatsanwaltschaft glaubhaft gemachten Verletztenansprüche sind auf den Ersatz des durch den Beschuldigten aus der Straftat Erlangten gerichtet. Die Überprüfung des Bestehens dieser Ansprüche führt unweigerlich dazu, dass das Insolvenzgericht eine inzidente Prüfung des Strafvorwurfs vornimmt.

---

549 BT-Drucks. 18/9525, S. 80; vgl. exemplarisch zur Glaubhaftmachung der Zahlungsunfähigkeit durch eine Fruchtlosigkeitsbescheinigung des Gerichtsvollziehers: LG Chemnitz, Beschl. v. 21.10.2011 - 3 T 425/11.

550 *WisteV*, Stellungnahme, S. 13.

551 *Bußhardt*, in: Braun InsO, § 16, Rn. 10 unter Hinweis auf *Mönnig*, in: Nerlich/Römermann InsO, § 16, Rn. 7.

552 *Vuia*, in: MüKo InsO, § 16, Rn. 6 ff.

553 BGH, Beschl. v. 13.04.2006 – IX ZB 118/04, Rn. 6.

Dies ist für den Fall des Insolvenzantrags nach rechtskräftigem Abschluss des Strafverfahrens nicht weiter problematisch. Die Schuld des Beschuldigten wurde festgestellt, sodass der Nachweis des Bestehens der Ansprüche durch Vorlage der rechtskräftigen Einziehungsentscheidung erbracht werden kann.

Stellt die Staatsanwaltschaft den Antrag aber im Zeitpunkt der Anklageerhebung, so wurde über den Strafvorwurf noch nicht geurteilt. Die Prüfung des Insolvenzgerichts greift mithin der strafrichterlichen Entscheidung vorweg. Es stellt sich also die Frage, ob der Entscheidung des Insolvenzgerichts präjudizielle Wirkung für den nachfolgenden Strafprozess beikommt. Dies insbesondere vor dem Hintergrund, wenn das Insolvenzgericht die Eröffnung des Insolvenzverfahrens ablehnt, weil es den Nachweis des Bestehens der Forderungen nicht für erbracht hält. Müsste die Staatsanwaltschaft sodann das Ermittlungsverfahren einstellen oder das Strafgericht den Beschuldigten freisprechen?[554]

Eine solche präjudizielle Wirkung kommt der Entscheidung des Insolvenzgerichts indes nicht zu. Dies ergibt sich bereits aus dem Umstand, dass der Strafrichter nur verurteilen darf, wenn er aufgrund eigener Überzeugungsbildung von der Schuld des Angeklagten überzeugt ist, § 261 StPO. Daher entscheidet der Strafrichter grundsätzlich frei und unabhängig von Urteilen anderer Rechtszweige.[555]

Etwas Anderes ergibt sich auch nicht aus § 262 StPO, da die Frage des Vorliegens des Eröffnungsgrundes keine Beurteilung eines bürgerlichen Rechtsverhältnisses i.S.d. Norm und daher auch keine zivilrechtliche Vorfrage darstellt. Die der Entscheidung zugrundeliegenden Feststellungen sind also nicht bindend.

Schließlich lässt sich eine präjudizielle Wirkung des (Nicht-)Eröffnungsbeschlusses auch nicht aus der über § 4 InsO für insolvenzrechtliche Entscheidungen anwendbaren materiellen Rechtskraftregelung des § 322 ZPO herleiten. Denn der insolvenzrechtliche (Nicht-)Eröffnungsbeschluss[556] hat keinen der materiellen Rechtskraft fähigen Inhalt, sodass die Annahme des Insolvenzgrundes weder den Prozessrichter noch den Strafrichter bindet.[557] Stellt das Insolvenzgericht also beispielsweise fest, dass die Einstellung mangels Masse erfolgte,

554 *Köllner/Cyrus/Mück*, NZI 2016, S. 329, 334.

555 *Miebach*, in: MüKo StPO, § 262, Rn. 8.

556 Gleiches gilt für die Aufhebung (§§ 250, 258 InsO) und Einstellung (§§ 207, 213 InsO) des Insolvenzverfahrens sowie die Bestätigung des Insolvenzplans (§ 248 Abs. 1 InsO), *Ganter/Bruns*, in: MüKo InsO, § 4, Rn. 80d.

557 *Ganter/Bruns*, in: MüKo InsO, § 4, Rn. 80b.

so ist der Umstand, dass tatsächlich keine ausreichende Masse vorhanden war, nicht bindend festgestellt.[558]

Weiterhin stellt sich die Frage, ob im Zeitpunkt der Anklageerhebung die Opferansprüche die Zahlungsunfähigkeit des Täters zu begründen vermögen. Zwar wird das Insolvenzgericht das Bestehen der Forderungen ohne Weiteres bejahen können, wenn der Verletzte seinen Anspruch bereits zivilrechtlich hat titulieren lassen. Denn dann ist der Nachweis durch Vorlage des Titels geführt.[559]

Diffiziler gestaltet sich die Situation, sollte der Beschuldigte die Verletztenansprüche ernsthaft bestreiten. In dieser Konstellation fällt die tatsächliche oder rechtliche Beurteilung der Forderung nicht eindeutig aus. Diese Zweifel am Bestand der den Eröffnungsgrund bildenden Forderung gehen zu Lasten des Gläubigers, der auf den Rechtsweg vor den Fachgerichten zu verweisen ist.[560] Zwar liegt der Entscheidung des BGH zugrunde, dass der Eröffnungsgrund aus einer einzigen bestrittenen Forderung abgeleitet werden sollte,[561] während die Staatsanwaltschaft ihren Antrag auf eine Vielzahl von Verletztenansprüche stützt. Die Entscheidung müsste also zunächst auf die dem Antragsrecht der Staatsanwaltschaft zugrundeliegende Konstellation übertragbar sein. Insoweit ist maßgeblich, dass die Staatsanwaltschaft den Antrag auf Eröffnung des Insolvenzverfahrens als Gläubigerin aus eigenem Recht, dem staatlichen Einziehungsanspruch aus den §§ 73, 73c StGB, stellt.[562] Bestreitet der Beschuldigte also das Bestehen dieses staatlichen Einziehungsanspruchs, so bestreitet er ebenfalls die einzige Forderung, mit der der Eröffnungsgrund begründet werden soll. Mithin ist die Rechtsprechung des BGH auf die Konstellation des Bestreitens der Verletztenansprüche übertragbar.

Auch in der Sache überzeugt die Argumentation des BGH, den Gläubiger auf den Rechtsweg vor die Fachgerichte zu verweisen, da dieser mit der Glaubhaftmachung seiner Forderung gescheitert ist.[563] Darüber hinaus obliegt die Klärung von Zweifelsfragen den zuständigen Fachgerichten, da nur diese über die notwendige Sachkunde verfügen. Schließlich unterliegt das Eröffnungsverfahren

---

558 Vgl. BAG, Urt. v. 11.01.1989 – 5 AZR 42/88. Rn. 27, welches jedoch materiell-rechtliche Fragen wegen des noch laufenden Insolvenzverfahrens und der damit entgegenstehenden formellen Rechtskraft des Eröffnungsbeschlusses nicht geprüft hat.

559 Der Insolvenzantrag ist nur dann ausnahmsweise unzulässig, wenn die Forderung zweifelsfrei vollständig dinglich gesichert ist: BGH, Beschl. v. 29.11.2007 – IX ZB 12/07.

560 BGH, Beschl. v. 29.03.2007 – IX ZB 141/06.

561 BGH, Beschl. v. 14.12.2005 – IX ZB 207/04.

562 BT-Drucks. 18/11640, S. 86.

563 *Laumen/Vallander*, NZI 2016, S. 609, 613.

besonderer Eilbedürftigkeit, welcher nicht genüge getragen würde, wenn das Bestehen der angemeldeten Verletztenansprüche zunächst im Rahmen einer umfangreichen Beweisaufnahme geprüft werden müsste.

4. Unschuldsvermutung

Die vorstehenden Ausführungen haben aufgezeigt, dass die Staatsanwaltschaft im Zeitpunkt der Anklageerhebung ihren Antrag auf Eröffnung des Insolvenzverfahrens auf vermeintliche Forderungen von vermeintlichen Straftatgeschädigten stützt. Es wurde noch nicht rechtskräftig festgestellt, dass die angemeldeten Forderungen überhaupt bestehen. Gleichwohl soll die Staatsanwaltschaft einen Antrag stellen, der – sofern diesem durch das Insolvenzgericht entsprochen wird – geeignet ist, unwiderrufliche Fakten zu schaffen. Mithin ist die (gewünschte) Folge des Insolvenzantrags eine Maßnahme mit endgültigem Charakter. Dies steht im Widerspruch zur rechtsstaatlich garantierten Unschuldsvermutung aus Art. 6 Abs. 2 EMRK. Denn die Unschuldsvermutung gebietet es, dass jemand solange als unschuldig behandelt wird, bis ihm seine Schuld in einem gesetzlich geregelten Verfahren nachgewiesen wurde.[564] Mit anderen Worten wird jedem das Recht garantiert, nicht als einer Straftat schuldig bezichtigt oder behandelt zu werden, bevor seine Schuld nicht gerichtlich festgestellt wurde.[565] Daher ist die Unschuldsvermutung u.a. dann verletzt, wenn Erklärungen oder Entscheidungen den Eindruck erwecken, der Beschuldigte sei schuldig oder die Beurteilung des zuständigen Richters werde vorweggenommen.[566] Hieraus folgt, dass Maßnahmen, die den vollen Nachweis der Schuld erfordern, nicht getroffen werden dürfen, bevor dieser erbracht ist.[567] Aus diesem Grund sind auch vorläufige Maßnahmen wie die Untersuchungshaft oder die Überwachung des Fernmeldeverkehrs nur zulässig, da sie lediglich temporär aufrechterhalten werden und das nur so lange, wie hierfür ein Grund gegeben ist. Der volle Nachweis der Schuld ist gerade nicht erforderlich, da diese Maßnahmen erst die Klärung des Tatvorwurfs bezwecken.[568] Daraus folgt, dass die Unschuldsvermutung die Beurteilung des Verdachtsgrades einer strafbaren Handlung nicht verwehrt.[569]

---

564 *Schmitt*, in: Meyer-Goßner, Art. 6 EMRK, Rn. 12.
565 EGMR, Urt. v. 30.03.2010 – 44418/07.
566 EGMR, Urt. v. 30.03.2010 – 44418/07.
567 *Schmitt*, in: Meyer-Goßner, Art. 6 EMRK, Rn. 12.
568 *Schmitt*, in: Meyer-Goßner, Art. 6 EMRK, Rn. 14.
569 BVerfG, Beschl. v. 29.05.1990 – 2 BvR 254/88, Rn. 35.

Dies vorangestellt verstößt der Antrag der Staatsanwaltschaft auf Eröffnung des Insolvenzverfahrens vor rechtskräftigem Abschluss des Strafverfahrens gegen die Unschuldsvermutung. Dabei streitet die Unschuldsvermutung für den Beschuldigten, da es sich bei dem Insolvenzantrag der Staatsanwaltschaft um eine strafrechtliche Maßnahme handelt. Dies ergibt sich aus der Verortung der Norm im achten Abschnitt der Strafprozessordnung über Ermittlungsmaßnahmen, §§ 94 ff. StPO.

Obwohl in den §§ 111a ff. StPO vorläufige Ermittlungsmaßnahmen geregelt sind, handelt es sich bei dem Insolvenzantrag nicht um eine solche. Denn der Insolvenzantrag dient weder der Klärung des Tatvorwurfs, noch erfolgt dieser unter Berücksichtigung eines Verdachtsgrades. Sicherlich bezweckt das Antragsrecht auch die Sicherung der – noch nicht rechtskräftig festgestellten – Verletztenansprüche. Vordergründig dient es aber der quotalen Befriedigung der (angeblichen) Verletzten vor rechtskräftigem Abschluss des Strafverfahrens. Darüber hinaus setzt das Antragsrecht lediglich voraus, dass ein „Mangelfall" durch die Staatsanwaltschaft festgestellt und der Antrag nicht offensichtlich unzulässig ist. Das Antragsrecht wird also gerade nicht vom Vorliegen eines Verdachtsgrad abhängig gemacht.

Das Antragsrecht ist vielmehr eine Maßnahme, die den vollen Nachweis der Schuld erfordert, da es die Schuld impliziert. Denn nur, wenn die angemeldeten Forderungen auch bestehen, sind diese geeignet, den Nachweis der Zahlungsunfähigkeit des Schuldners zu erbringen. Indem die Staatsanwaltschaft ihren Antrag durch die angemeldeten Entschädigungsansprüche der Verletzten glaubhaft macht, stellt sie gegenüber dem Insolvenzgericht die Behauptung auf, diese Ansprüche würden tatsächlich bestehen. Die Entschädigungsansprüche bestehen allerdings erst dann, wenn dem Beschuldigten seine Schuld rechtskräftig nachgewiesen wurde; es sei denn, ein Verletzter hat bereits einen zivilrechtlichen Titel gegen diesen erwirkt. Aber auch dann besteht keine strafrechtliche Zahlungsverpflichtung des Beschuldigten aus § 459h StPO, sondern aufgrund zivilrechtlichem Schadensersatz. Da also im Zeitpunkt der Antragstellung vor rechtskräftigem Abschluss des Strafverfahrens die Schuld des Beschuldigten noch nicht rechtskräftig festgestellt wurde, verstößt der Insolvenzantrag der Staatsanwaltschaft gegen die Unschuldsvermutung aus Art. 6 Abs. 2 EMRK.

5. *Amtshaftung der Staatsanwaltschaft*

Stellt die Staatsanwaltschaft den Antrag auf Eröffnung des Insolvenzverfahrens bei Anklageerhebung, so vergehen – insbesondere bei Verfahren vor den Wirtschaftskammern – häufig mehrere Jahre bis ein erstinstanzliches Strafurteil gefällt wird.[570] Bis zum rechtskräftigen Verfahrensabschluss können nochmals weitere Jahre ins Land ziehen. Demgegenüber ist das Insolvenzverfahren ein Eilverfahren, welches auf die rasche Befriedigung der Gläubiger angelegt ist.[571] Zwar gelten grundsätzlich gemäß § 4 InsO die Vorschriften der ZPO entsprechend. Aufgrund der besonderen Eilbedürftigkeit des Insolvenzverfahrens finden jedoch die Vorschriften über Aussetzung, Unterbrechung und Ruhen des Verfahrens (§§ 148 ff., 239 ff. ZPO) keine Anwendung.[572] Mithin kann das Insolvenzverfahren bis zum rechtskräftigen Abschluss des Strafverfahrens nicht ausgesetzt, zum Ruhen gebracht oder einstweilen eingestellt werden. Diese Konfliktsituation führt unweigerlich zu der Frage: Was passiert, wenn das Insolvenzverfahren eröffnet, möglicherweise bereits abgeschlossen wurde und Jahre später ein Freispruch oder ein wesentlicher Teilfreispruch erfolgt?[573]

Diese Unabwägbarkeit hat der Gesetzgeber ebenfalls ausgemacht, sieht die Staatsanwaltschaft aber keiner Gefahr von Amtshaftungsansprüchen ausgesetzt, da die materielle Entscheidung über die Eröffnung des Insolvenzverfahrens durch das Insolvenzgericht getroffen werde.[574] Dies ist zwar dem Grunde nach zutreffend; das Insolvenzgericht trifft die Entscheidung über die Verfahrenseröffnung.[575] Trotzdem kann eine Haftung der Staatsanwaltschaft – wie sich nachfolgend herausstellen wird – für einen amtspflichtwidrigen Eröffnungsantrag nicht pauschal verneint werden.

Zwar stehen dem Schuldner wegen einer objektiv rechtswidrigen Verfahrenseröffnung keine Entschädigungsansprüche nach den Grundsätzen über enteignungsgleiche Eingriffe zu. Denn die Nachteile, die der Schuldner aufgrund der

570 BGH, Urt. v. 02.12.2005 – 5 StR 119/05, Rn. 46.

571 BGH, Beschl. v. 27.07.2006 – IX ZB 15/06, Rn. 5; BGH, Beschl. v. 29.03.2007 – IX ZB 141/06, Rn. 12.

572 *Ganter/Bruns*, in: MüKo InsO, § 4, Rn. 15; *Sternal*, in: HK InsO, § 4, Rn. 26.

573 *Köllner/Cyrus/Mück*, NZI 2016, S. 329, 334.

574 BT-Drucks. 18/9525, S. 80.

575 Grundsätzlich ist der Richter durch das sog. „Spruchrichterprivileg" des § 839 Abs. 2 Satz 1 BGB geschützt. Dieses findet jedoch im Falle der rechtswidrigen Eröffnungsentscheidung keine Anwendung, da es sich bei dieser nicht um ein „Urteil in einer Rechtssache" handelt. Der Eröffnungsbeschluss ist keine „urteilsvertretende" Entscheidung, sondern Teil eines Vollstreckungsverfahrens: BGH, Urt. v. 02.04.1959 – III ZR 25/58. Dem Richter kann aber außerhalb des Anwendungsbereichs des „Spruchrichterprivilegs" nur dann ein Schuldvorwurf gemacht werden, wenn seine amtspflichtswidrige Entscheidung auf einem besonders groben Verstoß (Vorsatz oder grobe Fahrlässigkeit) beruht; dies folgt aus dem Verfassungsgrundsatz der richterlichen Unabhängigkeit: BGH, Urt. v. 05.10.2006 – III ZR 283/05, Rn. 19.

rechtswidrigen Verfahrenseröffnung erleidet, werden ihm nicht als Sonderopfer im Interesse der Allgemeinheit auferlegt, sondern dienen der Durchsetzung individueller Gläubigeransprüche unter staatlicher Mithilfe.[576] Entgegen der Gesetzesbegründung dürfte sich die Staatsanwaltschaft in vorstehender Konstellation aber Amtshaftungsansprüchen ausgesetzt sehen. Dies zeigt ein Vergleich zur Amtspflichtverletzung bei pflichtwidriger Anklageerhebung. Auch in diesem Fall ist es nicht die Staatsanwaltschaft, die über die Eröffnung des Hauptverfahrens entscheidet, sondern das zuständige Strafgericht nach erneuter Prüfung des hinreichenden Tatverdachts, § 199 Abs. 1 StPO. Trotzdem trifft die Staatsanwaltschaft die Amtspflicht, keine gesetzlich unzulässige Anklage zu erheben. Zwar werden im Amtshaftungsprozess bestimmte Maßnahmen der Staatsanwaltschaft[577] nicht auf ihre Richtigkeit, sondern nur auf ihre Vertretbarkeit hin überprüft.[578] Eine Maßnahme ist aber dann unvertretbar, wenn bei voller Würdigung aller Umstände die Einleitung der Ermittlungen gegen den Beschuldigten nicht mehr verständlich ist.[579] Steht nach dieser Würdigung die Unvertretbarkeit der Anklageerhebung fest, ist der dem Beschuldigten durch die pflichtwidrige Anklageerhebung entstandene Schaden vom Schutzzweck der Amtspflicht umfasst.

Aus dem Vorstehenden lässt sich ableiten, dass die Staatsanwaltschaft ebenfalls keinen gesetzlich unzulässigen Antrag auf Eröffnung des Insolvenzverfahrens stellen darf. Gestützt wird diese Ansicht im Übrigen auch durch § 111i Abs. 2 Satz 2 StPO. Demnach muss die Staatsanwaltschaft von der Stellung eines Eröffnungsantrags absehen, wenn begründete Zweifel daran bestehen, dass das Insolvenzverfahren aufgrund des Antrags eröffnet wird. Begründete Zweifel bestehen zum einen, wenn die sichergestellten Vermögenswerte nicht zur Deckung der Verfahrenskosten ausreichen.[580] Zum anderen aber auch dann, wenn die Strafbarkeit des Beschuldigten eben nicht mit hinreichender Sicherheit feststeht und daher mit einem späteren Freispruch zu rechnen ist.

Ob der Eröffnungsantrag amtspflichtwidrig war, setzt zwar eine Einzelfallabwägung voraussetzt, zeigt aber gleichzeitig auf, dass ein pauschaler Ausschluss der Amtshaftung der Staatsanwaltschaft mit Verweis auf die Entscheidungsfindung durch das Insolvenzgericht unzutreffend ist. Dem steht auch nicht

---

576 BGH, Urt. v. 02.04.1959 – III ZR 25/58.

577 Hierzu zählen die Maßnahmen gem. §§ 152 Abs. 2, 170 Abs. 1 StPO: vgl. BGH, Urt. v. 18.05.2000 – III ZR 180/99; BGH, Urt. v. 21.04.1988 – III ZR 255/86.

578 BGH, Urt. v. 18.05.2000 – III ZR 180/99, Rn. 10.

579 BGH, Urt. v. 21.04.1988 – III ZR 255/86, Rn. 23.

580 BT-Drucks. 18/9525, S. 79.

entgegen, dass der BGH in einer Grundsatzentscheidung Schadensersatzansprüche aus § 823 BGB wegen eines fahrlässig unberechtigten Insolvenzantrages verneint hat.[581] So haftet ein Gläubiger, der fälschlicherweise von der Zahlungsunfähigkeit des Schuldners ausgeht, grundsätzlich nicht für die Schäden, die dem Schuldner durch das Insolvenzverfahren entstehen. Einzige Ausnahme bleibt § 826 BGB, wenn der Gläubiger den Insolvenzantrag unter dem Vorsatz sittenwidriger Schädigung stellt.[582] Die Haftung der Staatsanwaltschaft ergibt sich jedoch aus dem Vorwurf des hoheitlichen Unrechts, also für die rechtswidrige Ausübung öffentlicher Gewalt und des amtspflichtwidrigen Verhaltens.[583] Die Schadensersatzverpflichtung folgt also der Sondernorm des § 839 BGB. Der fahrlässig handelnde private Gläubiger bedient sich hingegen eines staatlichen, gesetzlich eingerichteten und geregelten (Insolvenz-)Verfahrens und greift daher nicht rechtswidrig in den gerade durch das Verfahren geschützten Rechtskreis des Beschuldigten ein.[584] Darüber hinaus hat der private Gläubiger im Gegensatz zur Staatsanwaltschaft häufig keine umfassende Einsicht in die Vermögensverhältnisse seines Schuldners.[585]

Welche konkreten Schäden über § 839 BGB erstattungsfähig sind, hängt sodann vom Schutzzweck der Amtspflicht ab. Hinsichtlich der gesetzlich unzulässigen Anklageerhebung fällt darunter die Vermeidung von Vermögensschäden, wie sie erfahrungsgemäß mit der Eröffnung des Hauptverfahrens einhergehen.[586] Mithin ist von § 839 BGB auch der Vermögensschaden erfasst, der erfahrungsgemäß mit der Eröffnung des Insolvenzverfahrens einhergeht. Dies kann insbesondere eine mit Verfahrenseröffnung einhergehende Stigmatisierung des Beschuldigten sein. Denn dieser verliert nicht nur die Verfügungsgewalt über sein Vermögen, sondern auch seine eventuell beruflich benötigte Kreditwürdigkeit. Die Wirkungen, die von einem im Nachhinein unzulässigen Insolvenzverfahren für den später Freigesprochenen ausgehen, sind daher besonders einschneidend und können erhebliche Schadenssummen begründen.

Zur Lösung dieser Amtshaftungsproblematik könnte die Aussetzung des Eröffnungsverfahrens bis zum rechtskräftigen Abschluss des Strafverfahrens

581 BGH, Urt. v. 03.10.1961 – VI ZR 242/60.

582 *Rein*, NJW-Spezial 2013, S. 213, 214.

583 *Heidenhain*, Amtshaftung und Entschädigung aus enteignungsgleichem Eingriff, S. 13; *Bender*, Staatshaftungsrecht, Rn. 1.

584 BGH, Urt. v. 03.10.1961 – VI ZR 242/60, Rn. 8.

585 *Rein*, NJW-Spezial 2013, S. 213.

586 BGH, Urt. v. 18.05.2000 – III ZR 180/99, Rn. 28.

beitragen.[587] Demnach wird über den Insolvenzantrag erst entschieden, wenn die den Ansprüchen der Verletzten zugrundeliegende Straftat durch das Strafgericht rechtskräftig festgestellt wurde. Die Gefahr eines späteren Freispruchs und das damit einhergehende Haftungsrisiko der Staatsanwaltschaft bestehen nicht mehr. Eine Aussetzung ist jedoch abzulehnen, da ein solches Institut der grundsätzlichen Systematik des Insolvenzverfahrens als Eilverfahren widerspricht. Im Übrigen würden sich Folgeprobleme ergeben: Erlangt der Beschuldigte in der Zeit der Aussetzung die Verfügungsgewalt über sein Vermögen wieder? Wie könnte der Gefahr einer zwischenzeitlichen Schmälerung der Insolvenzmasse durch den Beschuldigten entgegengetreten werden?[588] Die Aussetzung des Eröffnungsverfahrens bis zum rechtskräftigen Abschluss des Strafverfahrens ist daher abzulehnen.

In Betracht kommt des Weiteren die Antragstellung erst nach rechtskräftigem Abschluss des Strafverfahrens zuzulassen. Auch dann besteht die Gefahr eines späteren Freispruchs im Zeitpunkt der Antragstellung nicht mehr. Dem steht aber die drohende Insolvenzfestigkeit zwischenzeitlicher Vollstreckungsmaßnahmen entgegen. Denn je später der Antrag gestellt wird, desto später beginnen auch die Anfechtungsfristen zu laufen. Es sollten also berechtigte Anfechtungen nicht durch Zeitablauf erschwert oder verhindert werden.[589]

Mit Blick auf die Rechtsstellung des Beschuldigten ist eine Abkehr vom Antragsrecht der Staatsanwaltschaft geboten. Eine für den Beschuldigten weniger einschneidende und die Opferschutzinteressen wahrende Möglichkeit liegt darin, der Staatsanwaltschaft eine Hinweispflicht aufzuerlegen, sollte diese einen Mangelfall feststellen. Diese Hinweispflicht ist in der MiStra[590] zu regeln und sieht vor, dass die Staatsanwaltschaft die Verletzten vom Vorliegen des Mangelfalls unterrichtet.[591] Es obläge den Verletzten sodann einen eigenen Antrag auf Eröffnung des Insolvenzverfahrens zustellen. Mithin würde die Staatsanwaltschaft keine eine Amtshaftung begründende Maßnahme mehr treffen und sich so auch keinem Haftungsrisiko aussetzen.

---

587 *DAV*, Stellungnahme, S. 32.

588 *Bittmann*, NZWiSt 2016, S. 131, 138.

589 *DAV*, Stellungnahme, S. 32.

590 Die Verordnung regelt die Mitteilungspflichten von Gerichten und Staatsanwaltschaften in Strafsachen. Zweck der MiStra ist es, Sachverhalte, die innerhalb eines Strafverfahrens bekannt werden und Anlass für behördliches Handeln im außerstrafrechtlichen Bereich bieten, an die zuständigen Behörden weiterzuleiten; *Coen*, in: BeckOK StPO 32. Edition, Stand: 01.01.2019, MiStra 1 Grundsatz, Rn. 1.

591 *DAV*, Stellungnahme, S. 31.

6. *Insolvenzantrag als Druckmittel*

Nicht ganz fernliegend ist die Möglichkeit, dass die Staatsanwaltschaft ihr Insolvenzantragsrecht im Hinblick auf die Folgen eines Insolvenzverfahrens gegenüber dem Beschuldigten als Druckmittel einsetzen könnte. So könnte die Staatsanwaltschaft Druck auf den Beschuldigten ausüben, um diesen beispielsweise zu einem Geständnis zu bewegen. Möglich wäre auch, dass die Staatsanwaltschaft versucht, sollte sich der Beschuldigte schweigend verteidigen, durch die Mitwirkungspflichten des § 97 InsO, denen der Beschuldigte im Eröffnungsverfahren unterliegt, weitere strafrelevante Erkenntnisse zu erlangen.

Die Gefahr eines Druckantrags stellt sich nach den vorstehenden Ausführungen jedoch nicht. Der Staatsanwaltschaft mangelt es in diesem Fall bereits gemäß § 14 InsO am notwendigen Rechtsschutzinteresse. Dieses fehlt nämlich immer dann, wenn mit dem Insolvenzantrag ein nicht „schutzwürdiger verfahrensfremder Zweck verfolgt wird."[592] Daher ist auch der Einsatz des Insolvenzantrages als Druckmittel, um den Schuldner zur zumindest teilweisen Tilgung der mit dem Insolvenzantrag geltend gemacht Forderungen zu drängen, rechtsmissbräuchlich.[593] Der Einsatz des Insolvenzantrages, einzig um den Beschuldigten zu einem Geständnis zu bewegen, stellt genau einen solchen verfahrensfremden Zweck dar.

Darüber hinaus ist auch die praktische Bedeutung gering. Denn für den Fall, dass der Beschuldigte sich unter dem Druck eines staatsanwaltschaftlichen Insolvenzantrages geständig einlässt und tatsächlich ein „Mangelfall" vorliegt, ist das Ermessen der Staatsanwaltschaft zur Antragstellung auf Null reduziert.[594] Eine mögliche Absprache, dass die Staatsanwaltschaft bei der geständigen Einlassung auf die Beantragung des Insolvenzverfahrens verzichte, ist damit ausgeschlossen; der Beschuldigte hätte also nichts gewonnen. Liegt indes kein „Mangelfall" vor, so darf die Staatsanwaltschaft erst gar keinen Antrag stellen. Denn zum einen ist sie laut der Gesetzesbegründung verpflichtet, keine offensichtlich unzulässigen Anträge zu stellen[595] und zum anderen sähe sich die Staatsanwaltschaft Amtshaftungsansprüchen ausgesetzt. Da die staatsanwaltschaftliche Amtspflicht zur Antragstellung mit dem tatsächlichen Vorliegen des „Mangelfalls" steht und

---

592 *Vuia*, in: MüKo InsO, § 14, Rn. 29.

593 AG Duisburg, Beschl. v. 18.11.2002 - 62 IN 171/02; AG Hamburg, Beschl. v. 27.11.2991 - 67b IN 233/01; *Linker*, in: Hamburger Kommentar InsO, § 14, Rn. 53; *Sternal*, in: HK InsO, § 14, Rn. 34.

594 BT-Drucks. 18/9525, S. 79.

595 BT-Drucks. 18/9525, S. 79.

fällt, muss der Beschuldigte keine Verschlechterung seiner Rechtsstellung fürchten, sollte die Staatsanwaltschaft mit dem Insolvenzantrag drohen.

III. Ergebnis

Der Gesetzgeber verfolgt durch die insolvenzfeste Ausgestaltung der strafprozessualen Sicherungsmaßnahmen das Ziel der Stärkung des Opferschutzes durch bevorzugte insolvenzrechtliche Befriedigung der Straftatgeschädigten. Dies verstößt gegen den insolvenzrechtlichen Grundsatz der Gläubigergleichbehandlung. Es ist zwar aus Opferschutzgesichtspunkten begrüßenswert, den Erlös im Umfang der strafprozessual sichergestellten Vermögenswerte auch im Insolvenzverfahren ausschließlich zwischen den Verletzten zu verteilen. Dem Insolvenzrecht ist eine privilegierte Gruppe der „Straftatgeschädigten" jedoch fremd. Gläubiger mit deliktischen Forderungen werden nur über § 302 InsO geschützt, indem ihre deliktischen Forderungen der Restschuldbefreiung nicht unterliegen. Der Gesetzgeber schafft also eine systemwidrige Sondermasse und zwingt den ungesicherten Allgemeingläubigern dadurch ein ungerechtfertigtes Sonderopfer auf.

Aus welchem Grund nun der durch eine Straftat geschädigte Gläubiger gegenüber sonstigen Gläubigern schutzwürdiger sei, konnte weder dem Gesetz noch der Gesetzesbegründung entnommen werden. Der Gesetzgeber deutet allenfalls an, dass Vermögensschädigungen durch Straftaten aufgrund ihrer besonderen Eingriffsintensität zu privilegieren seien.[596] Auch die Argumentation, dass die Straftatgeschädigten im Gegensatz zu einem Allgemeingläubiger schutzwürdiger seien, da diese in deliktischer Hinsicht willensbeeinträchtigend einen Vermögensschaden erlitten haben, vermag nicht zu überzeugen.[597] Denn den sonstigen Gläubigern des Beschuldigten dürfte diese Unterscheidung kaum einleuchten, da auch diese Gläubiger sich betrogen fühlen.[598] Daher darf nicht allein im Rahmen der Reform der strafrechtlichen Vermögensabschöpfung – erst recht nicht beim Fehlen einer hinreichenden Begründung – über einen derart tiefgreifenden Eingriff in die Verteilungsregeln der Insolvenzordnung entschieden werden.[599]

Auch die angestrebte Harmonisierung des Strafprozessrechts mit dem Insolvenzrecht gelingt dem Gesetzgeber nicht. Zwar stellt der Gesetzgeber zutreffend

596 *Bremen*, Stellungnahme, S. 4.
597 *DAV*, Stellungnahme, S. 27.
598 *Bremen*, Stellungnahme, S. 4.
599 *WisteV*, Stellungnahme, S. 11.

fest, dass es hierfür ein dringendes praktisches Bedürfnis gibt. Allerdings wird eine Harmonisierung nicht durch eine insolvenzfeste Ausgestaltung der strafprozessualen Sicherungsmaßnahmen erreicht, sondern systematisch am besten dadurch, dass die strafrechtlichen Regelungen im Kollisionsfall relativ unwirksam sind.[600] Dieses Konzept der relativen Unwirksamkeit im Kollisionsfall verzichtet auf komplexe und die insolvenzrechtlichen Grundsätze unangemessen einschränkende Regelungen und entspricht sowohl dem Grundsatz der Einheit der Rechtsordnung als auch dem Gläubigergleichbehandlungsgrundsatz. Folge der relativen Unwirksamkeit ist, dass die strafprozessualen Sicherungsmaßnahmen mit Beendigung des Insolvenzverfahrens wiederaufleben, soweit nach der Schlussverteilung eine überschüssige Insolvenzmasse verbleibt, und damit den staatlichen Einziehungsanspruch sichern; so wird auch dem Grundsatz „Straftaten dürfen sich nicht lohnen" entsprochen.

Der Gesetzgeber sollte daher aus den aufgezeigten Gründen von dem Insolvenzantragsrecht der Staatsanwaltschaft wieder absehen. Allerdings ist im Interesses einer verteilungsgerechten und anwendungsfreundlichen Opferentschädigung der insolvenzrechtliche Gläubigergleichbehandlungsgrundsatz auf das Entschädigungsverfahren zu übertragen. Dem Grundsatz der Gläubigergleichbehandlung entsprechend ist sodann auch beim Vorliegen eines „Mangelfalls" eine gleichmäßige quotale Entschädigung der Verletzten vorzunehmen. Auf diese Weise wird eine verteilungsgerechte Entschädigung unter Abkehr vom Prioritätsprinzip gewährleistet. Begehrt der Verletzte darüberhinausgehende Befriedigung, ist dieser auf den Zivilrechtsweg zu verweisen. Dies steht im Einklang mit dem repressiven Charakter des Strafrechts als Reaktion auf das gesetzlich missbilligte Verhalten des Beschuldigten. Das Strafrecht kann als ultima ratio nicht der vollständigen Durchsetzung originär zivilrechtlicher Ansprüche dienen. Daher finden sich die strafrechtlichen Grenzen des vermögensabschöpfungsrechtlichen Opferschutzes in dem Grundsatz „Straftaten dürfen sich nicht lohnen" und der anschließenden Verteilungshilfe.

Eines Insolvenzantrags der Staatsanwaltschaft bedarf es unter Berücksichtigung einer gleichmäßigen quotalen Verteilung nicht. Im Übrigen ist das Antragsrechts auch konzeptionell ungeeignet eine Verfahrenseröffnung zu bewirken. Der Staatsanwaltschaft wird es in den seltensten Fällen gelingen, den Nachweis des Vorliegens eines Insolvenzgrundes zu führen. Darüber hinaus dürfte das Insolvenzgericht die Verfahrenseröffnung im Regelfall mangels Masse ablehnen. Sollte das Insolvenzgericht das Verfahren hingegen

600 Dafür sprechen sich auch aus: *Bittmann*, KriPoz 2016, S. 8; *Frind*, NZI 2016, S. 674, 678.

ausnahmsweise eröffnen, so werden zunächst die Verfahrenskosten von der Insolvenzmasse in Abzug gebracht. Erst danach erfolgt die Verteilung der übrigen Masse an die Gläubiger. Das Insolvenzverfahren produziert also auch noch vermeidbare Kosten und schmälert die sichergestellte Vermögensmasse.

E. Stellung der Geschädigten

Die Stellung des Straftatverletzten im Rahmen der Vermögensabschöpfung unterliegt einer gänzlichen Überholung. Insoweit sorgt die Reform für einen radikalen Schnitt. Die Entschädigung des Verletzten wird aus dem Ermittlungsverfahren rückverlagert in das Strafvollstreckungsverfahren. Bis zum rechtskräftigen Abschluss des Strafverfahrens ist eine Befriedigung der Verletztenansprüche grundsätzlich nicht vorgesehen. Diese neue Grundkonzeption stößt im Schrifttum auf erhebliche Kritik. So wird bezweifelt, dass die Rechte der Verletzten gestärkt werden, vielmehr würden diese tatsächlich geschwächt.[601] Der Kern der Reform könnte mithin anstelle des erwarteten „großen Wurfs" aus Opferschutzgesichtspunkten zum Bumerang werden.

I. Befriedigung im Strafvollstreckungsverfahren

Indem der Gesetzgeber die Opfervorrangregelung des § 73 Abs. 1 Satz 2 StGB a.F. gestrichen und die „Rückgewinnungshilfe" aufgehoben hat, erfolgt die Befriedigung der Verletztenansprüche nunmehr im Anschluss an die Rechtskraft des Strafurteils in Form eines Verteilungsverfahrens. Dieses Entschädigungsmodell ist systematisch zutreffend in der StPO geregelt.[602]

Im Schrifttum wird das Entschädigungsverfahren als „Zivilprozess light" bezeichnet, da § 459h StPO trotz seiner systematischen Stellung in der StPO ausweislich der Gesetzesbegründung[603] eine „Anspruchsgrundlage" darstellt.[604] Diese Bezeichnung ist insbesondere vor dem Hintergrund zutreffend, als der Verletzte zur Geltendmachung seines Anspruchs die Tatsachen anzugeben hat, die seiner Einschätzung nach den Anspruch begründen und der Beschuldigte im Rahmen seiner Anhörung Einwendungen gegen diesen Anspruch erheben kann.

---

601 *BRAK*, Stellungnahme 39/2016, S. 3.

602 *Heger*, Stellungnahme, S. 4.

603 BT-Drucks. 18/9525, S. 95.

604 *Mansdörfer*, jM 2017, S. 5; so auch *Schulz-Merkel*, jurisPR-StrafR 16/2017, Anm. 2: der von einem „kleinen Zivilverfahren im Strafprozess" spricht.

Entgegen der gesetzgeberischen Intention, den Opferschutz zu stärken und das Strafverfahren von komplizierten und zeitraubenden zivilrechtlichen Fragestellungen zu befreien, sind es – wie sich im Folgenden zeigen wird – gerade diese Aspekte, die sowohl im Rahmen des Gesetzgebungsverfahrens als auch im Schrifttum Anlass zu erheblicher Kritik gegeben haben.

1. Streichung von § 73 Abs. 1 Satz 2 StGB a.F.

§ 73 Abs. 1 Satz 2 StGB a.F. wurde in Literatur und Rechtsprechung als „Totengräber des Verfalls" bezeichnet.[605] Hierdurch sollte zum Ausdruck gebracht werden, dass die Regelung ungeeignet war, einen effektiven Opferschutz zu gewährleisten. Der Gesetzgeber hat die Vorschrift nunmehr gestrichen; mit der Konsequenz, dass Vermögenswerte nunmehr selbst dann eingezogen werden können, wenn Ansprüche von Verletzten im Raum stehen.[606] Dies führt folgerichtig dazu, dass die Vorschriften über die „Rückgewinnungshilfe" und damit auch das Konzept des staatlichen Auffangrechtserwerbs wegfallen. Dem immanent und aus Verletztensicht problematisch ist aber, dass die Streichung des § 73 Abs. 1 Satz 2 StGB a.F. gleichzeitig die faktische Aufhebung der Subsidiarität des staatlichen Vermögenszugriffs nach sich zieht.[607] Isoliert betrachtet, ist bereits dieser Umstand für die Verletzten besonders gravierend, da der Staat unter Anwendung der reformierten vorläufigen Sicherungsmaßnahmen umfassenden Zugriff auf das Vermögen des Beschuldigten nimmt. Hierdurch wird dem Verletzten jegliche Haftungsmasse entzogen.[608] Plakativ gesprochen, war der § 73 Abs. 1 Satz 2 StGB a.F. der „Totengräber des Verfalls", dessen Streichung ist aber der „Totengräber des Opferschutzes". Denn durch das Überführen der Haftungsmasse in die behördliche Verfügungsgewalt können die Verletzten sich nur noch schadlos halten, indem sie – meist Jahre – auf den rechtskräftigen Abschluss des Strafverfahrens warten. Erst dann ist es ihnen möglich, im Strafvollstreckungsverfahren ihre Ansprüche geltend zu machen. Gerade bei großen Schadenssummen kann dieses Verfahren schnell existenzgefährdende Ausmaße annehmen.

---

605 BGH, Urt. v. 19.10.1999 – 5 StR 336/99, Rn. 52; *Eberbach*, NStZ 1987, S. 486, 491; *Joecks*, in: MüKo StGB, Vorbem. § 73, Rn. 35.

606 BT-Drucks. 18/9525, S. 47.

607 *Köllner/Mück*, NZI 2017, S. 593, 597; *BRAK*, Stellungnahme 39/2016, S. 3.

608 *Köllner/Mück*, NZI 2017, S. 593, 597.

2. *Art der Verteilung*

Die Verteilung der eingezogenen Vermögenswerte folgte nach altem Recht dem aus dem Zwangsvollstreckungsrecht stammenden Prioritätsprinzip. Insoweit hat sich der Gesetzgeber zu einem Paradigmenwechsel entschieden. Das bisherige System der Priorität wird aufgegeben und durch ein Insolvenzverfahren ersetzt, welches an eine vorherige Anmeldung aller Ansprüche und anschließende anteilige Befriedigung aller Gläubiger anknüpft. Dabei dürfte rein tatsächlich das Vorliegen eines „Mangelfalls" und die damit einhergehende Befriedigung im Insolvenzverfahren oder nach § 459m StPO zur Regel werden.[609] Vereinfacht ausgedrückt, sorgt das Insolvenzverfahren für Gleichbehandlung, während das Prioritätsprinzip denjenigen besserstellt, der sich aktiv um die Durchsetzung seiner Rechte bemüht und auf diese Weise mit einer vollständigen und womöglich zeitlich früheren Befriedigung seiner Ansprüche rechnen kann.

Mithin musste der Gesetzgeber zwei aus der Rechtsordnung stammende Grundprinzipien der Verteilung gegeneinander abwägen. Dies liegt im Bereich des gesetzgeberischen Handlungsspielraums,[610] verlangt aber eine stringente und klare Entscheidung für eines der beiden Grundprinzipien.

Zwar ist das Prioritätsprinzip das Leitbild der Einzelzwangsvollstreckung; gleichwohl ist es rechtspolitisch umstritten.[611] Die Mehrzahl der Stimmen im Schrifttum befürwortet das zwangsvollstreckungsrechtliche Prioritätsprinzip, da dieses auch das gesamte materielle Recht der dinglichen Verfügung durchzieht.[612] Des Weiteren ist das Prioritätsprinzip verfassungsrechtlich nicht zu beanstanden. Insbesondere liegt kein Verstoß gegen den Gleichheitsgrundsatz des Art. 3 Abs. 1 GG vor, da sich aus Art. 3 Abs. 1 GG keine Übertragung des Gebotes gleichwertiger prozessualer Stellung („Waffengleichheit") auf das Verhältnis der Vollstreckungsgläubiger vor dem Vollstreckungsorgan bzw. dem Staat als Träger des Vollstreckungsmonopols ableiten lässt. Mehr als gleiche Handlungsmacht im durch ihre Initiative einzuleitenden Vollstreckungsablauf können die Gläubiger nicht verlangen.[613]

---

609 Vgl. insoweit den Gliederungspunkt: Dritter Teil, D.II.

610 *Heger*, Stellungnahme, S. 5.

611 Die Diskussion darstellend: *Gaul*, ZZP 1999, S. 135, 153 ff.; das Prioritätsprinzip rechtfertigend: *Gaul/Schilken/Becker-Eberhard*, Zwangsvollstreckungsrecht, § 50, Rn. 83 ff.; hingegen kritisch: *Stürner*, ZZP 1986, S. 291, 322 ff.; das Prioritätsprinzip ablehnend: *Schlosser*, ZZP 1984, S. 121 ff.

612 *Knoche/Biersack*, NJW 2003, S. 476, 478.

613 *Gruber*, in: MüKo ZPO, § 804, Rn. 35; a.A.: *Schlosser*, ZZP 1984, S. 121 ff.

Demgegenüber wird der Gläubigergleichbehandlungsgrundsatz als „Auffangprinzip materieller Verteilungsgerechtigkeit" gesehen und ist in Abwesenheit anderer Verteilungsordnungen „der einzige verbleibende Verteilungsmaßstab, um Verteilungskonflikte zu bereinigen."[614] Die Anwendung dieser Auffangregel wird über Billigkeitsgesichtspunkte gerechtfertigt, um bestehende Verteilungskonflikte zu lösen.[615] Daher sei die Gläubigergleichbehandlung notwendig, um den sozialen Frieden zu sichern. Denn insoweit wird befürchtet, dass die Anwendung des Prioritätsprinzips einen Ansturm der Gläubiger auslöse und damit die Gefahr gemeinschaftlicher Konflikte schüre.[616]

Für die Anwendung des Gläubigergleichbehandlungsgrundsatzes spricht zunächst die Abwesenheit anderer Verteilungsprinzipen: Dem Strafrecht sind privatrechtliche Verteilungsregeln fremd. Zwar folgte die Entschädigung vormals dem Prioritätsprinzip, vollstreckt wurde aber gerade ein zivilrechtlicher Titel nach zivilrechtlichen Vollstreckungsgrundsätzen.[617] Nunmehr ist jedoch Grundlage der Entschädigung ein originärer strafrechtlicher Anspruch aus § 459h StPO.

Darüber hinaus ist der mit dem Gläubigergleichbehandlungsgrundsatz verfolgte Zweck der Billigkeit und der Sicherung des sozialen Friedens ein gewichtiges Argument. Dieser Zweck entspricht dem Ziel des Entschädigungsmodells, eine möglichst weitgehende und gleichmäßige Entschädigung aller Verletzten zu gewährleisten und die Opfer wieder so zu stellen, wie sie vor Begehung der Tat standen. Im Zuge dessen soll gerade kein Verletzter privilegiert, sondern durch „Waffengleichheit" der soziale Frieden wiederhergestellt werden. Dies ist folgerichtig, da die Verletzten eine (unfreiwillige) Haftungsgemeinschaft sind: Ihr Anspruch aus § 459m StPO beruht nicht auf einer privatautonom eingegangen vertraglichen Beziehung zum Schuldner, sondern ist deliktischen Ursprungs.

---

614 *Hoffmann*, Prioritätsgrundsatz und Gläubigergleichbehandlung, S. 208 f.

615 *Eismann*, der Bereicherungsanspruch im Insolvenzrecht, S. 132 f.; *Füßmann*, das Prinzip der Gläubigergleichbehandlung, S. 45; *Killinger*, Insolvenzanfechtung gegen Insider, S. 62; *Kröpelin*, die Massearme Insolvenz, S. 152; *Siebert*, das Prioritätsprinzip in der Einzelzwangsvollstreckung, S. 95; *Welbers*, Prioritätsprinzip und verfassungsrechtlicher Gleichheitssatz, S. 180.

616 *Eichberger*, die besondere Konkursanfechtung, S. 15; *Häsemeyer*, Insolvenzrecht, Rn. 2.01; *Jeremias*, Insolvenzaufrechnung, S. 115 f.; so auch *Pape*, in: Uhlenbruck InsO, § 1, Rn. 1.

617 BVerfG, Beschl. v. 17.11.2007 – 2 BvR 2231/07, Rn. 4; *Rogall*, in: SK StPO, § 111g, Rn. 16 m.w.N.

Würde man aber manche Opfer durch Anwendung des Prioritätsprinzips besserstellen, widerspräche diese Ungleichbehandlung dem sozialen Frieden.

Die Abkehr vom Prioritätsprinzip ist nach alldem argumentativ überzeugend. Der Gesetzgeber handelte im Rahmen des ihm zustehenden Ermessensspielraums, sodass der Paradigmenwechsel – isoliert betrachtet – zu einer erhöhten Verteilungsgerechtigkeit führt. Insbesondere wird auf diese Weise das sogenannte „Windhundrennen" vermieden, welches eines der erheblichsten Kritikpunkte an der „Rückgewinnungshilfe" darstellte.

Zu bemängeln ist jedoch, dass die Entscheidung des Gesetzgebers gegen das Prioritätsprinzip und für die Gläubigergleichbehandlung nicht stringent umgesetzt wurde. So folgt das Entschädigungsmodell zwar dem Gläubigergleichbehandlungsgrundsatz, allerdings macht der Gesetzgeber hiervon zwei Ausnahmen. So privilegiert zunächst der § 111h Abs. 2 Satz 2 StPO den Fiskus im Rahmen der Vollstreckung des Vermögensarrestes. Diese Regelung ist in ihrer konkreten Ausgestaltung abzulehnen, insbesondere weil der Gesetzgeber eine nachvollziehbare Begründung für die Notwendigkeit der Privilegierung des Fiskus' vermissen lässt.[618]

Darüber hinaus folgt die Entschädigung nach Versagung der Insolvenzeröffnung wieder dem Prioritätsprinzip, § 459m StPO. Es wird also derjenige Verletzte entschädigt, der seinen Anspruch zuerst mittels eines vorläufig vollstreckbaren Titels nachweist. Vor dem Hintergrund, dass im Regelfall nicht nur ein „Mangelfall" vorliegt, sondern auch die Eröffnung des Insolvenzverfahrens mangels Masse oder wegen Fehlens eines Eröffnungsgrundes vom Insolvenzgericht abgelehnt wird,[619] wird die Entschädigung nach § 459m StPO zum gesetzlichen Regelfall. Mithin bliebe es bei der faktischen Geltung des Prioritätsprinzips und dem Fortbestand des „Windhundrennens". Dies widerspricht den mit der Reform erstrebten gesetzgeberischen Zielen und ist daher abzulehnen.

Da die Befriedigung der originär zivilrechtlichen Opferansprüche im Strafvollstreckungsverfahren zum Regelfall werden soll, stellt sich bei einem mittellosen Opfer die Frage, ob diesem Prozesskostenhilfe zu gewähren ist.[620] Ein solches Bedürfnis ist wegen der gleichrangigen Entschädigung aller Opfer im Strafvollstreckungsverfahren nicht festzustellen. Denn auch der anwaltlich vertretene Verletzte, der seine Ansprüche möglicherweise zeitlich früher anmeldet, erlangt aufgrund der gleichrangigen Verteilung keinen rechtlichen Vorteil.

---

618 Vgl. insoweit den Gliederungspunkt: Dritter Teil, C.II.
619 Vgl. insoweit den Gliederungspunkt: Dritter Teil, D.II.3.
620 *Mansdörfer*, jM 2017, S. 122, 128.

Auch für den nicht rechtskundigen Verletzten ist die Glaubhaftmachung seines Entschädigungsanspruchs ohne anwaltliche Vertretung möglich. Die Staatsanwaltschaft informiert die Verletzten bereits bei der Mitteilung über die Rechtskraft der Einziehungsanordnung über ihren Entschädigungsanspruch und das anstehende Verteilungsverfahren, § 459i StPO. Da der Entschädigungsanspruch lediglich glaubhaft gemacht werden muss, ist für den juristischen Laien die Geltendmachung seines Anspruchs einfacher als bei einem zu erhebenden Strengbeweis. Insoweit bestehen also geringere Anforderungen an die Darlegungslast als in einem alternativ gegen den Schädiger zu führenden Zivilprozess.[621]

3. *Zeitpunkt der Entschädigung*

Die Entschädigung des Verletzten ist gemäß § 459h StPO erst nach Rechtskraft der Einziehungsanordnung zulässig. Voraussetzung ist also zumindest das Vorliegen eines erstinstanzlichen rechtskräftigen Strafurteils. Gerade in umfangreichen Wirtschaftsstrafverfahren vergehen häufig Jahre bis zum rechtskräftigen Abschluss des Verfahrens. Insbesondere wenn sich ein Berufungs- und/oder Revisionsverfahren anschließt. Darüber hinaus kann die Einziehungsanordnung gemäß § 422, 423 StPO von der Hauptsacheentscheidung abgetrennt werden, sodass auch insoweit eine weitere zeitliche Verzögerung zu erwarten ist. Der Verletzte steht mithin vor der Problematik, dass er mit einer Entschädigung erst nach Jahren rechnen kann. Dieser Umstand führt zu erheblichen Folgeproblemen, beginnend mit der Frage der Verjährung der zivilrechtlichen Ansprüche.

Da die Entschädigung erst nach Rechtskraft der Einziehungsanordnung erfolgt, drohen in umfangreichen Verfahren die zivilrechtlichen Ansprüche der Geschädigten zu verjähren.[622] Diese Problematik stellt sich insbesondere bei der Abtrennung der Einziehungsentscheidung gemäß den §§ 422, 423 StPO, da diese in der Regel erst sechs Monate nach Rechtskraft des Urteils nachgeholt werden soll. Mithin können zwischen der Tat, der vorläufigen Sicherung der Vermögenswerte und der Entschädigung Jahre liegen.[623] Insoweit ist zu befürchten, dass es zu einer Vielzahl an unbearbeiteten Nachverfahren kommt und die Entschädigung der Verletzten erst einige Zeit nach Abschluss der Hauptsacheentscheidung erfolgt.[624] Hier besteht die Gefahr, dass die regelmäßige dreijährige Verjährungsfrist gemäß den §§ 195, 199 Abs. 1 BGB bereits verstrichen ist und die Ansprüche

---

621 *DAV*, Stellungnahme, S. 35.

622 *Müller-Sartori*, WiJ 2016, S. 87, 88; *Köllner/Mück*, NZI 2017, S. 593, 597.

623 *Greier*, jurisPR 21/2016, Anm. 1.

624 *Köllner/Mück*, NZI 2017, S. 593, 597.

der Geschädigten zivilrechtlich nicht mehr durchsetzbar sind. Aber auch wenn der Verletzte im für ihn günstigsten, aber doch sehr unwahrscheinlichen Fall während des Strafverfahrens keine Kenntnis oder grobfahrlässige Unkenntnis von den anspruchsbegründenden Tatsachen hatte, legt § 199 Abs. 3 BGB die Verjährungshöchstfrist auf zehn Jahre seit Begehung der Tat fest.

Die Verjährungsproblematik führt dazu, dass Geschädigte in umfangreichen Verfahren gezwungen sind, ihre Ansprüche verjährungshemmend vor den Zivilgerichten geltend zu machen.[625] Dies steht einmal mehr im Widerspruch zu den erklärten Zielen des Gesetzgebers. Gleichwohl ist der Fiskus der „lachende Dritte".[626] Denn sind die Entschädigungsansprüche der Verletzten zivilrechtlich verjährt und erhebt der Einziehungsadressat im Rahmen seiner Anhörung die Verjährungseinrede, fallen die eingezogenen Vermögenswerte an den Staat.

Im Sinne des Opferschutzes stellt sich die Frage, ob der Problematik durch Einführung einer Vorschrift begegnet werden kann, die das Ruhen der zivilrechtlichen Verjährung für die Zeit der strafprozessualen Sicherung anordnet.[627] Eine solche Verjährungsvorschrift würde den Opfern zunächst den Druck nehmen, die Ansprüche allein wegen ihrer späteren Durchsetzbarkeit zivilrechtlich titulieren zu lassen. Zudem lässt sich der zivilrechtliche Normzweck des § 204 BGB heranführen, der den Gläubiger, der ein Verfahren mit dem Ziel einleitet seinen Anspruch förmlich durchzusetzen, davor schützen soll, dass der Anspruch während des Laufs dieses Verfahrens verjährt.[628] Wenn der Verletzte die Straftat zur Anzeige bringt und im Zuge des Strafverfahrens eine Entschädigung begehrt, ist die Interessenlage dieselbe. Auch er gedenkt die förmliche Durchsetzung seines Entschädigungsanspruchs, nur eben auf strafrechtlichem Wege. Von Bedeutung ist, dass die Verjährungshemmung alle aus der Straftat erwachsenen Ansprüche der Opfer umfasst, also an die Schädigungshandlung als solche anknüpft. Dies folgt aus dem Umstand, dass das Opfer zivilrechtlich nicht auf einen actus contrarius beschränkt ist. Vielmehr kann der Verletzte auch Folgeschäden[629] geltend machen.

Die Hemmungsvorschrift könnte entweder in § 459h StPO – die Norm stellt eine Anspruchsgrundlage dar[630] – oder in den Katalog des § 204 BGB

625 *Greier*, jurisPR 21/2016, Anm. 1.
626 *WisteV*, Stellungnahme, S. 9.
627 *WisteV*, Stellungnahme, S. 10.
628 *Grothe*, in: MüKo BGB, § 204, Rn. 2.
629 Hierunter fallen bspw. Sachbeschädigungen, Krankheitskosten, entgangener Gewinn oder die Kosten der Rechtsverfolgung.
630 *Mansdörfer*, jM 2017, S. 122, 127.

aufgenommen werden. Für eine Verortung in der Strafprozessordnung spricht, dass § 204 BGB nur an zivilrechtliche Rechtsverfolgungshandlungen anknüpft. Der Grund der Hemmnis liegt aber in der zeitlich aufwendigen strafrechtlichen Verfolgung. Für die Aufnahme in den Katalog des § 204 BGB spricht hingegen, dass die Hemmnis lediglich die Durchsetzbarkeit des zivilrechtlichen Anspruchs betrifft und der Täter im Rahmen seiner Anhörung zivilrechtliche Einwendungen und Einreden erhebt. Die Frage der Verjährung und ihrer Hemmung ist mithin eine des Zivilrechts, sodass § 204 BGB zu ändern ist. Des Weiteren spricht hierfür, dass gerade nicht nur der actus contrarius von der Hemmnis zu erfassen ist, sondern auch Folgeschäden und die Kosten der Rechtsverfolgung. Im Sinne des Opferschutzes ist in § 204 Abs. 1 BGB mithin folgende Nr. 15 aufzunehmen:

> *„[Die Verjährung wird gehemmt durch] die Einleitung eines Ermittlungsverfahrens der Staatsanwaltschaft, wenn der zugrundeliegende Anspruch auf einem Vermögensdelikt beruht."*

Des Weiteren müsste Absatz 4 eingeführt werden, der das Ende der Hemmnis nach rechtskräftigem Abschluss des Strafverfahrens regelt:

> *„Die Hemmung nach Absatz 1 Nr. 15 endet mit rechtskräftigem Abschluss des Strafverfahrens."*

Eine solche Verjährungsvorschrift schränkt den Fachrechtsschutz der Opfer auch nicht ein. Denn die Verjährungshemmung hat gerade nicht zur Folge, dass die Durchsetzbarkeit eines Anspruches für den Hemmungszeitraum ausgeschlossen ist.[631] Den Opfern bleibt es unbenommen, ihre zivilrechtlichen Ansprüche vor den Fachgerichten titulieren zulassen. Dies wäre nur dann nicht möglich, wenn die Verjährungsvorschrift derart ausgestaltet ist, dass sie eine Unterbrechung oder Aussetzung des Zivilverfahrens i.S.d. §§ 239 ff. ZPO zur Folge hat. Dies ist aber bei einem einfachen Hemmungstatbestand nicht der Fall.

Ebenfalls problematisch ist, dass ein Verletzter, für den der Eintritt eines finanziell notleidenden Falles absehbar ist, versuchen könnte, bei dem Beschuldigten aufgrund eines selbstständig erwirkten zivilrechtlichen Titels vor der Staatsanwaltschaft zu vollstrecken und alsdann erst den Sachverhalt zur Anzeige zu bringen. So bestünde die Möglichkeit sich vor den anderen Verletzten zu befriedigen.[632] Dies würde ein erneutes „Windhundrennen" zwischen den Verletzten bedeuten. Ein Umstand, der erklärtermaßen durch die Reform beseitigt werden sollte. Dem wird zwar entgegengehalten, dass für den Verzicht auf eine

631 A.A.: *WisteV*, Stellungnahme, S. 10.
632 *Köllner/Mück*, NZI 2017, S. 593, 597.

Strafanzeige kein Anreiz bestünde, da durch die staatsanwaltschaftlichen Sicherungsmaßnahmen eine größere Masse zur anschließenden Verteilung zur Verfügung stünde.[633] Dieses Argument ist aber nur bedingt valide. Denn dass eine größere Masse zur Verteilung durch die Staatsanwaltschaft gesichert wird, ist nur dann erheblich, wenn man mit der Prämisse herangeht, alle Verletzten zu befriedigen. Der vorher vollstreckende Verletzte hat aber gerade nur die Befriedigung seines eigenen Anspruchs im Blick. Darüber hinaus ist der zeitliche Faktor aus Verletztensicht ganz erheblich. Eine frühere, selbst durchgeführte Vollstreckung ist aus Verletztensicht unter Abwägung aller Umstände ratsam.

Über diese praktischen Unzulänglichkeiten hinaus ist es für den Verletzten unzumutbar, mit der Durchsetzung seiner Ansprüche de facto bis zur Rechtkraft des Strafurteils warten zu müssen.[634] Bis dahin ist dem Verletzten ein Zugriff auf die durch vorläufige Sicherungsmaßnahmen sichergestellten Vermögenswerte verwehrt. Dass weitere Vermögenswerte beim Beschuldigten verbleiben, ist ob des extensiven staatlichen Zugriffs nicht zu erwarten. Wurde dem Verletzten aber ein existenzgefährdender Schaden zugefügt, ist er auf eine zeitnahe Kompensation angewiesen. Daher steigt insbesondere in komplexen Fällen mit hohen Schadenssummen das Insolvenzrisiko. Damit gibt der Gesetzgeber dem Verletzten „Steine statt Brot".[635] Dies zeigt auf, dass es mit dem Ziel des Opferschutzes nur schwerlich in Einklang zu bringen ist, dass Verletzte erst nach Rechtskraft einer Einziehungsentscheidung entschädigt werden sollen.[636] Sicher, der Gesetzgeber untersagt nicht die Möglichkeit, Rechtsschutz vor den Fachgerichten zu suchen. Er entzieht dem Verletzten aber die sichergestellten Vermögenswerte vorübergehend als Vollstreckungsgrundlage. Mithin erschwert der Gesetzgeber den Opfern die Durchsetzung ihrer Ansprüche.[637] Dies ist der Preis für den Wegfall des Risikos, im „Windhundrennen" nicht als Erster zu vollstrecken.[638]

4. *Vorläufige Verteilung*

Das Entschädigungsmodell im Vollstreckungsverfahren erschwert den Opfern die Durchsetzung ihrer Ansprüche für einen erheblichen Zeitraum. Da Ziel der Gesetzesreform jedoch die Verbesserung des Opferschutzes war, ist die

633 *Bittmann*, NZWiSt 2016, S. 131, 136.
634 *BRAK*, Stellungnahme 15/2016, S. 13.
635 *BRAK*, Stellungnahme 15/2016, S. 13.
636 *Greier*, jurisPR 21/2016, Anm. 1.
637 *WisteV*, Stellungnahme, S. 9.
638 So wörtlich: *Müller-Sartori*, WiJ 2016, S. 87, 91.

Möglichkeit einer einstweiligen Verteilung ähnlich der zivilrechtlichen vorläufigen Vollstreckbarkeit in Betracht zu ziehen.[639] Diesem Ansatz steht zunächst der sich aus § 449 StPO ergebende strafvollstreckungsrechtliche Grundsatz der Rechtskraft als Voraussetzung der Vollstreckbarkeit entgegen.[640] Die Vorschrift trägt der Unschuldsvermutung Rechnung.[641] Mithin ist der Strafprozessordnung ein Institut ähnlich der vorläufigen Vollstreckbarkeit der Zivilprozessordnung grundsätzlich fremd.[642]

Zu beachten ist jedoch, dass sich der vollstreckungsrechtliche Grundsatz des § 449 StPO ausschließlich auf strafrechtliche Entscheidungen bezieht. Im Rahmen der einstweiligen Verteilung wird jedoch eine zivilrechtliche Entscheidung vollstreckt, indem auf die strafprozessual sichergestellten Vermögenswerte vorläufig zugegriffen wird. Der zu vollstreckenden Entscheidung liegt also gerade kein materielles Strafrecht, sondern materielles Zivilrecht zugrunde.[643] § 449 StPO steht demnach der Einführung einer einstweiligen Verteilung nicht entgegen.

Des Weiteren spricht für die Einführung einer einstweiligen Verteilung, dass bewegliche Sachen, die sichergestellt und für das Verfahren nicht mehr benötigt werden, gemäß § 111n StPO bereits vor Rechtskraft der Einziehungsentscheidung herausgegeben werden können. § 111n StPO ist eine vorläufige Besitzstandregelung, vergleichbar mit der einstweiligen Verfügung im Zivilverfahren. Der Berechtigte erlangt zwar nicht das verlorene Eigentum an der Sache zurück, sodass er seine Rechte gegebenenfalls auf dem Zivilrechtsweg weiterverfolgen muss.[644] Es wird ihm aber zumindest der Besitz an der Sache vor Rechtskraft der Einziehungsentscheidung zurückübertragen. Mithin ist es interessengerecht, auch zivilrechtlich titulierte Geldforderungen vor Rechtskraft der Wertersatzanordnung im Wege einer einstweiligen Verteilung befriedigen zu können.

Schließlich spricht hierfür auch die Gesetzesbegründung, die das Insolvenzantragsrecht der Staatsanwaltschaft im Regelfall bereits im Zeitpunkt der Anklageerhebung vorsieht. Der Gesetzgeber will den Verletzten bei Vorliegen eines

---

639 *WisteV*, Stellungnahme, S. 10; *Bittmann*, KriPoz 2016, S. 120, 131; *Mansdörfer*, jM 2017, S. 122, 127.

640 *Hanft*, in: S/S/W StPO, § 449, Rn. 2.

641 *Paulus/Stöckel*, in: KMR StPO, § 449, Rn. 2.

642 *Hanft*, in: S/S/W StPO, § 449, Rn. 2; Eine Ausnahme bildet hiervon – insoweit systemwidrig: *Laubenthal/Nestler*, Strafvollstreckung, Rn. 17 – § 346 Abs. 2 Satz 2 Hs. 2 StPO; *Pfeiffer*, Strafprozessordnung, § 449, Rn. 1.

643 *WisteV*, Stellungnahme, S. 10.

644 *Huber*, in: BeckOK StPO, 32. Edition, Stand: 01.01.2019, § 111n, Rn. 6.

Mangelfalls ein Abwarten bis zur Rechtskraft der Einziehungsentscheidung nicht zumuten und bezweckt daher eine vorzeitige quotale Befriedigung ihrer Ansprüche.

Praktisch kann das Institut der einstweiligen Verteilung entweder durch Übernahme der Regelung der ZPO oder durch Einführung einer Befugnis der Staatsanwaltschaft, die gerichtlich überprüfbar sein müsste, umgesetzt werden.[645] Für die Übernahme der Regelung der ZPO und damit gegen eine Befugnis der Staatsanwaltschaft spricht, dass gerade eine zivilrechtliche Entscheidung vollstreckt wird und mit dem Rückgriff auf bereits bestehende Regelungen auch deren Anwendungspraxis übernommen werden kann.

Im Hinblick auf die zu beachtende Unschuldsvermutung kommt eine einstweilige Verteilung nur gegen Sicherheitsleistung in Betracht. Maßgeblich ist insoweit § 709 ZPO. Das Erfordernis einer Sicherheitsleistung dient dem Schutz des Beschuldigten vor einer unberechtigten Vollstreckung und damit der Sicherung seiner Ersatzansprüche.[646] Die Sicherheit kann durch Hinterlegung eines Geldbetrages oder durch eine Bürgschaft geleistet werden.[647] Wird der Beschuldigte freigesprochen oder die vorläufige Vollstreckbarkeit des zivilrechtlichen Titels außer Kraft gesetzt, tritt der Sicherungsfall ein und der Beschuldigte kann auf die Sicherheitsleistung zurückgreifen. Ihm steht dann gegen den Vollstreckenden ein Anspruch auf Einwilligung in die Auszahlung des Hinterlegten zu. Des Weiteren hat er gemäß § 233 BGB ein Pfandrecht am Hinterlegten, sodass er in geeigneten Fällen den Pfandverkauf nach § 1233 BGB betreiben kann. Erfolgte die Sicherheitsleistung durch Bürgschaft, kann er den Bürgen in Anspruch nehmen.[648] Zuständig für die Entgegennahme der Sicherheitsleistung ist die Staatsanwaltschaft in ihrer Funktion als Vollstreckungsbehörde.[649]

Eine Fristenregelung, die bei Fällen mit mehreren Verletzten an die Mitteilung nach § 111l StPO anknüpft und beispielsweise nach drei Monaten die einstweilige Verteilung unter den Verletzten, die sich bis dahin gemeldet haben, in quotal gleichem Umfang gestattet, ist nicht notwendig.[650] Einem derartigen Fristenregimen steht die mit dem Entschädigungsmodell gesetzgeberisch gewollte Gleichbehandlung der Opfer entgegen. Die einstweilige Verteilung an

---

645 *WisteV*, Stellungnahme, S. 10.

646 *Lackmann*, in: Musielak/Voit ZPO, § 709, Rn. 3.

647 *Lackmann*, in: Musielak/Voit ZPO, § 709, Rn. 7.

648 *Götz*, in: MüKo ZPO, § 709, Rn. 2.

649 Die funktionelle Zuständigkeit ist sodann auf den Rechtspfleger zu übertragen.

650 A.A.: *WisteV*, Stellungnahme, S. 10.

ein Fristerfordernis mit anschließender quotaler Entschädigung zu knüpfen, liefe diesem gesetzgeberischen Willen zu wider.

Für den Fall, dass der Beschuldigte freigesprochen oder die vorläufige Vollstreckbarkeit des zivilrechtlichen Titels aufgehoben wird, bedarf es einer Vorschrift, die die Ersatzpflicht des Vollstreckenden regelt. Denn einerseits ist die vorläufige Vollstreckbarkeit für den Verletzten notwendig, um diesen vor wirtschaftlichen Nachteilen zu schützen. Andererseits wird dem Beschuldigten zugemutet, eine möglicherweise nicht gerechtfertigte einstweilige Verteilung hinzunehmen. Dieser Interessenwiderstreit erfordert einen Ausgleich für den Fall des Freispruchs oder des Außerkrafttretens der vorläufigen Vollstreckbarkeit. § 717 ZPO dient dem Ausgleich eben dieser Konfliktsituation. Insoweit regelt § 717 Abs. 2 und 3 ZPO die Ersatzpflicht des Gläubigers, der aufgrund eines vorläufig vollstreckbaren Titels, der später abgeändert oder aufgehoben wird, vollstreckt hat. Dabei handelt es sich im Regelfall um eine weder Verschulden noch Rechtswidrigkeit voraussetzende Risikohaftung des Gläubigers.[651] Die auch bei der Anwendung einer einstweiligen Verteilung entstehende Konfliktsituation ist durch einen Verweis auf § 717 ZPO zu lösen.

Unter Berücksichtigung der Ersatzpflicht ist die Höhe der jeweiligen Sicherheitsleistung an den Grad des Tatverdachts zu knüpfen. Damit wird sogleich der Unschuldsvermutung Rechnung getragen. Dies ist notwendig, da die Anordnung des Vermögensarrestes bereits beim Vorliegen eines einfachen Tatverdachtes angeordnet werden kann und sich die Aufrechterhaltung lediglich nach dem allgemeinen Verhältnismäßigkeitsgrundsatz richtet. Daher ist zur Wahrung der Unschuldsvermutung die Anordnung der einstweiligen Verteilung von einem hinreichenden Tatverdacht abhängig zu machen. Hieraus folgt, dass die Höhe der Sicherheitsleistung wegen des aufgeführten Schutzzwecks die gesamte vollstreckbare Forderung und mögliche weitere nach § 717 Abs. 2 ZPO ersatzfähige Schäden umfassen muss.[652] Da die Wahrscheinlichkeit für eine Haftung nach § 717 Abs. 2 ZPO mit dem Grad des jeweiligen Tatverdachts sinkt, ist beim Vorliegen eines dringenden Tatverdachts die Höhe der Sicherheitsleistung geringer anzusetzen. Dies zugrunde gelegt, lässt sich festhalten: Liegt ein dringender Tatverdacht vor, so ist eine Sicherheitsleistung in Höhe von 110% des jeweils zu vollstreckenden Betrages verhältnismäßig. Beim Vorliegen eines hinreichenden Tatverdachts sollte die Höhe der Sicherheitsleistung auf 130% des jeweils zu vollstreckenden Betrages festgesetzt werden.

651 *Götz*, in: MüKo ZPO, § 717, Rn. 1.

652 *Lackmann*, in: Musielak/Voit ZPO, § 709, Rn. 4.

Die Höhe der jeweiligen Sicherheitsleistung wird durch die Staatsanwaltschaft festgesetzt. Diese nimmt eine eigene Abwägung anhand der maßgeblichen strafrechtlichen Kriterien vor. Die im zivilrechtlichen Titel angegebene Höhe der Sicherheitsleistung ist nicht bindend.

In § 459h StPO ist unter Berücksichtigung des Vorstehenden folgender Absatz 3 aufzunehmen:

(3) Besteht ein hinreichender Tatverdacht, so kann der Verletzte bei der Staatsanwaltschaft zur vorläufigen Befriedigung seiner aus der Straftat entstandenen Ansprüche vor Rechtskraft der Einziehungsanordnung die einstweilige Verteilung der sichergestellten Vermögenswerte beantragen. Der Verletzte hat seinen Antrag durch Vorlage eines vorläufig vollstreckbaren zivilrechtlichen Titels glaubhaft zu machen. Die Staatsanwaltschaft bestimmt die zu leistende Sicherheit an der Höhe des jeweils zu vollstreckenden Betrages unter Berücksichtigung des jeweiligen Tatverdachtes. Wird der Beschuldigte freigesprochen oder die vorläufige Vollstreckbarkeit des zivilrechtlichen Titels außer Kraft gesetzt, gilt § 717 ZPO entsprechend.

Da entgegen der gesetzgeberischen Intention zu erwarten ist, dass die Opferentschädigung im Regelfall durch die Beantragung des Insolvenzverfahrens und nur im Ausnahmefall im Strafvollstreckungsverfahren erfolgt, kommt die einstweilige Verteilung von vornherein nur dann in Betracht, wenn ausreichende Vermögenswerte sichergestellt wurden, um die spätere Befriedigung sämtlicher Opferansprüche zu gewährleisten. Sollte das Insolvenzverfahren nicht eröffnet werden, erfolgt die Entschädigung nach dem Prioritätsgrundsatz durch Glaubhaftmachung mittels eines zivilrechtlichen Titels. Damit kann auch abschließend dem Argument begegnet werden, dass durch die Einführung einer einstweiligen Verteilung die Opfer weiterhin auf die zivilrechtliche Titulierung ihrer Ansprüche angewiesen sind. Denn auch die Entschädigung nach dem Prioritätsprinzip setzt voraus, dass das jeweilige Opfer seine Ansprüche durch die Vorlage eines zivilrechtlichen Titels glaubhaft macht.

5. *Zuständigkeitskonzentration auf den Rechtspfleger*

Die Entschädigung erfolgt im Strafvollstreckungsverfahren funktionell durch den Rechtspfleger. Insoweit wurde § 31 RPflG geändert. Diese Zuständigkeitskonzentration begegnet Bedenken.[653]

Die Reform dient der Stärkung des Opferschutzes, indem das der Opferentschädigung zugrundeliegenden Regelwerk vereinfacht werden sollte. Vor diesem

653 *BRAK*, Stellungnahme 15/2016, S. 8; *WisteV*, Stellungnahme, S. 12 ff.; *DRB*, Stellungnahme, S. 5; *Greier*, jurisPR 21/2016, Anm. 1.

Hintergrund mag die gesetzgeberische Intention, dem bereits mit strafvollstreckungsrechtlichen Aufgaben bedachten Rechtspfleger ein auf strafverfahrens- und strafvollstreckungsrechtlichen Eigenheiten beruhendes Regelwerk an die Hand zu geben, vordergründig aus verfahrensökonomischen Gründen nachvollziehbar sein. In der tatsächlichen Umsetzung ist jedoch damit zu rechnen, dass diese Zuständigkeitskonzentration zu einer erheblichen Mehrbelastung des Rechtspflegers führt.[654] Hierfür spricht bereits der Umstand, dass die Herabsetzung der Anordnungsvoraussetzungen für vorläufige Sicherungsmaßnahmen zu einem Mehr an sichergestellten und zu verwaltenden Vermögenswerten führt. Diese sichergestellten Vermögenswerte muss der Rechtspfleger vor der Verwertung begutachten, um einen angemessenen Erlös zu erzielen. Da der Rechtspfleger hierfür nicht ausgebildet ist, wird sich diese Tätigkeit als sehr zeitintensiv erweisen.[655] Auch ist der Aufwand für den tatsächlichen Verfahrensablauf unter Berücksichtigung der zwingend vorzunehmenden Arbeitsschritte hoch; hier sei beispielsweise auf die Aufforderung an die Opfer, ihre Ansprüche innerhalb einer sechsmonatigen Frist geltend zu machen, verwiesen.[656] „Mithin liegt es nahe, dass die Vereinfachung des Regelwerks durch die Übertragung zusätzlicher Aufgaben auf den Rechtspfleger überkompensiert und der Effekt einer Effizienzsteigerung hierdurch mindestens neutralisiert wird.“[657]

Zu begrüßen ist hingegen, dass der Gesetzgeber von der ursprünglichen Fassung der §§ 459j, 459k StPO abgerückt ist. Demnach hätte die Prüfung der Anspruchsberechtigung des jeweiligen Opfers allein dem Rechtspfleger oblegen.[658] Dies war abzulehnen, da die Prüfungskompetenz des Rechtspflegers ihre Grenzen erreicht, wenn der geltend gemachte Anspruch eine komplexe rechtliche Prüfung erfordert. Diese droht immer dann, wenn der Einziehungsadressat zivilrechtliche Einreden oder Einwendungen vor der Verwertung im Rahmen seiner Anhörung erhebt. Gegen eine umfassende Prüfungskompetenz spricht auch der Grundsatz der Trennung von Erkenntnis- und Vollstreckungsverfahren. Insoweit nimmt der Rechtspfleger auch bei der Vollstreckung eines zivilrechtlichen Titels keine materiell-rechtliche Prüfung der zu vollstreckenden

---

654 *Verband der Rechtspfleger*, Stellungnahme, S. 3; Daher fordert auch der Bund Deutscher Rechtspfleger die Schaffung neuer Rechtpflegerstellen: *BDR*, Stellungnahme, S. 2.

655 *Verband der Rechtspfleger*, Stellungnahme, S. 3.

656 *BDR*, Stellungnahme, S. 10.

657 *BRAK*, Stellungnahme 15/2016, S. 8.

658 Referentenentwurf eines Gesetzes zur Reform der strafrechtlichen Vermögensabschöpfung des Bundesministeriums der Justiz und für Verbraucherschutz, S. 102.

Forderung vor.[659] Einzige Grundlage der Tätigkeit des Rechtspflegers ist der Vollstreckungstitel,[660] weshalb seine Prüfungskompetenz in der zivilrechtlichen Vollstreckung auf die Einhaltung der Verfahrensvorschriften beschränkt ist. Materiell-rechtliche Einwendungen oder Einreden sind im Rahmen eines vollstreckungsrechtlichen Rechtsbehelfs vor dem Prozessgericht des ersten Rechtszuges geltend zu machen, § 767 ZPO.[661]

Die aktuelle Fassung der §§ 459j, 459k StPO steht im Einklang mit den vorstehenden Erwägungen und den zivilrechtlichen Vollstreckungsgrundsätzen. Die Vorschriften lassen die Entschädigung durch den Rechtspfleger ohne gerichtliche Beteiligung nur dann zu, wenn sich die Anspruchsberechtigung des jeweiligen Verletzten ohne Weiteres aus der Einziehungsentscheidung und den zugrundeliegenden Feststellungen ergibt. Zwar nimmt der Rechtspfleger trotzdem eine materielle Prüfung vor, diese ist jedoch auf offensichtliche Fälle beschränkt. Darüber hinaus kann der durch die Rechtspflegerentscheidung Beschwerte nach § 459o StPO Einwendungen gegen diese geltend machen. Die Entscheidung ist mithin gerichtlich überprüfbar,[662] sodass auch kein Verstoß gegen Art. 92 GG vorliegt. Zwar endet die Tätigkeit des Rechtspflegers mit einer wirksamen Entscheidung; diese ist aber weder letztverbindlich noch der Rechtskraft fähig.[663]

Zu beachten ist jedoch, dass eine fehlerhafte Rechtspflegerentscheidung eine Amtspflichtverletzung im Rahmen des Amtshaftungsanspruchs nach § 839 BGB i.V.m. Art. 34 GG begründen kann. Dies birgt für den Staat, insbesondere wenn das Gericht die Entscheidung gemäß § 459o StPO als rechtswidrig beurteilt, ein erhebliches Regressrisiko. Es empfiehlt sich daher unter Berücksichtigung des gemäß § 839 Abs. 2 Satz 1 BGB geltenden Spruchrichterprivilegs, dass der Rechtspfleger im Zweifel besser zu oft als zu selten eine richterliche Entscheidung nach § 459j Abs. 2 Satz 2 StPO herbeiführt.[664]

Lässt sich die Anspruchsberechtigung nicht ohne Weiteres feststellen, bedarf es der Zulassung durch das Gericht. Insoweit trifft bei einer rechtlich komplexen Fallgestaltung den Rechtspfleger die Pflicht, die Entscheidung über die Anspruchsberechtigung dem Gericht vorzulegen.[665] Problematisch ist insoweit,

---

659 BGH, Urt. v. 18.11.1993 – IX ZR 244/92, Rn. 28.

660 *Stöber*, in: Zöller ZPO, Vor § 704, Rn. 14.

661 BVerfG, Beschl. v. 28.01.1970 – 1 BvR 719/68, Rn. 22; BGH, Urt. v. 09.03.1990 – V ZR 260/88, Rn. 11; *Stöber*, in: Zöller ZPO, Vor § 704, Rn. 3.

662 *Coen*, in: BeckOK StPO, 32. Edition, Stand: 01.01.2019, § 459o, Rn. 1.

663 Vgl. *Hillgruber*, in: Maunz/Dürig GG, Art. 92, Rn. 63.

664 *Coen*, in: BeckOK StPO, 32. Edition, Stand: 01.01.2019, § 459j, Rn. 7.

665 *Coen*, in: BeckOK StPO, 32. Edition, Stand: 01.01.2019, § 459j, Rn. 9.

dass das Strafgericht die zivilrechtlichen Einreden und Einwendungen des Einziehungsadressaten prüft. Es hat also das Bestehen von zivilrechtlichen Herausgabe- und Entschädigungsansprüchen zu beurteilen, obwohl es hierzu nicht die notwendige Sachkompetenz aufweist.[666] Einmal mehr gelingt es dem Gesetzgeber nicht, das Strafverfahren von zeitraubenden zivilrechtlichen Fragestellungen zu lösen.[667] Dies lässt sich jedoch durch folgende Herangehensweise beheben: Die Strafjustiz sollte lediglich zwei Voraussetzungen prüfen. Zum einen sollte eine Plausibilitätsprüfung des geltend gemachten Anspruchs dahingehend vorgenommen werden, ob dieser aus einer der Einziehungsanordnung zugrundeliegenden Tat herrührt. Zum anderen sollte geprüft werden, ob mit der begehrten Entschädigung lediglich das aus der Tat Erlangte geltend gemacht wird und wenn ja, in welcher Höhe.[668] Auf diese Weise kann die Anspruchsberechtigung ohne komplexe Prüfung festgestellt werden, sodass der Anspruch in eben diesem Umfang für die Entschädigung maßgeblich ist. Weitergehende Rechtsfragen sollten vor den Fachgerichten verhandelt werden.[669] Sind derartige Verfahren rechtshängig, besteht bis zum rechtskräftigen Abschluss – wenn die Voraussetzungen hierfür vorliegen – die Möglichkeit einer einstweiligen Verteilung.[670] Zeitraubende, komplexe zivilrechtliche Fragestellungen sind bei dieser Prüfung im Strafverfahren nicht zu berücksichtigen.

II. Dynamischer Verletztenbegriff

Der Gesetzgeber definiert den Verletztenbegriff neu. Verletzter im Sinne des Entschädigungsmodells ist demnach nur derjenige, dem ein Anspruch auf Rückgewähr des Erlangten oder auf Ersatz des Wertes des Erlangten aus einer Tat erwachsen ist, die im entscheidungserheblichen Zeitpunkt Gegenstand der vorläufigen Sicherungsanordnung oder des Urteils mit der abschließenden Einziehungsentscheidung ist. Hieraus ergibt sich ein dynamischer Verletztenbegriff.[671] Gleichwohl findet sich eine Vorschrift, durch die der Verletztenbegriff legal definiert wird, in der Reform nicht. Die Frage der Verletztenstellung wird nicht zu Beginn des Ermittlungsverfahrens bei Anordnung der vorläufigen Sicherungsmaßnahme entschieden, sondern erst mit abschließender

---

666 *WisteV*, Stellungnahme, S. 12.
667 *BRAK*, Stellungnahme 15/2016, S. 12.
668 *WisteV*, Stellungnahme, S. 12.
669 *WisteV*, Stellungnahme, S. 12.
670 Vgl. insoweit Gliederungspunkt: Dritter Teil, E.I.4.
671 BT-Drucks. 18/9525, S. 48; siehe ausführlich hierzu Gliederungspunkt F.I.3.

Einziehungsentscheidung. So kann sich einerseits der Verletztenkreis erweitern, indem neue Taten ermittelt werden, andererseits können Tatgeschädigte ihre Verletztenstellung auch im aktuellen Ermittlungsverfahren einbüßen, etwa wenn das Verfahren eingestellt wird. Darüber hinaus hat der dynamische Verletztenbegriff weitreichende Bedeutung für den Umfang der nach § 111l StPO und § 459i StPO vorzunehmenden Mitteilungen als auch für die Frage, ob es sich in Fällen der Wertersatzeinziehung um einen „Deckungs-" oder „Mangelfall" handelt.

Es lässt sich konstatieren, dass künftig zwischen Opfern einer Straftat und dem vermögensabschöpfungsrechtlichen Verletztenbegriff zu unterscheiden sein wird.[672] Auf diese Weise soll der Strafjustiz im Einzelfall eine eindeutige Bestimmung des entschädigungsberechtigten Verletzten ermöglicht und das Strafverfahren von zivilrechtlichen Fragen befreit werden.[673]

Die Neufassung des Verletztenbegriffs wird im Schrifttum kritisch gesehen.[674] Der Gesetzgeber führt aus, dass sich die Neufassung am alten Recht, des § 73 Abs. 1 Satz 2 StGB a.F. und des § 111g StPO a.F., orientiere. Daher könne die dazu ergangene Rechtsprechung grundsätzlich weiter herangezogen werden.[675]

In der bisherigen Rechtsprechung des BGH wurde der Verletztenbegriff im Sinne des § 73 Abs. 1 Satz 2 StGB a.F. unterschiedlich ausgelegt. Einerseits erfolgte eine Auslegung anhand des straftatbestandlichen Schutzzwecks des § 73 Abs. 1 Satz 2 StGB a.F. Diesbezüglich wurde sowohl in der Rechtsprechung[676] als auch im Schrifttum[677] vertreten, dass es nicht ausreichend sei, dass entweder das Tatopfer oder ein Dritter infolge der Tatbegehung einen Anspruch gegen den Beschuldigten erlange; vielmehr müsse hinzukommen, dass der Straftatbestand auch die individuellen Interessen des Anspruchsinhabers schütze.[678] Gegen diese schutzzweckorientierte Auslegung führte der 5. Strafsenat des BGH an, dass es für die Anwendung des § 73 Abs. 1 Satz 2 StGB a.F. genüge, dass einem Dritten aufgrund der Erfüllung des Straftatbestands Ersatzansprüche

672 *Köllner/Mück*, NZI 2017, S. 593, 594.

673 BT-Drucks. 18/9525, S. 47 f.

674 Zustimmend *Köllner/Mück*, NZI 2017, S. 593, 594; ablehnend *Mansdörfer*, jM 2017, S. 122, 128.

675 BT-Drucks. 18/9525, S. 48.

676 BGH, Beschl. v. 23.09.1988 – 2 StR 460/88, Rn. 6; BGH, Urt. v. 08.06.1999 – 1 StR 210/99, Rn. 17; BGH, Urt. v. 24.06.2010 – 3 StR 84/10, Rn. 15.

677 Vgl. *Schmidt*, in: LK StGB, § 73, Rn. 37; *Saliger*, in: NK StGB, § 73, Rn. 20; *Eser*, in: Sch/Sch StGB, 29. Aufl., § 73, Rn. 26.

678 *Schmidt*, NZWiSt 2015, S. 401, 403.

entstanden seien.[679] Der 5. Strafsenat nahm somit eine Auslegung anhand des Entstehungsgrundes des Anspruchs vor. Diese, durch die unterschiedliche Auslegung hervorgerufene Rechtsunsicherheit, wird durch die Neufassung des Verletztenbegriffs nicht behoben. Vielmehr ist weiterhin entscheidend, welche der beiden Auslegungsweisen das erkennende Gericht anwendet. Der Gesetzgeber verpasst es, hier für Rechtsklarheit zu sorgen.

Ausweislich der Gesetzesbegründung sollen die Geschädigten durch den neugefassten Verletztenbegriff nicht schlechter gestellt werden. Vielmehr bestehe nunmehr auch für die nicht von der Sicherungs- oder Einziehungsanordnung erfassten Geschädigten die Möglichkeit, an der Verteilung der strafprozessual sichergestellten Vermögenswerte im Insolvenzverfahren zu partizipieren und die Eröffnung eines Insolvenzverfahrens gegebenenfalls durch Stellung eines Insolvenzantrags selbst herbeizuführen.[680]

Zutreffend ist, dass nach altem Recht Geschädigte, die nicht von der Arrestanordnung erfasst wurden, von vornherein von der Zulassung der Zwangsvollstreckung nach § 111g Abs. 2 StPO a.F. und damit von der Entschädigung ausgeschlossen waren.[681] Hieraus nun den Schluss zu ziehen, dass durch die Möglichkeit der Betreibung des Insolvenzverfahrens eine Verschlechterung der Opferposition vermieden wird, überzeugt aus den nachfolgenden Gründen nicht.

So steht dieser Auffassung bereits die Abhängigkeit vom Vorliegen eines „Mangelfalls" entgegen. Liegt offenkundig kein „Mangelfall" vor, ist den nicht von der abschließenden Einziehungsanordnung erfassten Geschädigten der Umweg über das Insolvenzverfahren versperrt. Aber auch wenn ein „Mangelfall" nicht von vornherein ausgeschlossen erscheint, ist es für die Verletzten mit erheblichen Hürden verbunden, einen zulässigen und begründeten Antrag auf Eröffnung des Insolvenzverfahrens zu stellen. Die Verletzten werden nicht über die notwendigen Unterlagen verfügen, mit denen eine Zahlungsunfähigkeit des Beschuldigten glaubhaft gemacht werden kann; dies stellt bereits eine erhebliche Hürde für die Staatsanwaltschaft dar.[682] Und zum anderen setzen die Verletzten sich einem erhöhten Kostenrisiko aus, da sie bei Ablehnung des Antrags durch das Insolvenzgericht für die entstandenen Gebühren und Auslagen nach

---

679 BGH, Urt. v. 20.05.2013 – 5 StR 306/12, Rn. 8; so auch: *Rönnau*, Vermögensabschöpfung, Rn. 386 ff.; *Schmidt*, NZWiSt 2015, S. 401, 404.

680 BT-Drucks. 18/9525, S. 49.

681 Vgl. OLG Hamm, Beschl. v. 08.03.2016 – 2 Ws 269/15, Rn. 13; OLG Köln, Beschl. v. 23.08.2011 – 2 Ws 519/11, Rn. 16 f.

682 Vgl. insoweit Gliederungspunkt: Dritter Teil, D.II.3.

§ 23 Abs. 1 GKG haften. § 23 Abs. 1 Satz 1 GKG regelt, dass der Geschädigte, als Antragsteller, in jedem Fall die anfallende Gerichtsgebühr für das Eröffnungsverfahren schuldet. Im Übrigen haftet er nach § 23 Abs. 1 Satz 2 GKG auch für die Auslagen des Eröffnungsverfahrens, wenn sein Antrag abgewiesen oder zurückgenommen wird;[683] dies gilt nach dem eindeutigen Wortlaut auch für eine Antragsabweisung bei Massearmut.[684]

Bereits dieser Umstand lässt befürchten, dass künftig ein Großteil der Geschädigten das Kostenrisiko scheuen und auf die Geltendmachung ihrer Ansprüche im Rahmen des Insolvenzverfahrens verzichten wird. Bestärkt wird diese Vermutung dadurch, dass der jeweilige Geschädigte, unabhängig von der Höhe seines entstandenen Schadens, nach Nr. 2311 KV mindestens eine Festgebühr von EUR 180,00 für die Antragstellung aufbringen muss. Somit ist es aus wirtschaftlichen Gesichtspunkten – sofern der geltend gemachte Schaden unter dieser Summe liegt – nicht ratsam einen Eröffnungsantrag zu stellen. Im Übrigen steht die aufzubringende Festgebühr im Widerspruch dazu, dass der Gesetzgeber das Entschädigungsmodell als für den Geschädigten einfaches und kostenloses Verfahren rühmt.[685]

Doch auch in rechtlicher Hinsicht ergeben sich Probleme. So ist die Rechtsprechung des BGH eindeutig; tatsächlich bestrittene Forderungen können zur Glaubhaftmachung der Zahlungsunfähigkeit des Schuldners, hier des Beschuldigten, nicht herangezogen werden, da für die Frage des Bestehens der Forderung die ordentliche Gerichtsbarkeit zuständig ist.[686] Dem ist zuzustimmen, da die Frage des zivilrechtlichen Bestehens einer Forderung in die Sachkompetenz der ordentlichen Gerichtsbarkeit fällt und dieser nicht entzogen werden darf. Mithin ist der Umweg für die Geschädigten nur in den Fällen valide, in denen

683 *Janssen*, in: NK Gesamtes Kostenrecht, § 23, Rn. 4: Die Gerichtsgebühr für das Eröffnungsverfahren bestimmt sich nach Nr. 2311 KV. Demnach haftet ein Geschädigter, der einen Eröffnungsantrag nach §§ 13 Abs. 1 Satz 2, 14 InsO stellt für die 0,5 Wertgebühr, mindestens jedoch nach Nr. 2311 KV mit einer Festgebühr von EUR 180,00.

684 Vgl. OLG Köln, Beschl. v. 28.01.2010 – 17 W 343/09, Rn. 8; LG Göttingen, Beschl. v. 14.04.2009 – 10 T 25/09, Rn. 8; zustimmend: *Raab*, jurisPR-InsR 10/2009 Anm. 5; a.A. AG Göttingen, Beschl. v. 11.03.2009 – 71 IN 128/08.

685 *Mansdörfer*, jM 2017, S. 122, 126 mit Verweis auf BT-Drucks. 18/9525, S. 2.

686 BGH, Beschl. v. 14.12.2005 – IX ZB 207/04, Rn. 6: „Es gehört nicht zu den Aufgaben des Insolvenzgerichts, den Bestand ernsthaft bestrittener, rechtlich zweifelhafter Forderungen zu überprüfen. Fällt die tatsächliche oder rechtliche Beurteilung nicht eindeutig aus, ist der Gläubiger schon mit seiner Glaubhaftmachung gescheitert. Die Parteien sind auf den Prozessweg zu verweisen“; so auch: BGH, Beschl. v. 05.08.2002 – IX ZB 51/02; *Vuia*, in: MüKo InsO, § 14 Rn. 83.

der Beschuldigte zwar geständig ist, aufgrund einer vorangegangenen Verständigung nach § 257c StPO manche Taten aber gemäß § 154 Abs. 1 StPO eingestellt wurden und ihr Ersatzanspruch die Festgebühr von EUR 180,00 übersteigt. Folglich ist der Verweis auf das Insolvenzverfahren aus Sicht des Geschädigten ein stumpfschneidiges Schwert.

Des Weiteren besteht die Gefahr, dass diejenigen Tatopfer privilegiert werden, bei denen höhere Schadenssummen entstanden sind oder bei denen sich eine leichtere justizielle Aufarbeitung abzeichnet. Denn Straftaten, bei denen eine schwierige Beweissituation vorliegt oder deren Aufklärung im Vergleich zum sonst bewirkten Schaden einen unverhältnismäßigen Aufwand erfordern, weil sie absolut betrachtet kleinere Schadenssummen betreffen, sind prädestiniert dafür eingestellt zu werden.[687] Hinzukommt, dass solche Massetaten bei einer Verurteilung für die spätere Gesamtstrafenbildung nicht sonderlich ins Gewicht fallen.[688] Zwar wird nicht verkannt, dass es den Geschädigten unbenommen bleibt, ihre Ansprüche im zivilrechtlichen Wege titulieren zu lassen. Dieser Verweis führt jedoch zu Friktionen mit dem erklärten Kernstück der Reform, der Opferentschädigung im Kontext des Strafrechts.[689]

Schließlich ist absehbar, dass künftig Verfahrenseinstellungen nach §§ 154, 154a StPO kontrovers diskutiert werden. Die Sorge um die Befriedigung ihrer Ersatzansprüche wird im Fokus der Geschädigteninteressen stehen. Dies führt zu einer Überfrachtung des Strafverfahrens mit eigentlich verfahrensfremden Erwägungen.[690]

Als Lösungsansatz wird eine gesetzliche Klarstellung angeregt, dass es für die Verletzteneigenschaft dort, wo es nach wie vor für sie Sonderregelungen gibt (z.B. §§ 111i und 459h StPO), allein auf die Ersatzberechtigung und nicht auf die Eigenschaft als Verletzter der materiellen oder prozessualen Tat ankommen solle. Begründet wird dies damit, dass die Rechtsprechung des BGH für die Frage der Ersatzberechtigung eines individuellen Verletzten einen weiteren als den prozessualen Tatbegriff zugrunde legt und daher eine gesetzliche Klarstellung sachgerecht sei.[691] Diesem Lösungsansatz ist zugute zu halten, dass das

687 *Köllner/Mück*, NZI 2017, S. 593, 597.

688 BGH, Beschl. v. 12.02.2003 – 2 StR 451/02, Rn. 3: Die bloße Summe der Einzelstrafen hat bei der Würdigung im Rahmen des § 54 Abs. 1 Satz 3 StGB meist nur ein geringes Gewicht.

689 *Trüg*, NJW 2017, S. 1913, 1918.

690 *Köllner/Mück*, NZI 2017, S. 593, 598.

691 *WisteV*, Stellungnahme, S. 5; so entschied der BGH mit Urt. v. 20.02.2013 – 5 StR 306/12, dass der Verfall ausgeschlossen ist, wenn Umweltschäden von einem Dritten beseitigt

Abstellen auf die Ersatzberechtigung den Interessen der Verletzten an einer einfachen Entschädigung entspricht, da eine größere Zahl an Tatgeschädigten von den sichergestellten Vermögenswerten profitieren könnte.

Andererseits führt diese extensive Auslegung dazu, dass auch Dritte Ansprüche geltend machen können, die ihnen abgetreten wurden. Denn der Zessionar ist als Forderungsinhaber nunmehr ersatzberechtigt, wurde aber gerade nicht Opfer der eigentlichen Straftat. Mithin fällt er bereits vom Wortlaut her nicht unter den Begriff „Verletzter". Darüber hinaus ist der Zessionar auch kein Verfahrensbeteiligter. Verfahrensbeteiligter im Sinne der StPO ist nur, „wer nach dem Gesetz eine Prozessrolle ausübt, also durch eigene Willenserklärung im prozessualen Sinn gestaltend als Prozesssubjekt mitwirken muss oder darf."[692] Der Zessionar verfolgt über das reine Befriedigungsinteresse an seinem Anspruch hinaus gerade keine persönliche Genugtuung für erlittenes Unrecht durch Bestrafung des Beschuldigten.[693] Mithin ist der Zessionar weder Opfer noch sonstiger Verfahrensbeteiligter im Sinne der StPO und daher auch nicht vom strafprozessualen Verletztenbegriff zu erfassen. Die Berücksichtigung des Zessionars bei der Entschädigung im Strafvollstreckungsverfahren ist nicht sachgerecht und daher das Abstellen auf die Ersatzberechtigung bei der Bestimmung der Verletzteneigenschaft abzulehnen.

Eine begriffliche Konkretisierung ist schließlich noch dort geboten, wo zuweilen in der Gesetzesbegründung vom zivilrechtlich Ersatzberechtigten die Rede ist.[694] Insoweit ist darauf hinzuweisen, dass nicht das Rechtsgebiet maßgeblich ist, aus welchem der Ersatzanspruch resultiert. Ersatzansprüche können sich gleichermaßen aus dem Sozial- und Steuerrecht (§ 266a StGB, § 370 AO) ergeben. Maßgeblich ist daher allein, ob ein solcher Ersatzanspruch besteht.[695]

Nach alldem ist festzuhalten, dass dem dynamischen Verletztenbegriff eine gewisse Willkür anhaftet, welche Tatverletzten von den staatsanwaltschaftlichen

---

werden müssen; selbiges entschied der BGH mit Beschl. v. 20.03.2014 – 3 StR 28/14 für den Fall, dass gezahltes Schmiergeld zu Lasten des Auftragnehmers finanziert wurde.

692 *Meyer-Goßner*, in: Meyer-Goßner, Einl., Rn. 71.

693 So BVerfG, Beschl. v. 03.06.1969 – 1 BvL 7/68 für den Nebenkläger in seiner Eigenschaft als Verfahrensbeteiligter.

694 Ein Bsp. für mehrere: „Erforderlich ist mithin, dass die Tat, die Bezugsobjekt der Beschlagnahme oder des Vermögensarrestes oder der verfahrensabschließenden Einziehungsanordnung ist, dieselbe Tat ist, wie die konkrete (Einzel-)Tat, aus der dem Verletzten ein *zivilrechtlicher Anspruch* auf Rückgewähr des Erlangten oder auf Ersatz des Wertes des Erlangten erwachsen ist." BT-Drucks. 18/9525, S. 48.

695 *WisteV*, Stellungnahme, S. 5.

Bemühungen um eine Entschädigung profitieren und welche hiervon ausgeschlossen sind. Die Staatsanwaltschaft hat somit bei einer Verfahrenseinstellung im Rahmen ihrer Ermessensentscheidung stets die möglichen Konsequenzen für die jeweiligen Straftatgeschädigten zu berücksichtigen. Dies birgt die Gefahr, dass die eigentlichen Einstellungserwägungen durch die Opferschutzinteressen überlagert werden. Der dynamische Verletztenbegriff steigert sowohl die Gefahr der willkürlichen Ungleichbehandlung als auch das unkalkulierbare Risiko des Verlustes der Verletzteneigenschaft und stellt damit keine Verbesserung des Opferschutzes dar.[696]

III. Ergebnis

Die Verlagerung der Opferentschädigung in das Strafvollstreckungsverfahren ist zu Recht auf Kritik gestoßen. Das Entschädigungsmodell schwächt den Opferschutz und steht somit im Widerspruch zu der mit der Reform verfolgten Intention des Gesetzgebers. Sicher, der Verletzte muss seinen Entschädigungsanspruch nicht mehr in einem zusätzlichen Zivilprozess geltend machen. Auch das Verteilungsverfahren führt zu einer ausgeglichenen Befriedigung der Opferansprüche und damit zu einer erhöhten Verteilungsgerechtigkeit; insoweit wird die Abschaffung des „Windhundrennens" begrüßt, auch wenn durch die Regelung des § 459m Abs. 1 StPO in den meisten Fällen mangels vorhandener Haftungs-/Insolvenzmasse die Entschädigung nach dem Prioritätsprinzip erfolgt und damit ein neuerliches „Windhundrennen" heraufbeschworen wird.

Das Entschädigungsmodell schützt den Verletzten nicht davor, dass er seine übrigen Ansprüche, die über den Entschädigungsanspruch hinausgehen, zivilprozessual durchsetzen muss. Besonders einschneidend wirkt sich vor diesem Hintergrund aus, dass die Aufhebung der Subsidiarität des staatlichen Vermögenszugriffs dem Verletzten sämtliche beim Beschuldigten vorhandene Vermögenswerte entzieht. Eine Haftungsmasse, in welche er seine sonstigen Schadensersatzansprüche vollstrecken kann, ist mithin beim Beschuldigten nicht mehr vorhanden.

Das Entschädigungsverfahren ist im Übrigen aus Verletztensicht schon deshalb unzumutbar, da es erst nach rechtskräftigem Abschluss des Strafverfahrens und somit möglicherweise erst Jahre nach dem schädigenden Ereignis erfolgt. Dies kann sich bei größeren Schäden existenzgefährdend auswirken. Durch den dynamischen Verletztenbegriff hat der einzelne Verletzte aber auch erst mit rechtskräftigem Abschluss des Strafverfahrens die Gewissheit, dass sein

---

696 So auch *Mansdörfer*, jM 2017, S. 122, 128.

Anspruch tatsächlich von der abschließenden Einziehungsanordnung umfasst ist. Mithin herrscht ein doppelter Schwebezustand; der Gesetzgeber gibt den Geschädigten „Steine statt Brot".

Schließlich entfallen durch das Entschädigungsverfahren keinesfalls komplizierte zivilrechtliche Fragestellungen, dies bleibt nicht mehr als gesetzgeberisches Wunschdenken. Zwar wird die Geltendmachung des Entschädigungsanspruchs in das Strafvollstreckungsverfahren ausgelagert, dort ist dann aber zu Recht von einem „Zivilprozess light" zu sprechen, welcher mit einer Zunahme zivilrechtlicher Fragestellungen einhergeht. Denn zum einen ist § 459h StPO als Anspruchsgrundlage ausgestaltet und zum anderen werden die geltend gemachten Entschädigungsansprüche nebst den Einwendungen des Einziehungsadressaten im Strafvollstreckungsverfahren geprüft. Das Strafvollstreckungsverfahren ist jedoch für die Klärung schwieriger Entschädigungsfragen mangels Sachkunde des Rechtspflegers bzw. des Strafrichters ungeeignet.

Nach alldem bleibt festzuhalten, dass § 73 Abs. 1 Satz 2 StGB a.F. zwar als „Totengräber des Verfalls" bezeichnet wurde, sich die Streichung der Vorschrift aber als „Totengräber des Opferschutzes" darstellt. Das Inaussichtstellen einer Entschädigung erst Jahre nach dem schädigenden Ereignis ist aus Opfersicht inakzeptabel.

F. Stellung des Beschuldigten

Das Schrifttum sieht die Gesetzesreform in Bezug auf die Stellung des Beschuldigten kritisch. Es wird angemahnt, dass die Position und die Rechte des Einziehungsadressaten erheblich geschwächt würden.[697] Dies ergebe sich bereits im Umkehrschluss aus dem gesetzgeberischen Anliegen, die Rechte der Straftatgeschädigten und des Staates zu stärken. Darüber hinaus wird befürchtet, dass die Möglichkeit einer extensiven vorläufigen Vermögenssicherung geeignet sei, die Verteidigungsoptionen des Beschuldigten nachhaltig zu beschneiden und den Strafverfolgungsbehörden ein Druckmittel zur Erzwingung von Geständnissen an die Hand zu geben.[698] Gleiches gelte für das Insolvenzantragsrecht der Staatsanwaltschaft. Durch die Verknüpfung des Straf- mit dem Insolvenzrecht obliege es dem Strafverteidiger, sich vertiefte materielle Kenntnisse des Insolvenzrechts anzueignen.[699]

---

697 *Köllner/Mück*, NZI 2017, S. 593, 598; *Strafverteidigervereinigung*, Stellungnahme, S. 20 ff.; *BRAK*, Stellungnahme 15/2016, S. 7 ff.; *WisteV*, Stellungnahme, S. 16 ff.

698 *Köllner/Mück*, NZI 2017, S. 593, 598

699 *Köllner/Mück*, NZI 2017, S. 593, 598 f.

I. Einziehung ein Fall des § 46a Nr. 2 StGB?

Abzulehnen ist die Forderung, die Einziehung und spätere Auskehr an den Verletzten in der normativen Wertung wie eine Schadenswiedergutmachungsleistung des Beschuldigten i.S.d. § 46a Nr. 2 StGB zu behandeln.[700] Unabhängig davon, dass die Vermögensabschöpfung nur dann strafmildernd bei der Strafzumessung berücksichtigt werden kann, wenn dieser ein strafähnlicher Charakter innewohnt, vermag bereits die Argumentation nicht zu überzeugen. Zwar ist es zutreffend, dass § 111b StPO zu einer häufigeren Anordnung der Einziehung führt als dies nach dem bisherigen Recht der Fall war und auch freiwillige Wiedergutmachungsleistungen des Beschuldigten hierdurch erschwert werden. Es darf jedoch bezweifelt werden, dass die Wirkung bei den Verletzten – und dies soll entscheidend sein – dieselbe ist.[701] Richtig ist vielmehr, dass die Wiedergutmachungsleistung des Beschuldigten in Form der Auskehr an den Verletzten keinesfalls freiwilliger Natur ist; grundlegendes Element der Wiedergutmachungsleistung des § 46a Nr. 2 StGB ist aber gerade die Freiwilligkeit.[702] Darüber hinaus entfaltet eine rechtskräftig angeordnete und damit erzwungene Entschädigung aus Sicht des Verletzten eine andere Wirkung, als wenn der Schaden durch eine mit dem Beschuldigten vereinbarte Leistung behoben wird. Die friedensstiftende Wirkung des § 46a Nr. 2 StGB soll durch Übernahme von Verantwortung gegenüber dem Opfer zum Ausdruck kommen, weshalb der Täter einen über die rein rechnerische Kompensation hinausgehenden Beitrag zu erbringen hat.[703] Eben diesen Ausdruck hat die vermögensabschöpfungsrechtliche Entschädigung jedoch nicht, da gerade nur das abgeschöpft wird, was der Beschuldigte aus der Tat erlangt hat. Der Beschuldigte würde also ohne sein Zutun und eine über die eigentliche Schadenswiedergutmachung hinausgehende Sonderleistung mit der strafmindernden Wirkung des § 46a Nr. 2 StGB belohnt. Dass dies nicht dieselbe und erst recht keine friedensstiftende Wirkung aus Sicht des Opfers entfaltet, liegt auf der Hand.

II. Fehlende Handlungsalternativen des Beschuldigten

Die Streichung des § 73 Abs. 1 Satz 2 StGB a.F. führt zu einem extensiven Zugriff des Staates auf das Vermögen des Beschuldigten; es besteht die Pflicht

700 *DAV*, Stellungnahme, S. 9.

701 So aber *DAV*, Stellungnahme, S. 9.

702 *Maier*, in: MüKo StGB, § 46a, Rn. 41; *Kichling*, NStZ 1996, S. 309, 312.

703 *Maier*, in: MüKo StGB, § 46a, Rn. 41 mit Hinweis auf: BGH, Beschl. v. 25.07.1995 – 1 StR 205/95; BGH, Urt. v. 18.11.1999 – 4 StR 435/99; BGH, Urt. v. 25.05.2001 – 2 StR 78/01.

zur vollständigen Abschöpfung sämtlicher aus der Straftat erlangter Vermögenswerte. Dabei wird die Anordnung der vorläufigen Sicherstellung durch die Regelungen der §§ 111b, 111e StPO zum gesetzlichen Regelfall.

1. *Problemdarstellung*

Diese Ausgestaltung birgt die Gefahr, dass dem Beschuldigten der Anreiz zu einer vergleichsweisen Einigung mit den Geschädigten genommen wird. Im Rahmen des § 73 Abs. 1 Satz 2 StGB a.F. galt, wenn Täter und Opfer zum Ausgleich von Schadensersatzansprüchen einen Vergleich schlossen und die Opfer im Zuge dessen auf einen Teil ihrer aus der Straftat resultierenden Forderungen verzichteten, dass lediglich hinsichtlich der den Vergleichsbetrag übersteigenden Summe der Verfall angeordnet werden konnte.[704] Einen derartigen Verzicht des Opfers dürfen Staatsanwaltschaft und Gericht de lege lata bei der Anordnung von vorläufigen Sicherungsmaßnahmen nicht berücksichtigen. Sie müssen vielmehr alles abschöpfen, was der Beschuldigte aus der Straftat erlangt hat, soll bei diesem doch kein Vorteil aus der Tat verbleiben. Dem Beschuldigten könnte es mithin an jeglichem Anreiz fehlen, die entstandenen Schäden zu minimieren, da ihm die Möglichkeit einer freiwilligen Wiedergutmachung[705] oder eines Täter-Opfer-Ausgleichs vorenthalten werden würde. Ein Vergleich, z.B. mit Besserungsschein, scheidet aus und das obwohl § 73e Abs. 1 StGB grundsätzlich vergleichsfreundlich ausgestaltet ist.[706]

Die Gesetzeslage könnte demnach dazu führen, dass ein wirtschaftlich versierter Beschuldigter seine künftigen Erwerbstätigkeiten einstellt und somit den Zugriff des Staates – mangels sicherstellbaren Vermögens – verhindert. Hieraus zu schlussfolgern, dass der Beschuldigte fortan nur noch „schwarz arbeiten" werde,[707] ist jedoch überspitzt, würde sich dieser doch selbst eine faktisch lebenslängliche Vermögensstrafe auferlegen. Dies insbesondere vor dem Hintergrund, als dass auch nach Abschluss eines – in einem solchen Fall zwingend durchzuführenden – Insolvenzverfahrens über das Vermögen des Beschuldigten die

---

704 BGH, Urt. v. 29.06.2010 – 1 StR 245/09, Rn. 57; OLG Zweibrücken, Urt. v. 30.11.2001 – 1 Ss 193/01, Rn. 25; *Rönnau*, Vermögensabschöpfung, Rn. 232; krit. dagegen *Lüderssen*, StV 2003, S. 162, 163: „Was das Opfer als Anspruch gegen den Täter aufgibt, darf sich auch der Staat mit einer eigenständigen sozialethischen Wertung nicht holen"; ihm zustimmend *Saliger*, in: NK StGB, § 73, Rn. 22a; krit. auch *Rübenstahl*, HRRS 2010, S. 505, 512.

705 *BRAK*, Stellungnahme 15/2016, S. 13.

706 *Köllner/Mück*, NZI 2017, S. 593, 598.

707 *Köllner/Cyrus/Mück*, NZI 2016, S. 329, 334.

Forderungen der Geschädigten fortbestehen, da solche aus vorsätzlich begangener unerlaubter Handlung gemäß § 302 Nr. 1 InsO von der Restschuldbefreiung ausgenommen sind.

2. *Bewertung*

Ein Lösungsansatz ist, dem Beschuldigten die Möglichkeit einzuräumen, sich auch mit deliktischen Gläubigern wirksam zu vergleichen, indem er diesen Vergleich dem das Erlangte vollstreckenden Rechtspfleger oder auch dem Gericht als für die Opfer wirksamen Verzicht entgegenhalten könne.[708] Die vorgesehene Möglichkeit, bei unangemessenem Aufwand gemäß § 421 StPO von einer Einziehungsentscheidung abzusehen, erfasse diese Fälle dem Wortlaut und der Begründung nach nicht.[709] Insoweit hätte der Gesetzgeber den Rechtsgedanken des § 46a StGB aufnehmen können, der einerseits im Interesse des Rechtsfriedens einen Ausgleich zwischen Täter und Opfer fördern[710] und andererseits einen Anreiz für Ausgleichsbemühungen des Täters[711] schaffen soll. Da § 46a StGB einen fakultativen vertypten Milderungsgrund[712] vorsieht, könnte die Strafe sodann nach § 49 StGB bei dem Beschuldigten gemildert werden, der die sichergestellten Taterträge noch im Ermittlungsverfahren oder bis zum Beginn der Hauptverhandlung zur Wiedergutmachung freigibt. § 73e Abs. 1 StGB lässt zwar Raum für entsprechendes Handeln; er befördere es aber auch nicht.[713]

Zunächst ist festzuhalten, dass sich die vorbezeichnete Problematik nur im Rahmen des Bestehens der vorläufigen Sicherstellungsmaßnahmen stellt. Denn im Zeitpunkt der Entscheidung durch das Gericht über die Einziehung findet ein etwaig geschlossener Vergleich zwischen Beschuldigtem und Opfer über § 73e Abs. 1 StPO sehr wohl Berücksichtigung. Insoweit ist die Einziehung ausgeschlossen, soweit der Anspruch, der dem Verletzten aus der Tat erwachsen ist, erloschen ist. Der Gesetzgeber hat also die reformierten Vorschriften grundsätzlich vergleichsfreundlich ausgestaltet.

---

708 *Köllner/Cyrus/Mück*, NZI 2016, S. 329, 334; *Heger*, Stellungnahme, S. 5.

709 *Köllner/Cyrus/Mück*, NZI 2016, S. 329, 334.

710 BT-Drucks. 12/6853, S. 21 f.; BGH, Beschl. v. 09.05.2000 – 1 StR 106/00, Rn. 33; BGH, Urt. v. 25.05.2001 – 2 StR 78/01, Rn. 9.

711 BGH, Urt. v. 19.12.2002 – 1 StR 405/02, Rn. 7; mit zustimmender Anmerkung *Dölling/Hartmann*, NStZ 2004, S. 382 f.

712 *Maier*, in: MüKo StGB, § 46a, Rn. 1.

713 *Mansdörfer*, jM 2017, S. 22, 127.

Problematisch ist lediglich, dass die Einziehungsanordnung erst mit rechtskräftigem Abschluss in der Hauptsache getroffen wird und die vorläufigen Sicherungsmaßnahmen bis zu diesem Zeitpunkt aufrechterhalten werden müssen. Ein beispielsweise im Ermittlungsverfahren geschlossener Vergleich ist daher für den Beschuldigten tatsächlich nicht von Vorteil und bietet diesem mithin auch keinen Anreiz den Schaden zu minimieren.

Dem Beschuldigten sollte jedoch auch für den Zeitraum des Bestehens der vorläufigen Sicherungsmaßnahmen ein Anreiz zur Schadensminimierung geboten werden. Dies ist insbesondere aus Opferschutzgesichtspunkten erforderlich, da diese so schneller ihre Entschädigungsansprüche befriedigen können. Darüber hinaus führt dies zu einer Entlastung der Justiz, da nur geringere Vermögenswerte sichergestellt werden, über die es zu entscheiden gilt. Insoweit ist die Gesetzesnovellierung auch nicht stringent. Warum eine Berücksichtigungsmöglichkeit im Zeitpunkt der Entscheidung über die Einziehung gemäß § 73e Abs. 1 StGB normiert wurde, nicht aber für den Zeitpunkt der Anordnung der vorläufigen Sicherungsmaßnahmen ist nicht nachvollziehbar.

Der Lösungsansatz, dem Beschuldigten die Möglichkeit einzuräumen, einen Vergleich dem das Erlangte vollstreckenden Rechtspfleger oder auch dem Gericht als für die Opfer wirksamen Verzicht entgegenzuhalten, ist jedoch nicht geeignet, dieses Anliegen hinreichend umzusetzen. Denn insoweit ist zu beachten, dass die sichergestellten Vermögenswerte im Falle einer Verzichtserklärung des Opfers an den Staat fallen.[714] Dem Beschuldigten wäre demnach nicht geholfen.

Vielmehr sollte in die Vorschriften über die Anordnung der vorläufigen Sicherstellungsmaßnahmen die Möglichkeit der Berücksichtigung eines zwischen Beschuldigtem und Opfer geschlossenen Vergleichs eingefügt werden, die sich an § 73e Abs. 1 StGB orientiert. Dies könnte entweder durch einen klarstellenden Absatz auf eine entsprechende Anwendung der Vorschrift erfolgen oder durch eine eigene Regelung in den §§ 111b und 111e StPO.

Im Übrigen ist auch beim Vorliegen eines „Mangelfalls" eine vergleichsweise Übereinkunft gemäß § 73e Abs. 1 StGB zwischen Beschuldigtem und Opfer unter Einbeziehung der Staatsanwaltschaft zu beachten. Diese führt zu einem Interessenausgleich aller Parteien. Die Staatsanwaltschaft kann auf einen mit erheblichem Begründungsaufwand verbundenen Insolvenzantrag verzichten. Den Verletzten bringt es den Vorteil, dass das Insolvenzverfahren durch eine freiwillige Auseinandersetzung aller Geschädigter ersetzt wird, sodass diese

714 BT-Drucks. 18/9525, S. 53.

unter sich das Erlangte aufteilen können und zügiger eine quotale Befriedigung ihrer Entschädigungsansprüche erreichen. Dies erscheint insbesondere dann denkbar, wenn die Zahl der Geschädigten überschaubar ist. Schließlich werden auch die Interessen des Beschuldigten berücksichtigt, da er nicht unter den Einschränkungen eines Insolvenzverfahrens steht.[715]

III. Rechtsschutz des Beschuldigten

Nach Art. 8 Abs. 1 RiLi 2014/42/EU hat der Gesetzgeber die erforderlichen Maßnahmen zu treffen, um sicherzustellen, dass alle Personen, die von den in dieser Richtlinie vorgesehenen Maßnahmen betroffen sind, zur Wahrung ihrer Rechte über das Recht auf einen wirksamen Rechtsbehelf und auf ein faires Verfahren verfügen. Dem Beschuldigten stehen im Ermittlungsverfahren im Rahmen der vorläufigen Sicherungsmaßnahmen der Staatsanwaltschaft ausreichende Rechtsmittel der gerichtlichen Überprüfung zu. So kann der Beschuldigte exemplarisch gegen die Anordnung von Sicherungsmaßnahmen gemäß § 111j Abs. 2 StPO oder gemäß § 111k Abs. 3 StPO gegen Maßnahmen, die in Vollziehung der Beschlagnahme oder des Vermögensarrestes getroffen werden, die Entscheidung des zuständigen Gerichts beantragen. Problembehaftet ist der Rechtsschutz des Beschuldigten jedoch, sofern die Staatsanwaltschaft die Eröffnung des Insolvenzverfahrens beantragt oder das Gericht in der Hauptverhandlung die Abtrennung der Einziehungsentscheidung von der Hauptsacheentscheidung anordnet. In diesen beiden praktisch bedeutsamen Fällen stehen dem Beschuldigten keine ausreichenden Rechtsschutzmöglichkeiten zu.

1. Rechtsschutz im Insolvenzverfahren

Das Insolvenzantragsrecht der Staatsanwaltschaft und die damit einhergehende Verbindung des Straf- mit dem Insolvenzrecht wirft nicht nur im Hinblick auf die konkrete Ausübung durch die Staatsanwaltschaft Probleme auf.[716] Auch aus der Perspektive des Beschuldigten ist die Einführung des § 111i Abs. 2 StPO mit weitreichenden Folgen für dessen Verteidigung behaftet. Insoweit umreißt die folgende Darstellung die zu untersuchenden Probleme.

---

715 *Heger*, Stellungnahme, S. 5.
716 Siehe hierzu Gliederungspunkt K. III.

a. Problemdarstellung

Stellt die Staatsanwaltschaft gemäß § 111i Abs. 2 StPO einen Antrag auf Eröffnung des Insolvenzverfahrens über das Vermögen des Beschuldigten, sieht die StPO hiergegen keinen Rechtsbehelf vor. Der Beschuldigte kann seine Einwendungen gegen die Eröffnung des Insolvenzverfahrens lediglich gegenüber dem Insolvenzgericht geltend machen, mithin mit strafprozessual fremden Rechtsbehelfen.

Im Rahmen der Eröffnungsentscheidung des Insolvenzgerichts wird der Schuldner angehört, § 14 Abs. 2 InsO. Aufgrund der Auskunfts- und Mitwirkungspflichten der §§ 20 Abs. 1, 97 InsO ist der Beschuldigte verpflichtet, alle für das Insolvenzverfahren bedeutsamen Tatsachen preiszugeben. Von besonderer Relevanz ist insoweit der § 97 Abs. 1 Satz 2 InsO, demzufolge der Beschuldigte auch solche Tatsachen zu offenbaren hat, die geeignet sind, eine Verfolgung wegen einer Straftat oder einer Ordnungswidrigkeit herbeizuführen. Durch diese rechtlich vorgeschriebene Auskunftspflicht kommt der Beschuldigte in die Konfliktsituation, entweder bei seiner Überführung mitzuwirken oder aber wegen seines Schweigens Zwangsmitteln[717] ausgesetzt zu werden.

Die Offenbarungspflichten des § 97 InsO stehen somit in Widerspruch zu den im Strafverfahren garantierten Schutzvorkehrungen in Form der Zubilligung eines Schweigerechts gegen Selbstbezichtigungen.[718] Wie ist also zu verfahren, wenn sich der Beschuldigte schweigend verteidigen möchte? Unterlägen die erzwungenen Auskünfte in der Folge einem strafprozessualen Verwertungsverbot nach § 136a StPO oder sind die Mitwirkungspflichten des § 97 InsO bei

717 § 98 InsO regelt die Zwangsmittel und sieht die Anordnung von Haft zur Erzwingung der Auskunft vor.

718 BVerfG, Beschl. v. 13.01.1981 – 1 BvR 116/77, Rn. 18; Das Schweigerecht des Beschuldigten gehört zu den Grundsätzen eines fairen Strafverfahrens und wird in der Rechtsprechung als Ausdruck einer rechtsstaatlichen Grundhaltung bezeichnet, die auf der Achtung der Menschenwürde fußt (BVerfG, Beschl. v. 13.01.1981 - 1 BvR 116/77, Rn. 18; BVerfG, Beschl. v. 08.10.1974 - 2 BvR 747/73, Rn. 18; BGH, Urt. v. 04.06.1960 – 1 StR 683/59. Das Schrifttum sieht das Verbot der Selbstbezichtigung hingegen als Ergebnis einer durch Art. 2 Abs. 1 i.V.m. Art. 1 Abs. 1 GG gebotenen Abwägung zwischen dem Persönlichkeitsrecht des Beschuldigten und dem Strafverfolgungsinteresse der Allgemeinheit. Insoweit gebietet die Menschenwürde, es dem Beschuldigten freizustellen, ob er als Werkzeug zur Überführung seiner selbst dienen möchte (*Sautter*, AcP 161 (1962), S. 215 ff., S. 240 ff.; *Rogall*, Der Beschuldigte als Beweismittel gegen sich selbst, S. 124 ff.; *Eser*, in: Deutsche strafrechtliche Landesreferate, S. 136 ff.

der Beantragung des Insolvenzverfahrens durch die Staatsanwaltschaft einzuschränken? Des Weiteren wird der Frage nachgegangen, ob die Situation des § 111i Abs. 2 StPO einen neuen Fall der notwendigen Verteidigung nach § 140 Abs. 1 StPO darstellt?[719] Dies insbesondere vor dem Hintergrund, dass der als insolvent geltende Beschuldigte keinen Wahlverteidiger mehr bezahlen kann bzw. dies, bei Anordnung entsprechender Verfügungsverbote im Eröffnungsverfahren gemäß § 21 InsO oder dem Verlust der Verfügungsrechte gemäß § 80 InsO über das eigene Vermögen nach Eröffnung des Insolvenzverfahrens, nicht mehr darf.[720]

b. Bewertung

Die Vielzahl der aufgeworfenen Fragen zeigt, wie problembehaftet die Verknüpfung des Straf- mit dem Insolvenzrecht aus Sicht des Beschuldigten ist und welche erheblichen Auswirkungen sich hieraus für die Rechtsverteidigung des Beschuldigten ergeben.

Die grundlegende Problematik besteht darin, dass die Rechtsverteidigung aus dem Strafverfahren in das Insolvenzverfahren verlagert wird. Da der Beschuldigte seine Einwendungen gegen die Eröffnung des Insolvenzverfahrens und damit gegen die ihm zur Last gelegte Tat erst im Rahmen der Anhörung gemäß § 14 Abs. 2 InsO geltend machen kann, muss der Strafverteidiger ihn auch im Insolvenzverfahren vertreten und benötigt fortan vertiefte Kenntnisse im Insolvenzrecht.[721] Das gesetzgeberische Ziel, das Strafverfahren von verfahrensfremden Erwägungen zu befreien, wird auch hier nicht erreicht; vielmehr, es wird – wie der nun folgende Diskurs aufzeigt – in das Gegenteil verkehrt.

aa. § 97 InsO: Mitwirkungs- und Auskunftspflichten des Beschuldigten

Die Rechtsverteidigung des Beschuldigten wird erheblich erschwert, da dieser unter dem Druck des im Insolvenzverfahren geltenden Auskunfts- und Mitwirkungszwanges des § 97 InsO steht.[722] Insoweit kommt es zu einer Kollision zwischen dem strafrechtlichen Schweigerecht des Beschuldigten und den insolvenzrechtlichen Offenbarungspflichten des § 97 InsO.

Im Strafverfahren gilt gemäß den §§ 136 Abs. 1 Satz 2, 243 Abs. 5 Satz 1 StPO der prozessuale Grundsatz, dass sich der Beschuldigte zum Tatvorwurf nicht

719 *Köllner/Cyrus/Mück*: NZI 2016, S. 329, 333.
720 *Köllner/Cyrus/Mück*: NZI 2016, S. 329, 333.
721 *Köllner/Cyrus/Mück*: NZI 2016, S. 329, 333.
722 *Köllner/Cyrus/Mück*: NZI 2016, S. 329, 333.

äußern muss und dieses berechtigte Schweigen nicht zu seinem Nachteil gereicht werden darf.[723] Dieses Schweigerecht bietet im Strafverfahren einen durchgängigen Schutz gegen Selbstbezichtigungen, insbesondere für den Beschuldigten aber auch für Zeugen. Zwar besteht auch für diesen Personenkreis unter Umständen ein strafrechtlicher Zwang zur Mitwirkung[724], dabei handelt es sich jedoch um passive Duldungs- und Verhaltenspflichten[725], die im vorliegenden Zusammenhang nicht von Bedeutung sind, da sie nur in geringerem Maße in die Freiheit der Willensentschließung eingreifen als die Nötigung, durch eigene Äußerungen strafbare Handlungen offenbaren zu müssen.[726]

Im Zivilprozess gilt hingegen gemäß § 138 Abs. 3 ZPO der Grundsatz, dass nicht ausdrücklich bestrittene Tatsachen als zugestanden gelten. Der § 138 Abs. 3 ZPO findet im Insolvenzverfahren über § 4 InsO entsprechende Anwendung. Demnach gilt das Schweigerecht im Insolvenzverfahren grundsätzlich nicht, der Schuldner ist gemäß § 20 Abs. 1 InsO zur Auskunft verpflichtet.[727] Darüber hinaus stehen dem Schweigerecht die Schuldnerpflichten des § 97 InsO, welche dem insolvenzrechtlichen Zweck der vollständigen Feststellung und Verwertung des Schuldnervermögens dienen, entgegen. Diese Offenbarungspflichten sind als Eingriff in die Handlungsfreiheit sowie als Beeinträchtigung des Persönlichkeitsrechts im Sinne des Art. 2 Abs. 1 GG einzuordnen. Zugleich berührt der Zwang zur Selbstbezichtigung die Würde des Menschen, der insoweit als Werkzeug der Überführung seiner selbst dient.[728] Um dem Zweck der Haftungsverwirklichung beizukommen, sind die Grundrechtseingriffe gerechtfertigt und es dem Schuldner zumutbar, unbeschränkt Auskunft zu erteilen sowie den Insolvenzverwalter zu unterstützen.[729] Denn der Schuldner steht in einem besonderen Pflichtenverhältnis, aus welchem er zu uneingeschränkter Auskunft und Unterstützung des Insolvenzgerichts, des Insolvenzverwalters und seiner Gläubiger verpflichtet ist.[730]

---

723 BVerfG, Beschl. v. 07.07.1995 – 2 BvR 326/92;

724 Ein strafrechtlicher Mitwirkungszwang besteht bei der Entnahme von Blutproben gemäß §§ 81a ff. StPO oder der Wartepflicht am Unfallort gem. § 142 StGB.

725 Im Schrifttum werden diese Pflichten teilweise als bedenklich beanstandet, vgl. dazu: *Sautter*, AcP 161 (1962), S. 215 ff.

726 BVerfG, Beschl. v. 13.01.1981 – 1 BvR 116/77, Rn. 17.

727 *Blankenburg*, ZInsO 2017, S. 1453, 1461 f.

728 BVerfG, Beschl. v. 13.01.1981 – 1 BvR 116/77, Rn. 15.

729 *Stephan*, in: MüKo InsO, § 97, Rn. 13.

730 BVerfG, Beschl. v. 13.01.1981 – 1 BvR 116/77, Rn. 25; *Stephan*, in: MüKo InsO, § 97, Rn. 13: „Die Schuldnerpflichten des § 97 InsO folgen […] aus dem Zweck des Insolvenzverfahrens, nämlich der Haftungsverwirklichung gemäß § 1 InsO".

Aus der Intensität der Grundrechtsbeeinträchtigung folgt jedoch, dass die Auskunftspflicht des § 97 InsO endet, wenn der Zweck des Insolvenzverfahrens erreicht ist. Die Rechtsstellung des Beschuldigten im Strafverfahren darf durch die insolvenzrechtliche Auskunftspflicht nicht verschlechtert werden. Da der insolvenzrechtliche Zweck mit der Auskunftserteilung des Schuldners erfüllt ist, ist eine strafrechtliche Verwertung dieser grundsätzlich nicht erfasst. Um dieser Sachlage gerecht zu werden, führte der Gesetzgeber zur Abmilderung der uneingeschränkten Auskunftspflicht den § 97 Abs. 1 Satz 3 InsO ein. Demnach darf die erteilte Auskunft im Strafverfahren nur mit dessen Zustimmung verwendet werden.[731] Ist die Zustimmung einmal erteilt, kann sie im Nachhinein nicht mehr widerrufen werden.[732] In der Gesetzesbegründung ist insoweit nicht von einem Verwertungsverbot, sondern ausdrücklich von einem Verwendungsverbot die Rede.[733]

Eines Rückgriffs auf das strafprozessuale Beweisverwertungsverbot des § 136a StPO bedarf es mithin nicht. Auch müssen die Auskunftspflichten des Beschuldigten im Fall der Beantragung des Insolvenzverfahrens durch die Staatsanwaltschaft nicht eingeschränkt werden, da durch das Verwendungsverbot des § 97 Abs. 1 Satz 3 InsO ein rechtlicher Schutzmechanismus besteht. Gleichwohl stellt sich die Frage nach der inhaltlichen Reichweite des Verwendungsverbots. Hat dieses Vorauswirkung oder entfaltet es lediglich Fernwirkung; mit anderen Worten: Dürfen die Strafverfolgungsbehörden aus den Auskünften des Beschuldigten einen Anfangsverdacht hinsichtlich neuer Anknüpfungstaten schöpfen?

Im Schrifttum und der Rechtsprechung herrscht Einigkeit, dass das Verwendungsverbot Fernwirkung entfaltet.[734] Im Gegensatz zu einem Verwertungsverbot, bei dem im Strafprozess eine vom Schuldner erteilte Auskunft selbst

---

731 *Stephan*, in: MüKo InsO, § 97, Rn. 16.

732 *Diversy*, ZInsO 2005, S. 180, 183.

733 *Hefendahl*, wistra 2003, S. 1, 4; die Formulierung „Verwendungsverbot“ ist auf den Rechtsausschuss zurückzuführen, BT-Drucks. 12/7302, S. 166.

734 LG Stuttgart, Beschl. v. 21.07.2000 – 11 Qs 46/2000; *Stephan*, in: MüKo InsO, § 97, Rn. 16.; *Jungmann*, in: Schmidt InsO, § 97, Rn. 14; *Uhlenbruck*, NZI 2002, S. 401 ff.; *Bittmann/Rudolph*, wistra 2001, S. 81, 84; *Weyand*, ZInsO 2001, S. 108 ff.; *Hefendahl*, wistra 2003, S. 1, 6; *Richter*, wistra 2000, S. 1, 3 mit Verweis auf den Willen des Gesetzgebers (Begründung zu § 24 RegE-BT-Drucks. 12/2443 v. 15.04.1992, S. 71 ff.): „Nach dem Sinn dieses Verbotes dürfen auch solche Tatsachen nicht verwertet werden, zu denen die Auskunft den Weg gewiesen hat. Auf der anderen Seite hindert das Verbot nicht die Verwertung von Tatsachen, die der Strafverfolgungsbehörde bereits bekannt waren“.

nicht verwertet werden darf,[735] geht das Verwendungsverbot weiter und hat zur Folge, dass die erteilte Auskunft auch nicht als Grundlage für weitere Ermittlungen mit dem Ziel der Schaffung selbstständiger Beweismittel eingesetzt werden darf.[736] Aufgrund der Fernwirkung des Verwendungsverbotes, ist es den Strafverfolgungsbehörden verboten, Tatsachen zu verwerten, zu denen die Auskunft den Weg gewiesen hat und die Auskunft als Ansatz für weitere Ermittlungen zu nehmen. Aus dem Verwendungsverbot folgt daher, dass nur die im Insolvenzverfahren durch die Auskunft offenbarten und verfolgbaren Handlungen des Beschuldigten im Strafverfahren nicht verwendet werden dürfen.[737] Dieser weit gefasste Schutzbereich unterliegt jedoch erheblichen Restriktionen.

Das Verwendungsverbot umfasst nur erzwungene Aussagen, freiwillig preisgegebene Tatsachen[738], die der Beschuldigte ohne besondere Aufforderung und ohne Hinweis auf die Auskunftspflicht macht, sind strafrechtlich berücksichtigungsfähig.[739]

Freiwillig sind die Auskünfte demnach auch dann, wenn sie gegenüber jemandem getätigt werden, dem gegenüber keine insolvenzrechtliche Auskunftspflicht besteht. Im Eröffnungsverfahren bestehen die Auskunftspflichten gemäß § 20 Satz 2, 22 Abs. 3 Satz 3 InsO ausschließlich gegenüber dem Insolvenzgericht und dem vorläufigen Insolvenzverwalter, während diese gemäß § 97 Abs. 1 Satz 1 InsO im Insolvenzverfahren auch gegenüber dem Gläubigerausschuss und auf Anordnung des Gerichts gegenüber der Gläubigerversammlung begründet sind. Die Rechtsprechung ist allerdings der Auffassung, dass das Verwendungsverbot nicht gelte, wenn der Schuldner gegenüber einem Sachverständigen Auskünfte erteilt. Dies ergebe sich einerseits aus dem Umstand, dass der Sachverständige in § 97 Abs. 1 Satz 1 InsO nicht genannt werde und andererseits daraus, dass die InsO dem Gutachter im Eröffnungsverfahren keine

735 *Schuhr*, in: MüKo StPO, § 136a, Rn. 96; *Rogall*, JZ 1996, S. 944, 950; *Schlothauer/Weider/Wollschläger*, Verteidigung im Revisionsverfahren, Rn. 2076.

736 *Jungmann*, in: Schmidt InsO, § 97, Rn. 14; *Uhlenbruck*, NZI 2002, S. 401, 403; *Bittmann/Rudolph*, wistra 2001, S. 81, 82; *Richter*, wistra 2000, S. 1, 3; *Weyand*, ZInsO 2001, S. 108; Das Verwendungsverbot wird daher ebenfalls „Fernwirkungsverbot“ genannt, *Stephan*, in: MüKo InsO, § 97, Rn. 16.

737 *Stephan*, in: MüKo InsO, § 97, Rn. 16; *Diversy*, ZInsO 2005, S. 180, 183; *Bittmann/Rudolph*, wistra 2001, S. 81, 84.

738 Die Auskunft ist dann nicht freiwillig, wenn der Schuldner allgemeine Kenntnis von seiner Verpflichtung, auch strafbare Handlungen im Insolvenzverfahren zu offenbaren, hat: *Stephan*, in: MüKo InsO, § 97, Rn. 17.

739 *Stephan*, in: MüKo InsO, § 97, Rn. 17; *Jungmann*, in: Schmidt InsO, § 97, Rn. 13.

Sonderrechte einräume.[740] Vielmehr bestimme sich die Rechtsstellung des Gutachters nach § 4 InsO i.V.m. §§ 144, 402 ff. ZPO.[741] Diese Vorschriften würden jedoch keine Zwangsbefugnisse des Sachverständigen vorsehen, weshalb den Schuldner keine Mitwirkungspflichten träfen. Dies ergebe sich wiederum daraus, dass sich die Vorschriften der §§ 20 Satz 2, 22 Abs. 3 Satz 3 InsO lediglich auf Auskunftspflichten gegenüber dem Insolvenzgericht sowie dem vorläufigen Insolvenzverwalter und nicht gegenüber dem Gutachter bezögen.[742] Die gegenüber dem Sachverständigen im Insolvenzeröffnungsverfahren getätigten Auskünfte seien somit als freiwillig anzusehen und dürften verwendet werden.[743]

Die Auffassung der Rechtsprechung ist im Schrifttum auf Ablehnung gestoßen.[744] Das Insolvenzgericht übertrage regelmäßig seine Ermittlungen hinsichtlich der Eröffnungsvoraussetzungen gemäß § 4 InsO i.V.m. §§ 144, 402 ff. ZPO auf einen Sachverständigen, es sei denn, es werde sofort ein vorläufiger Insolvenzverwalter mit den entsprechenden Ermittlungsbefugnissen eingesetzt. Werden die Ermittlungen also auf den Sachverständigen übertragen, bestünde die Auskunfts- und Mitwirkungspflicht des Schuldners im Rahmen des Auftrags auch diesem gegenüber.[745] Darüber hinaus könne der Sachverständige seinen Auskunftsanspruch - wenn auch mit Hilfe des Gerichts - zwangsweise gemäß §§ 20 Abs. 1 Satz 2, 22 Abs. 3, 97, 98, 101 InsO durchsetzen. Es mache also faktisch keinen Unterschied, ob sich der Schuldner gegenüber dem Insolvenzgericht oder gegenüber einem von diesem bestellten und mit Ermittlungsbefugnissen ausgestatteten Gutachter äußere.[746]

Der im Schrifttum aufgeworfenen Kritik ist zuzustimmen. Die insoweit maßgebliche Entscheidung des Thüringer Oberlandesgerichts steht im Widerspruch zur Rechtsprechung des BGH, wonach sehr wohl eine Auskunftspflicht gegenüber dem Sachverständigen besteht.[747] Im Ergebnis kann es auch nur darauf

---

740 Thüringer Oberlandesgericht, Beschl. v. 12.08.2010 - 1 Ss 45/10, Rn. 11.

741 BGH, Beschl. v. 04.03.2004 - IX ZB 133/03, Rn. 14; *Pape*, in: Uhlenbruck InsO, § 5, Rn. 13 m.w.N.; gem. § 404a ZPO kann das Insolvenzgericht dem Sachverständigen Weisungen erteilen oder ihm gemäß § 404a Abs. 4 ZPO gestatten, eigene Ermittlungen durch Kontaktaufnahme mit Zeugen oder dem Insolvenzschuldner zu führen: *Gerhardt*, in: Jaeger InsO, § 5, Rn. 15.

742 Thüringer Oberlandesgericht, Beschl. v. 12.08.2010 - 1 Ss 45/10, Rn. 11 unter Hinweis auf *Pape*, in: Uhlenbruck InsO, § 5, Rn. 13; *Gerhardt*, in: Jaeger InsO, § 5, Rn. 15.

743 Thüringer Oberlandesgericht, Beschl. v. 12.08.2010 - 1 Ss 45/10, Rn. 11.

744 *Zipperer*, in: Uhlenbruck InsO, § 97, Rn. 13; *Lenger*, NZI 2011, S. 382, 383.

745 So ausdrücklich BGH, Beschl. v. 21.07.2005 - IX ZB 179/04.

746 *Lenger*, NZI 2011, S. 382, 383.

747 BGH, Beschl. v. 21.07.2005 - IX ZB 179/04.

ankommen, ob eine solche Auskunftspflicht besteht und nicht, ob diese mit Zwangsmitteln durchgesetzt werden kann. Denn besteht eine Auskunftspflicht, ist die darauf erfolgte Mitteilung erzwungen und gerade nicht freiwillig. Wer diese Pflicht dann mit welchen Zwangsmitteln durchsetzt, ist sekundär. Darüber hinaus würde die Schutzwirkung des Verwendungsverbots vom Zufall abhängen, ob nunmehr ein Gutachter oder ein vorläufiger Insolvenzverwalter bestellt wird.[748] Demnach sprechen die gewichtigeren Argumente für das Schrifttum, sodass eine gegenüber dem Sachverständigen im Insolvenzeröffnungsverfahren getätigte Auskunft nicht freiwillig und damit auch nicht verwendbar ist.[749]

Ausdrücklich vom Wortlaut des § 97 Abs. 1 Satz 3 InsO erfasst, ist nur der Satz 1; das Verwendungsverbot würde sich demnach ausschließlich auf Auskünfte erstrecken. Sämtliche anderen Handlungen und Angaben des Beschuldigten nach § 97 Abs. 2 und 3 InsO[750] könnten damit grundsätzlich verwendet werden. Dies stößt im Schrifttum auf Kritik, da der bloße formale Unterschied zwischen einer mündlichen Auskunftserteilung und der Vorlage von Unterlagen für die Eröffnung des Schutzbereichs kein maßgebliches Kriterium sei.[751] Dies ergebe sich daraus, dass der Gesetzgeber dem Beschuldigten über § 97 Abs. 1 Satz 3 InsO einen weitreichenden Schutz vor den Folgen einer möglichen Selbstbezichtigung zugestehen wollte. Gestützt werde diese Argumentation durch einen Vergleich mit dem Verwendungsverbot des § 393 Abs. 2 Satz 1 AO. Dort geht die herrschende Meinung davon aus, dass sowohl Mitteilungen als auch diejenigen Unterlagen, die in Erfüllung steuerlicher Pflichten vorgelegt werden, vom Schutzbereich umfasst sind.[752]

Der Ansicht im Schrifttum ist zuzustimmen. Die verfassungsrechtliche Herleitung des Verwendungsverbotes aus dem „nemo-tenetur-Grundsatz" gebietet einen weitreichenden Schutz und damit auch ein Erstrecken auf sonstige Handlungen. Andernfalls würde der Schutzzweck unterlaufen und der Beschuldigte gezwungen, zum Beweis gegen sich selbst zu werden.[753]

---

748 So auch *Lenger*, NZI 2011, S. 382, 383.

749 So auch *Zipperer*, in: Uhlenbruck InsO, § 97, Rn. 13.

750 Z.B. die Vorlage von Bilanzen, Buchhaltungs- oder sonstigen Geschäftsunterlagen. Eine entsprechende gesetzliche Pflicht zur Führung von Handelsbüchern und Bilanzen besteht für Kaufleute gemäß §§ 238 ff. HGB. Die Verletzung dieser Pflichten ist in § 283 Abs. 1 Nr. 5–7 StGB unter Strafe gestellt.

751 *Stephan*, in: MüKo InsO, § 97, Rn. 18a.

752 *Stephan*, in: MüKo InsO, § 97, Rn. 18a; *Joecks*, in: Joecks/Jäger/Randt Steuerstrafrecht, § 393 AO, Rn. 92; *Jäger*, in: Klein AO, § 393, Rn. 48 f.; *Sprenger*, in: NK Wirtschafts- und Steuerstrafrecht, § 393, Rn. 30.

753 *Stephan*, in: MüKo InsO, § 97, Rn. 18a.

Die vorstehende Argumentation zieht zugleich die Anwendbarkeitsgrenze des Verwendungsverbotes auf die Absätze 2 und 3; der Handlung muss, ebenso wie der Auskunft als regelmäßig mündliche Erklärung, ein eigenständiger Erklärungswert innewohnen. Des Weiteren können Unterlagen nur verwendet werden, soweit eine Rechtspflicht deren Führung und Vorlage vorschreibt, da die Staatsanwaltschaft von diesen Unterlagen durch die Pflicht zur Vorlage auch unabhängig von der insolvenzrechtlichen Auskunftspflicht des Beschuldigten Kenntnis erlangen kann. Besteht also keine Verpflichtung zur Führung, dürfen diese Unterlagen „weder unmittelbar noch mittelbar im Strafverfahren verwendet werden."[754] Dies ist folgerichtig, da ansonsten derjenige schlechter gestellt würde, der bestimmte Vorgänge dokumentiert und vorlegt, als jener, der alle Vorfälle mündlich erklärt.[755] Mithin ist die Vorlage von Unterlagen, für deren Führung und Vorlage keine Rechtspflicht besteht, einer Auskunftserteilung gleichzusetzen.[756]

Schließlich dürfen bereits bekannte oder aus anderen Quellen zugängliche Tatsachen durch die Strafverfolgungsbehörden verwendet werden.[757] Dies führt in der Praxis zu Abgrenzungsschwierigkeiten,[758] da die Staatsanwaltschaft als Antragstellerin Einblicke in die Insolvenzakte hat und somit eine konkrete Abgrenzung zwischen bereits bekannten und erst offenbarten Tatsachen im Einzelfall schwierig ist.[759]

Das Vorstehende zeigt auf, dass es zwar einen gesetzlichen Schutzmechanismus für die Rechte des Beschuldigten gibt, das Verwendungsverbot jedoch entgegen des eingangs dargestellten Schutzbereichs einen umfassenden Schutz nicht gewährleistet. Möglicherweise könnte der Schutz des Beschuldigten aber durch das in einem Sondervotum zu der Entscheidung des BVerfG aus dem Jahre 1981 postulierte Offenbarungsverbot erweitert und damit gestärkt werden.

---

754 *Stephan*, in: MüKo InsO, § 97, Rn. 18a.

755 *Hefendahl*, wistra 2003, S. 1, 9.

756 *Stephan*, in: MüKo InsO, § 97, Rn. 18a; *Hefendehl*, wistra 2003, S. 1, 9; a.A. OLG Celle, Beschl. v. 19.12.2012 – 32 Ss 164/12, Rn. 11; Thüringer Oberlandesgericht, Beschl. v. 12.08.2010 – 1 Ss 45/10.

757 LG Stuttgart, Beschl. v. 21.07.2000 – 11 Qs 46/2000; mit Anm. *Weyand*, ZInsO 2001, S. 108; *Schmidt-Räntsch*, Insolvenzordnung mit Einführungsgesetz, § 97, Rn. 1.

758 *Stephan*, in: MüKo InsO, § 97, Rn. 17; *Jungmann*, in: Schmidt InsO, § 97, Rn. 14.

759 Auch als „Holkriminalität" bezeichnet, bei der eine effiziente Strafverfolgung nur durch die Einleitung entsprechender Ermittlungsverfahren von Amts wegen gewährleistet sei: *Diversy*, ZInsO 2005, S. 180.

Das Offenbarungsverbot sieht vor, dass die Auskünfte des Beschuldigten nicht an die Staatsanwaltschaft weitergeleitet werden dürfen.[760] Mithin würde verhindert, dass die Strafverfolgungsbehörden aus den Insolvenzakten einen Anfangsverdacht hinsichtlich weiterer Anknüpfungstaten schöpfen könnten; das Offenbarungsverbot entfaltet daher Vorauswirkung. Konkret ausgestaltet bedeutet dies, dass das Insolvenzgutachten der Staatsanwaltschaft unzugänglich gemacht und der Insolvenzverwalter zur Verschwiegenheit verpflichtet wird.[761] Des Weiteren könnten die erzwungenen Auskünfte des Beschuldigten in den Akten kenntlichgemacht oder entfernt werden, um zu verhindern, dass diese als Ansätze für weitere Ermittlungsmaßnahmen dienen.[762]

Diesen Erwägungen steht bereits die reformierte Position der Staatsanwaltschaft im Insolvenzeröffnungsverfahren entgegen. Die Staatsanwaltschaft stellt den Eröffnungsantrag aus eigenem Recht, weshalb sie Verfahrensbeteiligte[763] und nicht mehr Dritte im Sinne der Insolvenzordnung ist; Beteiligte des Insolvenzeröffnungsverfahrens sind grundsätzlich nur der Antragsteller und der Antragsgegner.[764] Die künftigen Insolvenzgläubiger erlangen ihre Beteiligtenstellung erst mit der Verfahrenseröffnung und sind bis zu diesem Zeitpunkt „Dritte" i.S.d. § 299 Abs. 2 ZPO.[765] Mithin hat die Staatsanwaltschaft als Verfahrensbeteiligte ein Akteneinsichtsrecht gemäß § 4 InsO i.V.m. § 299 Abs. 1 ZPO und damit Anspruch auf umfassenden Zugriff auf die Insolvenzakten. Gegen ein Offenbarungsverbot spricht weiterhin, dass die Auskünfte des Beschuldigten auch Dritte strafrechtlich belasten können. Ein Offenbarungsverbot würde zu dem sachwidrigen Ergebnis führen, dass diese Personen ebenfalls vor strafrechtlicher Verfolgung geschützt wären.[766] Des Weiteren würde dem Insolvenzgericht eine strafrechtliche Bewertung der erzwungenen Auskünfte obliegen, wofür den Insolvenzgerichten die erforderliche Sachkunde fehlt.[767] Das Insolvenzgericht müsste die Insolvenzakten nach Auskünften des Beschuldigten durchsehen und

760 Sondervotum des Verfassungsrichters *Heußner*, NJW 1981, S. 1431, 1433.

761 *Hohnel*, NZI 2005, S. 152.

762 *Uhlenbruck*, NZI 2002, S. 405.

763 Anstelle des Parteibegriffes wird im Insolvenzverfahren der Beteiligtenbegriff verwendet: *Pape*, in: Uhlenbruck InsO, § 4, Rn. 26.

764 *Pape*, in: Uhlenbruck InsO, § 4, Rn. 26; Ganter/*Lohmann*, in: MüKo InsO, § 4, Rn. 59; eingehend auch *Heeseler*, ZInsO 2001, S. 873 ff., 882 ff.

765 BGH, Urt. v. 11.10.1984 – IX ZR 80/83; *Hess*, Großkommentar InsO, § 4, Rn. 446; vgl. auch *Haarmeyer/Seibt*, RPfleger 1996, S. 221, 223; *Heeseler*, ZInsO 2001, S. 873, 885 f.

766 *Hefendahl*, wistra 2003, S. 1, 5.

767 *Hefendahl*, wistra 2003, S. 1, 5.

beurteilen, ob diese geeignet sind einen Straftatverdacht zu begründen. Käme es zu dieser Einschätzung, müsste es die Weitergabe an die Staatsanwaltschaft untersagen.[768] Dem ungeachtet stünde auch mit der Entscheidung des Insolvenzgerichts die Verwendbarkeit der entsprechenden Aktenteile nicht endgültig fest. Denn eine verbindliche Feststellung trifft erst das erkennende Straf- oder Rechtsmittelgericht.[769] Auch wäre ein Abtrennen der erzwungenen Auskünfte des Beschuldigten aus den Insolvenzakten nicht praktikabel, da diese zumeist nicht trennscharf herausgelöst werden können.[770]

Schließlich lässt sich der Wortlaut des § 97 Abs. 1 Satz 3 InsO gegen ein Offenbarungsverbot und damit gegen eine Vorauswirkung anführen. Die Norm spricht von einer *Verwendung im Strafverfahren*. Von einem Strafverfahren kann jedoch frühestens mit Beginn des Ermittlungsverfahrens gesprochen werden.[771] Ein Ermittlungsverfahren wird eingeleitet, wenn ein Anfangsverdacht besteht. Ermittlungsmaßnahmen werden also erst dann zulässig, wenn die Strafverfolgungsbehörden von der konkreten Möglichkeit des Vorliegens einer Straftat ausgehen. Mithin beginnt das Ermittlungsverfahren auch erst in diesem Zeitpunkt. Daher kann mit der ersten Informationsübermittlung an die Strafverfolgungsbehörden kein Ermittlungsverfahren vorliegen, sodass auch ein Strafverfahren noch nicht begonnen hat.[772] Ein Offenbarungsverbot lässt sich also weder aus dem Wortlaut der Norm noch aus der Gesetzessystematik herleiten.[773]

Festzuhalten ist, dass dem § 97 Abs. 1 Satz 3 InsO eine Vorauswirkung und damit ein Beweiserhebungsverbot nicht entnommen werden kann.[774] Das Verwendungsverbot entfaltet nur Fernwirkung und schafft ein selbständiges Beweisverbot, das lediglich im laufenden Strafverfahren zu berücksichtigen ist. Um damit die eingangs aufgeworfene Frage zu beantworten: Die Strafverfolgungsbehörden dürfen aus den Auskünften des Beschuldigten einen Anfangsverdacht hinsichtlich neuer Anknüpfungstaten gewinnen. Demnach sind falsche Angaben des Beschuldigten[775] ebenso wie sein Schweigen verwendbar,[776] sodass

768 *Hefendahl*, wistra 2003, S. 1, 5.

769 *Richter*, wistra 2000, S. 439, 440.

770 *Zipperer*, in: Uhlenbruck InsO, § 97, Rn. 10; *Richter*, wistra 2000, S. 439, 440.

771 Vgl. Beulke, Strafprozessrecht, Rn. 2.; *Hefendahl*, wistra 2003, S. 1, 5.

772 *Beulke*, Strafprozessrecht, Rn. 113 f.; *Hefendahl*, wistra 2003, S. 1, 5; vgl. auch *Dencker*, Verwertungsverbote im Strafprozess, S. 76.

773 *Hefendahl*, wistra 2003, S. 1, 6.

774 *Hefendahl*, wistra 2003, S. 1, 6; *Stephan*, in: MüKo InsO, § 97, Rn. 17.

775 *Diversy*, ZInsO 2005, S. 180, 183; *Bittmann/Rudolph*, wistra 2001, S. 83.

776 *Diversy*, ZInsO 2005, S. 180, 183; *Richter*, wistra 2000, S. 1, 3; *Bittmann/Rudolph*, wistra 2001, S. 83.

wissentlich falsche oder unvollständige Angaben des Beschuldigten den Straftatbestand eines Aussagedelikts gemäß §§ 153 ff. StGB erfüllen können.[777]

Obwohl das Verwendungsverbot keine Vorauswirkung entfaltet, ist es in seiner konkreten Ausgestaltung rechtsstaatlich ausreichend, dem Grundrecht der Selbstbelastungsfreiheit Rechnung zu tragen. Aufgrund der Fernwirkung muss bei bestehenden Zweifeln im Rahmen der Beweisverwertung im Strafverfahren stets nachgewiesen werden, dass ein Beweismittel nicht auf der Auskunft des Schuldners beruht. Ist dies nicht zu klären, bleibt die Auskunft unverwertbar.[778] Gleichwohl verbleibt die Gefahr der mittelbaren Selbstbelastung durch Ausnutzen der erzwungenen oder freiwillig getätigten Aussagen des Beschuldigten, ein Schutz vor mittelbarer Selbstbelastung ergibt sich jedoch nicht schon aus dem „nemo-tenetur-Grundsatz" selbst.[779] Im Übrigen soll der Beschuldigte auch nicht die Möglichkeit erhalten, die Strafverfolgung mittels vollumfänglicher Auskunft zu blockieren.[780]

Aus praktischen Gesichtspunkten wird zur Überprüfbarkeit der Fernwirkung und damit der Stärkung des Verwendungsverbotes angeregt, die Insolvenzakte ganz oder in Auszügen in Fotokopie nicht mit den Ermittlungsakten im engeren Sinne zu verbinden, sondern diese als Sonderhefte von den Strafverfolgungsbehörden führen zu lassen. Auf diese Weise kann jederzeit die Einholung einer Zustimmungserklärung durch den Berechtigten und/oder die Überprüfung der Verwendbarkeit im Strafverfahren sichergestellt werden.[781]

Zusammenfassend ist festzuhalten, dass durch die insolvenzrechtlichen Auskunfts- und Mitwirkungspflichten ein – wenn auch verfassungsrechtlich legitimierter – Druck auf die grundrechtlich gewährleistete Verteidigungsstrategie des Beschuldigten, sich schweigend zu verteidigen, ausgeübt wird. So können die dem Verwendungsverbot unterliegenden Angaben auch im Ermittlungsverfahren Bedeutung erlangen, sei es, dass sie dem Beschuldigten nur mit der Frage vorgelegt werden, ob er mit deren Verwendung einverstanden sei.[782] Vor diesem Hintergrund und der festgestellten Reichweite des Verwendungsverbotes bedarf es im Rahmen des Eröffnungsverfahrens der fortlaufenden Prüfung durch den Beschuldigten, welche Tatsachen von seiner Auskunftspflicht erfasst

---

777 BGH, Urt. v. 02.12.1952 – 1 StR 437/52; *Stephan*, in: MüKo InsO, § 97, Rn. 16.

778 *Hefendahl*, wistra 2003, S. 1, 7; *Joecks*, in: Joecks/Jäger/Randt Steuerstrafrecht, § 393 AO, Rn. 92; *Stephan*, in: MüKo InsO, § 97, Rn. 17.

779 *Hefendahl*, wistra 2003, S. 1, 6.

780 *Hefendahl*, wistra 2003, S. 1, 6

781 *Richter*, wistra 2000, S. 439, 440.

782 *Richter*, wistra 2000, S. 439, 440.

sind und welche Tatsachen er nicht preisgeben muss. Diese Sachlage ist ebenso geeignet Druck auf die Rechtsverteidigung des Beschuldigten auszuüben, wie der Umstand, dass der Beschuldigte eine Eröffnung des Insolvenzverfahrens nur dann abwenden kann, wenn er sich im Insolvenzeröffnungsverfahren äußert.

bb. § 111i StPO: Ein neuer Fall der notwendigen Verteidigung?

Die Verbindung des Straf- mit dem Insolvenzrecht und die damit einhergehenden Probleme sind derart komplex, dass die Frage aufgeworfen werden muss, ob die Situation des § 111i StPO einen neuen Fall der notwendigen Verteidigung i.S.d. § 140 StPO darstellt? Bei dieser Erwägung ist ebenfalls von Bedeutung, dass der als insolvent geltende Beschuldigte keinen Wahlverteidiger mehr bezahlen kann/darf.[783]

Die Strafprozessordnung unterscheidet zwischen der notwendigen und der nicht gesetzlich vorgeschriebenen Verteidigung. Des Weiteren wird zwischen der Verteidigung durch einen gewählten und durch einen bestellten Verteidiger unterschieden.[784] Wann die Verteidigung eine notwendige ist, ergibt sich zunächst aus dem Katalog des § 140 Abs. 1 StPO. Ist einer dieser Fälle erfüllt und hat der Beschuldigte noch keinen Verteidiger, bestellt der Vorsitzende des zuständigen Gerichts einen (Pflicht-)Verteidiger. Liegt keiner der Fälle des § 140 Abs. 1 StPO vor, wird dem Beschuldigten auf Antrag oder von Amts wegen ein (Pflicht-)Verteidiger beigeordnet, wenn wegen der Schwere der Tat oder wegen der Schwierigkeit der Sach- und Rechtslage die Mitwirkung eines Verteidigers geboten erscheint oder wenn ersichtlich ist, dass sich der Beschuldigte nicht selbst verteidigen kann, § 140 Abs. 2 StPO. In den Fällen des § 140 Abs. 1 StPO ist die Bestellung eines notwendigen Verteidigers für das gesamte Verfahren[785] zwingend, während diese in den Fällen des § 140 Abs. 2 StPO nur angeordnet wird, wenn sie unter Abwägung der Besonderheiten des Einzelfalls erforderlich erscheint; eine Beschränkung auf einzelne Verfahrensabschnitte ist möglich.[786] § 140 StPO findet unmittelbare Anwendung nur im Strafverfahren;[787] die Verteidigerbestellung endet mit Rechtskraft des Urteils. Im Strafvollstreckungsverfahren und

---

783 *Köllner/Cyrus/Mück*, NZI 2016, S. 329, 333.

784 Vgl. *Thomas/Kämpfer*, in: MüKo StPO, § 140, Rn. 1.

785 OLG Köln, Beschl. v. 29.06.2005 – 2 Ws 254/05; vgl. OLG Schleswig, Beschl. v. 30.07.1997 – 1 Str 114/97; *Krawczyk*, in: BeckOK StPO, 32. Edition, Stand: 01.01.2019, § 140, Rn. 1; *Willnow*, in: KK StPO, § 140, Rn. 4.

786 Vgl. *Schmitt*, in: Meyer-Goßner, § 140, Rn. 3 und 6.

787 § 140 Abs. 1 StPO gilt von vornherein nur im Erkenntnisverfahren: so wörtlich KG, Beschl. v. 10.02.2006 – 5 Ws 61/06.

sonstigen Folgeverfahren kommt lediglich eine entsprechende Anwendung des § 140 Abs. 2 StPO in Betracht.[788] Mithin ist für die weitere Beurteilung maßgeblich, ob die Verteidigung im insolvenzrechtlichen Eröffnungsverfahren einen Teil des Strafverfahrens darstellt oder als Folgeverfahren einzuordnen ist.

Für die Einordnung als Teil des Strafverfahrens spricht, dass das Antragsrecht der Staatsanwaltschaft systematisch in der Strafprozessordnung geregelt ist. Dort sind auch die Voraussetzungen der Antragsberechtigung, nämlich das Vorliegen eines „Mangelfalls", normiert. Entscheidend gegen die Verortung als Teil des Strafverfahrens spricht jedoch der Umstand, dass es gegen den Antrag der Staatsanwaltschaft keinen strafprozessualen Rechtsbehelf gibt. Erst im Eröffnungsverfahren wird der Beschuldigte gemäß § 14 Abs. 2 InsO angehört und kann seine Einwendungen – diese betreffen die ihm zur Last gelegte Tat und unterliegen damit strafverfahrensrechtlichen Erwägungen – geltend machen. Die Verteidigung des Beschuldigten wird demnach aus dem Strafverfahren in das insolvenzrechtliche Eröffnungsverfahren verlagert. Schließlich spricht gegen die Einordnung als Teil des Strafverfahrens, dass die Entscheidung, ob das Insolvenzverfahren zu eröffnen ist, durch das Insolvenzgericht getroffen wird. Es handelt sich also nicht mehr um eine Entscheidung des zuständigen Strafgerichts. Die Verteidigung des Beschuldigten im Insolvenzverfahren stellt keinen Teil des Strafverfahrens dar.

Ob das Eröffnungsverfahren somit ein Folgeverfahren des Strafverfahrens darstellt, ergibt sich aus dieser Feststellung nicht, sondern bedarf einer differenzierten Betrachtung am Einzelfall. Eine Einordnung als Folgeverfahren liegt nur dann vor, wenn das Eröffnungsverfahren im Anschluss an die Rechtskraft des Urteils im Rahmen des Entschädigungsverfahrens durchgeführt wird. Stellt die Staatsanwaltschaft den Antrag gemäß § 111i Abs. 2 StPO bereits bei Anklageerhebung, ist das sich daran anschließende insolvenzrechtliche Eröffnungsverfahren nicht als Folge- sondern als Parallelverfahren einzuordnen. Hierfür spricht zum einen, dass das Strafverfahren noch nicht rechtskräftig beendet ist und zum anderen der Beschuldigte zu diesem Zeitpunkt als unschuldig gilt. Als Zwischenergebnis kann somit festgehalten werden, dass das Eröffnungsverfahren entweder als Folge- oder als Parallelverfahren zu klassifizieren ist. Beide Bezeichnungen eint, dass ihnen ein rechtswegfremdes Verfahren zugrunde liegt, in welchem strafrechtliche Tatsachen die Grundlage für die abschließende Entscheidung durch das Insolvenzgericht bilden. Es kommt daher lediglich eine

---

788 BGH, Urt. v. 17.04.1952 – 5 StR 349/52; *Schmitt*, in: Meyer-Goßner, § 140, Rn. 33; *Thomas/Kämpfer*, in: MüKo StPO, § 140, Rn. 5.

entsprechende Anwendung des § 140 Abs. 2 StPO auf die Situation des insolvenzrechtlichen Eröffnungsverfahrens in Betracht.

Im Strafvollstreckungsverfahren und sonstigen Folgeverfahren wird eine entsprechende Anwendung des § 140 Abs. 2 StPO bejaht, wenn die ausstehende Entscheidung, wie z.B. bei den §§ 56 f., 57, 57a StGB, von Gewicht für den Verurteilten ist.[789] Diese Entscheidungen und die zugrunde liegenden Normen betreffen u.a. Fälle der Überprüfung der Unterbringung[790], der Aussetzung der Sicherungsverwahrung[791] und haben gemein, dass sie rechtlich schwierig oder tatsächlich folgenreich für den Beschuldigten sind.[792] Erforderlich ist jedoch, dass der Beschuldigte aufgrund einer „schwierigen Sach- und Rechtslage" oder aus „sonstigen in seiner Person liegenden Gründen" außer Stande ist, sich selbst zu verteidigen.[793] Bei der Auslegung dieser drei abschließend genannten Merkmale des § 140 Abs. 2 Satz 1 StPO muss berücksichtigt werden, dass im Strafvollstreckungsverfahren im Verhältnis zum kontradiktorischen Erkenntnisverfahren ein geringeres Bedürfnis nach Mitwirkung eines Verteidigers auf Seiten des Beschuldigten besteht. Die Merkmale sind daher einschränkend auszulegen.[794]

Aus dem Vorstehenden ist zu schließen, dass eine entsprechende Anwendung des § 140 Abs. 2 StPO immer dann vorgenommen wird, wenn der Sinn und Zweck der notwendigen Verteidigung dies gebietet. Demnach muss die Situation des insolvenzrechtlichen Eröffnungsverfahrens vom Sinn und Zweck der notwendigen Verteidigung umfasst sein. § 140 StPO stellt sich i.V.m. § 141 StPO als „eine Konkretisierung des Rechtsstaatsprinzips in seiner Ausgestaltung als Gebot fairer Verfahrensführung dar," welches zu den Grundpfeilern eines rechtsstaatlichen Verfahrens zählt.[795] § 140 Abs. 2 StPO schützt daher in schwerwiegenden Fällen auch den mittellosen Beschuldigten, dem sodann von Amts wegen und auf Kosten der Staatskasse ein Verteidiger beigeordnet werden kann.[796] Insoweit

---

789 *Willnow*, in: KK StPO, § 141, Rn. 11.

790 Vgl. BVerfG, Beschl. v. 13.11.2005 – 2 BvR 792/05; OLG Köln, Beschl. v. 10.12.2004 – 2 Ws 538/04.

791 BVerfG, Beschl. v. 02.05.2002 – 2 BvR 613/02.

792 *Willnow*, in: KK StPO, § 141, Rn. 11.

793 Vgl. BVerfG, Nichtannahmebeschl. v. 06.07.2009 – 2 BvR 703/09; OLG Frankfurt a.M., Beschl. v. 02.02.2010 – 3 Ws 81/10; OLG Bremen, Beschl. v. 24.04.2008 – Ws 41/08; OLG Köln, Beschl. v. 09.06.2004 – 2 Ws 209/04; *Willnow*, in: KK StPO, § 141, Rn. 11.

794 KG, Beschl. v. 10.02.2006 – 5 Ws 61/06.

795 BVerfG, Beschl. v. 19.10.1977 – 2 BvR 462/77, Rn. 31; *Willnow*, in: KK StPO, § 140, Rn. 1.

796 StRspr. anstatt vieler: BVerfG, Beschl. v. 19.10.1977 – 2 BvR 462/77, Rn. 31 m.w.N.

ist auch bei der Durchsetzung dieser Rechte das verfassungsrechtliche Gleichheitsgebot des Art. 3 Abs. 1 GG zu beachten, da § 137 StPO dem mittellosen Beschuldigten keine effektive Verteidigung gewährt.[797] Der Beschuldigte muss also, wenn dies für die Interessenwahrung notwendig ist, mit Hilfe eines Verteidigers auf den Ablauf und das Ergebnis des Strafverfahrens einwirken können.[798] Die notwendige Verteidigung dient dabei in dem „kontradiktorischen Erkenntnisverfahren"[799] der Waffengleichheit der Verfahrensbeteiligten.[800] Daher sind bei der Auslegung der schwierigen Sach- und Rechtslage niedrige Anforderungen zusetzen; es kommt auf die Laiensphäre des Beschuldigten an.[801]

Aus dem Vorstehenden kann geschlussfolgert werden, dass eine entsprechende Anwendung des § 140 Abs. 2 StPO auf den Fall des § 111i Abs. 2 StPO dann zulässig ist, wenn die ausstehende Entscheidung des Insolvenzgerichts für den Beschuldigten von Gewicht ist und dieser wegen der Schwierigkeit der Sach- und Rechtslage oder aus sonstigen in seiner Person liegenden Gründen zur eigenen Verteidigung außerstande ist. Für die Frage, ob die Entscheidung für den Beschuldigten von Gewicht ist, erlangt die Differenzierung zwischen der Einordnung als Folge- oder Parallelverfahren erneute Relevanz.

Im Folgeverfahren ist die Verteidigung unter Abwägung der Interessen des Verurteilten nicht notwendig. Die im Eröffnungsverfahren ausstehende Entscheidung hat für den Beschuldigten keine strafrechtliche Relevanz, da die Entschädigungsansprüche der Opfer ebenso wie die Schuld im Strafurteil rechtskräftig festgestellt wurden. Bei der Entscheidung über die Eröffnung des Insolvenzverfahrens geht es ausschließlich um die Frage, ob das Vermögen des Beschuldigten ausreicht, um die festgestellten Entschädigungsansprüche der Opfer zu befriedigen. Mithin gehen von der Entscheidung im Eröffnungsverfahren keine strafrechtlichen Folgen für den Beschuldigten aus. Eine entsprechende Anwendung des § 140 Abs. 2 StPO ist im Folgeverfahren abzulehnen.

Anders gestaltet sich die Situation im Rahmen des Parallelverfahrens. Hier ist zum einen die Entscheidung des Insolvenzgerichts von strafrechtlichem Gewicht und zum anderen liegt eine schwierige Rechtslage vor.

---

797 *Thomas/Kämpfer*, in: MüKo StPO, § 140, Rn. 2; dies ergibt sich auch aus Art. 6 Abs. 3 lit. c. EMRK: BVerfG, Beschl. v. 25.09.2001 – 2 BvR 1152/01, Rn. 4.

798 *Willnow*, in: KK StPO, § 140, Rn. 1.

799 *Willnow*, in: KK StPO, § 141, Rn. 11.

800 BVerfG, Beschl. v. 02.05.2002 – 2 BvR 613/02, Rn. 11; OLG Zweibrücken, Beschl. v. 13.12.2001 – 1 Ss 222/01, Rn. 5; *Thomas/Kämpfer*, in: MüKo StPO, § 140, Rn. 2.

801 *Thomas/Kämpfer*, in: MüKo StPO, § 140, Rn. 35; *Wohlers*, in: SK StPO, § 140, Rn. 37; *Molketin*, NStZ 1986, S. 136, 137.

Dass die Entscheidung des Insolvenzgerichts von Gewicht ist, ergibt sich aus der Abwägung aller Umstände unter Berücksichtigung der Interessenlage des Beschuldigten.[802] Der Beschuldigte gilt im Zeitpunkt der Entscheidungsfindung des Insolvenzgerichts als unschuldig.[803] Dabei trifft das Insolvenzgericht seine Entscheidung anhand strafrechtlich relevanter Tatsachen, die ebenfalls im parallel verlaufenden Strafverfahren Berücksichtigung finden können.[804] Eröffnet das Insolvenzgericht nunmehr das Insolvenzverfahren und wird der Beschuldigte im Strafverfahren freigesprochen, ergeben sich für diesen tatsächliche und rechtliche Konsequenzen. Darüber hinaus gilt der Beschuldigte als insolvent; er kann bzw. darf keinen Wahlverteidiger mehr bezahlen. Demgegenüber wird die Staatsanwaltschaft gleichsam als Gläubigeranwalt für die Verletzten tätig, indem sie den Eröffnungsantrag glaubhaft macht und die Finanzermittlungen vornimmt. Es lässt sich also auch mit Gründen der Waffengleichheit argumentieren, dem Beschuldigten einen Verteidiger zur Seite zu stellen.[805]

Im Übrigen unterscheidet sich die Situation des Parallelverfahrens grundlegend von der des Strafvollstreckungsverfahrens. Das Strafvollstreckungsverfahren folgt im Anschluss an die rechtskräftige strafrechtliche Entscheidung und ist kein kontradiktorisches Verfahren. Daher wird ein geringeres Bedürfnis für eine notwendige Verteidigung angenommen. Gleichwohl ist die Verteidigung erforderlich, soweit die Entscheidung für den Beschuldigten von Gewicht ist. Die Einschränkung erfolgt durch eine restriktive Auslegung der Merkmale des § 140 Abs. 2 StPO.[806] Wird die Verteidigung also bereits für ein Verfahren, welches nicht kontradiktorischer Natur ist, für erforderlich gehalten, so muss dies erst recht für das parallel laufende kontradiktorische Insolvenzeröffnungsverfahren gelten.

Ob eine schwierige Sach- und Rechtslage vorliegt, ist durch Auslegung zu beurteilen. Zwar kommt es bei der Anwendung des § 140 StPO nicht auf die Rechtskunde des Beschuldigten an,[807] es sei trotzdem darauf hingewiesen, dass

---

802 BVerfG, Beschl. v. 19.10.1977 – 2 BvR 462/77, Rn. 32.

803 Vgl. insoweit Gliederungspunkt: Dritter Teil, D.II.4.

804 Siehe zur Problematik, welche vom Beschuldigten preisgegebenen Tatsachen von dem Verwendungsverbot des § 97 Abs. 1 Satz 3 InsO umfasst sind, den Gliederungspunkt: M.II.3.aa.

805 *Köllner/Mück*, NZI 2016, S. 329 ff.

806 BVerfG, Beschl. v. 02.05.2002 – 2 BvR 613/02; BVerfG, Beschl. v. 08.10.1985 – 2 BvR 1150/80; KG, Beschl. v. 10.02.2006 – 5 Ws 61/06.

807 § 140 StPO gilt auch für den rechtskundigen Beschuldigten uneingeschränkt, BVerfG, Beschl. v. 26.02.1980 – 2 BvR 752/78, Rn. 22.

bezweifelt werden darf, dass der nicht rechtskundige Beschuldigte die Probleme des Eröffnungsverfahrens eigenständig erfasst. Eine effektive Verteidigung im Eröffnungsverfahren ist daher ohne Rechtsbeistand nicht möglich.

Im Ergebnis ergibt sich die Notwendigkeit der Verteidigung im parallel zum Strafverfahren verlaufenden Insolvenzeröffnungsverfahren aus zwei Punkten, die kumulativ vorliegen müssen: der Mittellosigkeit des Beschuldigten und der schwierigen Rechtslage. Mithin ist der 140 Abs. 2 StPO entsprechend auf das parallel zum Strafverfahren stattfindende Eröffnungsverfahren anzuwenden. Dabei gilt die Beiordnung nur für den Verfahrensabschnitt „Eröffnungsverfahren“, nicht für das gesamte Insolvenzverfahren.[808]

Praktisch ist die entsprechende Anwendung des § 140 Abs. 2 StPO durch eine Änderung des Gesetzeswortlautes des § 111i Abs. 2 StPO umzusetzen. Ähnlich wurde dies im Strafvollstreckungsverfahren gehandhabt; dort ist die notwendige Verteidigung über § 463 Abs. 3 Satz 5 StPO vorgesehen. Demnach sollte in § 111i Abs. 2 StPO folgender Satz 3 aufgenommen werden:

Stellt die Staatsanwaltschaft vor rechtskräftigem Abschluss des Strafverfahrens nach Satz 1 einen Antrag auf Eröffnung des Insolvenzverfahrens, so kann das Gericht des ersten Rechtszugs dem Arrestschuldner für das Eröffnungsverfahren einen Verteidiger bestellen.

2. Rechtsschutz bei Abtrennung der Einziehungsanordnung

Die durch den Gesetzgeber vorgesehene Möglichkeit der Abtrennung der Einziehungs- von der Hauptsacheentscheidung ist – der dogmatischen Einordnung der Vermögensabschöpfung als strafähnliche Maßnahme folgend[809] – unzulässig. Denn als Folge ihrer Strafähnlichkeit ist die Einziehungsentscheidung im Rahmen der Strafzumessung zu berücksichtigen und damit untrennbar von der Hauptsacheentscheidung. Gleichwohl muss der Frage nachgegangen werden, ob die Vorschriften über die Abtrennung der Einziehungsanordnung in ihrer aktuellen Fassung einen hinreichenden Rechtsschutz des Beschuldigten gewährleisten. Zumal der Gesetzgeber verkennt, dass von der Abtrennungsentscheidung mit ihrer immanenten zeitlichen Verzögerung für den Beschuldigten erhebliche tatsächliche und rechtliche Konsequenzen ausgehen.

---

808 So auch für das Vollstreckungsverfahren: OLG Frankfurt, Beschl. v. 26.05.2003 – 3 Ws 618/03; KG, Beschl. v. 03.08.2001 – 5 Ws 380/01; a.A. OLG Stuttgart, Beschl. v. 23.05.2000 – 2 Ws 96/2000.

809 Siehe zur Frage der dogmatischen Einordnung der Vermögensabschöpfung: Dritter Teil, A.

Die Entscheidung über die Einziehung kann durch das Gericht von der Hauptsacheentscheidung nach § 422 Satz 1 StPO abgetrennt werden. In diesen Fällen soll die Einziehungsentscheidung sechs Monate nach Rechtskraft der Hauptsacheentscheidung getroffen werden. Eine Ausschlussfrist setzt § 423 Abs. 2 StPO nicht, vielmehr heißt es in der Gesetzesbegründung, dass die Entscheidung im Regelfall binnen sechs Monaten nach Rechtskraft getroffen werden soll.[810] Hinzukommt, dass die Einziehungsanordnung zwar gemäß § 423 Abs. 3 Satz 2 StPO mit der sofortigen Beschwerde anfechtbar ist, dem Beschuldigten gegen die Entscheidung über die Abtrennung von der Hauptverhandlung aber kein Rechtsbehelf zusteht.

Zwar ist den aktuellen Regelungen zugutezuhalten, dass die Verwendung einer Sollbestimmung in § 423 Abs. 2 StPO gerechtfertigt ist, da der Gesetzgeber Gefahr liefe, sich durch eine Ausschlussfrist der Möglichkeit der Vermögensabschöpfung allein aufgrund von Unzulänglichkeiten des justiziellen Apparats zu berauben.[811] Des Weiteren ist es sachgerecht nicht vorzuschreiben, dass die Einziehungsentscheidung unmittelbar nach Abschluss der Hauptverhandlung getroffen werden muss, da auf außerhalb des Verfahrens liegende Umstände Rücksicht genommen werden kann. So kann im Einzelfall das Ergebnis eines parallel verlaufenden Zivilprozesses oder die Einholung eines Wertgutachtens abzuwarten sein. Ebenso wenig zielführend wäre es, die Fortsetzung innerhalb einer bestimmten Frist vorzuschreiben.[812] Dass das Vorsehen einer Abtrennungsmöglichkeit hingegen aus prozessökonomischen Gesichtspunkten notwendig ist und dem Beschleunigungsgebot Rechnung trägt, darf jedoch zumindest unter dem Aspekt der Belastung der Justiz durch ein Nachverfahren bezweifelt werden.[813] Zwar wird dem Gericht durch die Vorschrift ein zügiger Verfahrensbeginn vorgeschrieben und auch die Staatsanwaltschaft soll als „Wächterin der Gesetze“[814] auf eine zeitnahe Entscheidung hinwirken,[815] die Formulierung des § 423 Abs. 2 StPO ist jedoch zu unverbindlich. Denn zum einen ist die Abtrennungsentscheidung des Gerichts gemäß § 305 StPO unanfechtbar und zum anderen kann im Anschluss eine Entscheidung über die Einziehung weder durch den Beschuldigten noch durch die Staatsanwaltschaft erzwungen werden. Letzteres ist insbesondere in den Fällen problematisch, in denen der

810 BT-Drucks. 18/9525, S. 87.

811 *Temming*, in: BeckOK StPO, 32. Edition, Stand: 01.01.2019, § 423, Rn. 4.

812 *WisteV*, Stellungnahme, S. 24.

813 *Temming*, in: BeckOK StPO, 32. Edition, Stand: 01.01.2019, § 422, Rn. 1.

814 Vgl. BVerfG, Urt. v. 19.03.2013 – 2 BvR 2628/10, Rn. 93.

815 BT-Drucks. 18/9525, S. 87.

Beschuldigte rechtskräftig freigesprochen wurde, die Entscheidung über die Einziehung aber noch aussteht.[816] Der Beschuldigte ist insoweit faktisch rechtsschutzlos gestellt. Durch die zeitliche Verzögerung und die Aufrechterhaltung der vorläufigen strafprozessualen Sicherungsmaßnahmen wird dem Beschuldigten aber möglicherweise auch mehr als sechs Monate nach rechtskräftigem Abschluss des Strafverfahrens der Zugriff auf seine Vermögenswerte verwehrt; das Insolvenzrisiko des Beschuldigten steigt.

§ 423 Abs. 2 StPO wird demnach den Anforderungen des Art. 8 Abs. 1 RiLi 2014/42/EU nicht gerecht. Hiernach ist der Gesetzgeber verpflichtet, die erforderlichen Maßnahmen zu treffen, um sicherzustellen, dass alle Personen, die von den in dieser Richtlinie vorgesehenen Maßnahmen betroffen sind, zur Wahrung ihrer Rechte über das Recht auf einen wirksamen Rechtsbehelf und auf ein faires Verfahren verfügen. Die Vorschrift setzt dabei die Art. 6 Abs. 1 Satz 1, 13 EMRK um.[817] Aus Art. 6 Abs. 1 Satz 1 EMRK folgt das Recht auf ein faires Verfahren in angemessener Zeit. Um dieses Recht zu gewährleisten, verlangt Art. 13 EMRK, dass der Gesetzgeber im innerstaatlichen Recht einen wirksamen Rechtsbehelf zur Verfügung stellt, mit dem die Konventionsrechte und -freiheiten ihrem Wesen nach durchgesetzt werden können.[818] Mit dem nach Art. 13 EMRK notwendigen Rechtsbehelf muss über die Verletzung des Art. 6 Abs. 1 Satz 1 EMRK entschieden und angemessene Abhilfe erreicht werden können.[819]

Dies setzt der Gesetzgeber nicht um. Es müsste aber zumindest ein Rechtsbehelf vorgesehen werden, welcher es dem Beschuldigten oder der Staatsanwaltschaft ermöglicht, die Verzögerung der Einziehungsentscheidung nach Ablauf von sechs Monaten zu rügen. Dies könnte erreicht werden, indem nach fruchtlosem Ablauf der sechsmonatigen Frist des § 423 Abs. 2 StPO eine Art Untätigkeitsbeschwerde eingeführt wird.[820] Die Untätigkeitsbeschwerde wurde unter engen Voraussetzungen für zulässig erachtet[821] und konnte erhoben werden,

---

816 Strafverteidigervereinigung, Stellungnahme, S. 25.

817 *Sachs*, in: GG, Art. 19, Rn. 120 mit Verweis auf BVerfG, Beschl. v. 07.07.1960 – 2 BvR 435/60: Der Schutzbereich des Art. 19 Abs. 4 Satz 1 GG ist nicht eröffnet, da Entscheidungen der Rechtsprechung nach Auffassung und ständiger Rechtsprechung des BVerfG aus dem textlich umfassenden Begriff der öffentlichen Gewalt als Staatsfunktion ausgenommen sind.

818 *Meyer-Ladewig/Renger*, in: NK EMRK, Art. 13, Rn. 3.

819 *Meyer-Ladewig/Renger*, in: NK EMRK, Art. 13, Rn. 3.

820 *WisteV*, Stellungnahme, S. 23.

821 BGH, Beschl. v. 22.12.1992 – StB 15/92, Rn. 8.

wenn das Unterlassen einer rechtlich gebotenen Entscheidung einer ablehnenden Entscheidung gleichzustellen war. So konnte etwa die Staatsanwaltschaft eine Untätigkeitsbeschwerde erheben, wenn die Verjährung drohte und das Gericht nach Anklageerhebung nicht über die Eröffnung entschied.[822] Seit Inkrafttreten des Gesetzes über den Rechtsschutz bei überlangen Gerichtsverfahren und strafrechtlichen Ermittlungsverfahren vom 24. November 2011[823] bleibt für die Untätigkeitsbeschwerde jedoch kein Anwendungsbereich mehr.[824]

In Betracht kommt somit nur eine Verzögerungsrüge. Der durch das vorbezeichnete Gesetz eingeführte § 198 Abs. 3 GVG sieht eine Entschädigung des Verfahrensbeteiligten bei unangemessener Verzögerung des Verfahrens vor. Vorrausetzung für eine solche Entschädigung ist gemäß § 198 Abs. 3 Satz 1 GVG, dass der Beschuldigte vorher eine sogenannte Verzögerungsrüge eingelegt hat. Die Entschädigung umfasst dabei sowohl materielle als auch immaterielle Schäden. Damit der Beschuldigte zunächst vor einer unangemessenen Dauer des Strafverfahrens geschützt ist, aber auch für den Fall einer Schädigung in den Genuss der Entschädigungsmöglichkeit des § 198 GVG gelangt, bedarf es der Einführung einer Verzögerungsrüge. Hierfür sollte – angelehnt an § 155b FamFG – folgender § 423a StPO eingeführt werden:

(1) *Ein Beteiligter kann nach Ablauf von sechs Monaten seit der Abtrennungsentscheidung geltend machen, dass die bisherige Verfahrensdauer nicht dem Beschleunigungsgebot entspricht (Verzögerungsrüge). Er hat dabei Umstände darzulegen, aus denen sich ergibt, dass das Verfahren nicht in angemessener Zeit durchgeführt wird.*

(2) *Das Gericht entscheidet über die Verzögerungsrüge spätestens innerhalb eines Monats nach deren Eingang durch Beschluss. Hält das Gericht die Verzögerungsrüge für begründet, hat es unverzüglich geeignete Maßnahmen zur Durchführung des Einziehungsverfahrens* zu ergreifen.

Die Einführung des § 423a StPO trägt der durch § 423 Abs. 2 StPO bestehenden Verzögerungsgefahr Rechnung. Darüber hinaus wird der unverbindlichen Begründung des Gesetzgebers, die Staatsanwaltschaft solle „als Wächterin der Gesetze" auf eine zeitnahe Entscheidung hinwirken, mehr Konturen verliehen. Ansonsten würde diese Ausführung lediglich den Eindruck eines tiefgreifenden Misstrauens des Gesetzgebers gegenüber der Rechtsprechung erwecken und der

822 Vgl. OLG Dresden, Beschl. v. 20.06.2005 – 2 Ws 182/05 m.w.N.; *Hoffmann*, NStZ 2006, S. 256 ff.

823 BGBl. I, S. 2302 v. 24.11.2011.

824 Vgl. OLG Hamburg, Beschl. v. 19.03.2012 – 3 Ws 9/12; *Hoch*, in: S/S/W StPO, Vor §§ 296 ff, Rn. 21; a.A. KG Beschl. v. 26.05.2015 – ZWs 104/15; *Burhoff/Kotz*, strafrechtliche Hilfsmittel und Rechtsbehelfe, S. 192 ff.

sicheren Erwartung entsprechen, dass „eine personell völlig überforderte dritte Gewalt es an dem gebotenen Gesetzesvollzug vermissen lassen werde."[825]

IV. Ergebnis

Die Stellung des Beschuldigten wird zu Recht kritisch gesehen. Weder § 111i Abs. 2 StPO noch § 423 Abs. 2 StPO werden den Anforderungen des Art. 8 Abs. 1 RiLi 2014/42/EU an einen wirksamen Rechtsschutz gerecht. Der Gesetzgeber unterlässt es, die erforderlichen Maßnahmen zu treffen, um sicherzustellen, dass alle Personen, die von den in dieser Richtlinie vorgesehenen Maßnahmen betroffen sind, zur Wahrung ihrer Rechte über das Recht auf einen wirksamen Rechtsbehelf und auf ein faires Verfahren verfügen. Darüber hinaus verfehlt der Gesetzgeber einmal mehr das selbst auferlegte Ziel, das Strafverfahren von rechtswegfremden Erwägungen zu befreien. So wird der Beschuldigte bei der Ausrichtung seiner Verteidigungsstrategie bereits zu Beginn des Ermittlungsverfahrens damit konfrontiert, dass eine frühe Sacherklärung zumindest das Insolvenzgericht vom Nichtvorliegen deliktischer Ansprüche überzeugen könnte.[826] Die Entscheidung für eine klassische Strafverteidigung wird also schwerer fallen. Gleichwohl stellten sich dem Gesetzgeber Fragen der Verwendbarkeit der insolvenzrechtlichen Auskünfte des Beschuldigten oder des Vorliegens einer notwendigen Verteidigung offensichtlich nicht. Insofern sind die Vorschriften des Entschädigungsmodells geeignet, die Entscheidungsfreiheit und die Verteidigungsposition des Beschuldigten nachhaltig zu beeinträchtigen.

---

825 *Temming*, in: BeckOK StPO, 32. Edition, Stand: 01.01.2019, § 423, Rn. 4.

826 *Köllner/Mück*, NZI 2017, S. 593, 598.

Vierter Teil: Schlussbetrachtung

A. Fazit

Die vorliegende Untersuchung hat aufgezeigt, dass die im Rahmen des Gesetzgebungsverfahrens aufgeworfenen Fragen nach der Notwendigkeit eines derart radikalen Systemwechsels[827] ihre Berechtigung haben. Denn soweit der Gesetzgeber – ohne genauere Begründung – davon ausgeht, dass das alte Recht aufgrund seiner Komplexität der hohen kriminalpolitischen Bedeutung nicht gerecht wird, trifft dies nur bedingt zu. Für eine effektive Vermögensabschöpfung mangelte es nicht an fehlenden rechtlichen Möglichkeiten, es bestand lediglich ein Vollzugsdefizit.

Trotz der im Einzelnen nicht vorhersehbaren Auswirkungen der Neuregelungen auf die Praxis konnte festgestellt werden, dass die Vorschriften – insbesondere in Bezug auf die Schnittstelle des Strafrechts zum Insolvenzrecht und das zum Regelfall werdende Institut des Insolvenzantrags der Staatsanwaltschaft – keinesfalls an Komplexität verlieren. Daher ist es nicht allzu gewagt zu behaupten, dass ein Vollzugsdefizit auch nach der Reform auftreten wird. Gerade die zu erwartende Mehrbelastung der Justiz, welche der Gesetzgeber ohne zusätzliches Personal oder entsprechender Ausbildung der Rechtspfleger aufzufangen gedenkt, stützt diese These.

Mit dieser Kritik soll jedoch nicht die Intention des Gesetzgebers angegriffen werden, die in ihren Ursprüngen fraglos begrüßenswert ist. Die Stärkung des Opferschutzes bei gleichzeitiger Achtung des Grundsatzes „Straftaten dürfen sich nicht lohnen" ist ein hehres Ziel, welches sich lohnt, durch den Gesetzgeber weiter verfolgt zu werden. Umso bedauerlicher ist es jedoch, dass die reformierten Vorschriften gerade eine Stärkung des Opferschutzes verfehlen. Bereits die Verlagerung der Entschädigung in das Strafvollstreckungsverfahren lässt das Insolvenzrisiko der Verletzten unangemessen steigen. Abhilfe bringt auch nicht das Insolvenzantragsrecht der Staatsanwaltschaft, von welchem diese bei Absehbarkeit eines „Mangelfalls" schon vor dem Strafvollstreckungsverfahren Gebrauch machen soll. In den seltensten Fällen wird es – sei es mangels Masse oder weil es der Staatsanwaltschaft nicht gelingt, das Vorliegen eines Insolvenzgrundes glaubhaft zu machen – zu einer Verfahrenseröffnung kommen. Der Gesetzgeber verpasst es also, ein anwendungs- und damit praxisfreundliches

827 *WisteV*, Stellungnahme, S. 2.

Entschädigungsverfahren zu normieren. So sind der Reform zwar positive Ansätze zu entnehmen – hier sei beispielhaft die Abkehr vom Prioritätsprinzip genannt –, diese verlieren sich allerdings in der Komplexität des Gesamtkonstrukts.

Es bleibt daher abschließend zu konstatieren, dass das Entschädigungsmodell, zumindest in seiner jetzigen Gestalt, aus Opferschutzgesichtspunkten nicht den im Vorfeld artikulierten Hoffnungen entspricht. Weit davon entfernt, anstatt das bestehende Vollzugsdefizit zu beheben, fördert der Gesetzgeber es vielmehr. Der große Wurf steht folglich noch aus.

B. Vorschlag für eine anwendungsfreundliche Ausgestaltung des Rechts der Vermögensabschöpfung

In dem nun folgenden Kapitel wird – den Untersuchungsergebnissen folgend – ein Vorschlag für eine anwendungsfreundliche Ausgestaltung des Rechts der Vermögensabschöpfung unterbreitet. Dabei wird zunächst der Verfahrensablauf und anschließend die dieses Reformvorhaben umsetzenden Vorschriften dargestellt.

I. Darstellung des Verfahrensablaufs

Grundsätzlich ist die ursprüngliche Intention des Gesetzgebers beizubehalten: Nach wie vor muss eine gerechte und gleichmäßige Verteilung der sichergestellten Vermögenswerte unter den Verletzten das übergeordnete Ziel jeder künftigen Reformbemühung bleiben. Insofern hat der Gesetzgeber richtig gehandelt, das Prioritätsprinzip außer Kraft gesetzt zu haben. Eine neuerliche Form des „Windhundrennens“ widerspräche dem Opferschutz und gilt es, durch die Beibehaltung des nunmehr gültigen Gläubigergleichbehandlungsgrundsatzes zu vermeiden. So viel zu den positiven und konstruktiven Aspekten der Reform.

Allerdings erschwert der Gesetzgeber sodann das Verfahren, indem die Entschädigung beim Vorliegen eines Mangelfalls im hierfür ungeeigneten Insolvenzverfahren erfolgen soll, was kontraintentional ist: Anstatt den Prozess zu vereinfachen, wird er kompliziert. Eines solch drastischen Schrittes hätte es gar nicht bedurft. Die avisierte gerechte Entschädigung kann, angelehnt an das Insolvenzverfahren, auch durch eine gleichmäßige quotale Verteilung der sichergestellten Vermögenswerte im Strafvollstreckungsverfahren erreicht werden. Die gleichzeitige Abschaffung des „Windhundrennens“ durch das Verbot der Individualvollstreckung in das arrestierte Vermögen senkt das Risiko, dass einige Opfer gänzlich leer ausgehen, während andere volle Entschädigung erlangen. Auf diese Weise folgt die vorgeschlagene Systematik dem insolvenzrechtlichen Gläubigergleichbehandlungsgrundsatz, ohne die zur Verfügung stehende Verteilungsmasse durch die Kosten des Insolvenzverfahrens zu schmälern. Des Weiteren werden die strafprozessual garantierten Verteidigungsrechte des Beschuldigten nicht durch die Mitwirkungspflichten im Insolvenzverfahren unterminiert. Die strafrechtliche Entschädigung erfolgt im Sinne der Einheit der Rechtsordnung hierbei jedoch ausschließlich im Rahmen des Strafverfahrens.

Zusätzlich bleibt schließlich noch auf Folgendes hinzuweisen: Die Überfrachtung mit rechtswegfremden Erwägungen und die Generalisierung des Strafrechts widerspricht seinem „ultima-ratio-Prinzip". Dementgegen ist dafür zu plädieren, bestehende Streitfragen im Rahmen der originär zuständigen Gerichtsbarkeit zu klären. Begehrt also ein Verletzter über die quotale Verteilung hinausgehende Entschädigung, ist dieser auf die zivilrechtliche Titulierung seiner Ansprüche zu verweisen. Das Strafrecht mit seinem repressiven Charakter als Reaktion auf das gesetzlich missbilligte Verhalten des Beschuldigten kann als ultima ratio nicht der vollständigen Durchsetzung originär zivilrechtlicher Ansprüche dienen. In dem Grundsatz „Straftaten dürfen sich nicht lohnen" und der anschließenden Verteilungshilfe erschöpft sich daher auch die Funktion des Strafrechts.

Für ein durch die Staatsanwaltschaft eingeleitetes Insolvenzverfahren besteht bei quotaler Befriedigung aller Verletztenansprüche sodann auch kein Bedürfnis mehr. Die Verletzten erhalten sogar eine höhere Quote, da die Kosten des Insolvenzverfahrens nicht erst von der Masse in Abzug gebracht werden. Nichtsdestoweniger sollte der Ansatz des Gesetzgebers, die strafprozess- und insolvenzrechtlichen Vorschriften zu harmonisieren, nicht aufgegeben werden. Auch hier lässt sich unter Berücksichtigung des Grundsatzes der Einheit der Rechtsordnung eine Harmonisierung erreichen, ohne dass es komplexer, die insolvenzrechtlichen Grundsätze über die Maßen einschränkender Regelungen bedarf. Der Einheit der Rechtsordnung folgend, sollte lediglich positiv normiert werden, dass die strafprozessualen Sicherungsmaßnahmen im Insolvenzverfahren relativ unwirksam sind. Im Insolvenzverfahren würden die Verletzten sodann ebenfalls nach dem Gläubigergleichbehandlungsgrundsatz befriedigt und für den – unwahrscheinlichen – Fall, dass nach der Schlussverteilung eine Masse überbleibt, die ansonsten an den Beschuldigten zurückfließen würde, die strafprozessualen Sicherungsmaßnahmen wiederaufleben. Die Masse würde an den Staat aufgrund seiner Einziehungsberechtigung fallen – nicht an den Beschuldigten. Dem Grundsatz „Straftaten dürfen sich nicht lohnen" wird somit nachgekommen. Jedwede darüberhinausgehende Verstrickung mit dem Insolvenzrecht führt zu einer Komplizierung, die sich negativ auf die Anwendungsfreundlichkeit in der Praxis und damit auf den Opferschutz auswirkt. Darüber hinaus wird keine insolvenzrechtliche Sondermasse zu Gunsten von Straftatgeschädigten geschaffen, die mit dem insolvenzrechtlichen Gläubigergleichbehandlungsgrundsatz in der aktuellen Fassung nicht vereinbar ist.

Des Weiteren sind die Anordnungsvoraussetzungen der vorläufigen Sicherungsmaßnahmen wieder anzuheben, indem das Erfordernis des Vorliegens eines Arrestgrundes wiedereingeführt und die Pflicht zur kontinuierlichen Überprüfung der Aufrechterhaltung der Maßnahmen durch Einführung einer Norm, angelehnt an den § 121 StPO, gewährleistet wird. Zusätzlich sollte die Pflicht zur Anordnung beim Vorliegen dringender Gründe beibehalten werden.

Sicherlich lässt sich aus Opferschutzgesichtspunkten für die erleichterte Anordnung vorläufiger Sicherungsmaßnahmen anführen, dass durch das zu erwartende Mehr dieser Maßnahmen eine größere Vermögensmasse zur Verteilung bereitsteht. Freilich ist auch dieses Argument durchaus ambivalent: Zwar ließe sich für die Verletzten so eine größere Vermögensmasse sichern, was fraglos eine positive Auswirkung darstellt, da gerade hiermit die Aussichten, alle Verletzten vollständig zu befriedigen, stehen und fallen. Andererseits bliebe für eine darüberhinausgehende Vollstreckung der weiteren Ansprüche nichts übrig, was das Erfordernis einer „vorläufigen Verteilung" stützt. Entscheidend gegen die Herabsetzung der Anordnungsvoraussetzungen spricht jedoch, dass der Wegfall des Erfordernisses eines Arrestgrundes gegen das allgemeine Bestimmtheitsgebot verstößt, während die unbefristete Aufrechterhaltung der Sicherungsmaßnahmen das Übermaßverbot verletzt.

Darüber hinaus lässt die Aufweichung grundlegender rechtsstaatlicher Prinzipen bei der Anordnung eingriffsintensiver Maßnahmen im Kontext der historischen Entwicklung seit 1992 befürchten, dass dies als Vorbild für eine künftige weitere Einschränkung der Beschuldigtenrechte dient. Insoweit sollte sich der Gesetzgeber nicht an dem Credo „der Zweck heiligt die Mittel" orientieren, sondern die Anordnung vorläufiger Sicherungsmaßnahmen wieder der ursprünglichen Fassung folgend normieren. Dies gilt umso mehr, als dass auch die Gesetzesbegründung keine nachvollziehbaren Gründe dafür aufzählt, dass das vorherige System der vorläufigen Sicherung mitursächlich an der komplexen Ausgestaltung der Vermögensabschöpfung gewesen sei.

Da die Entschädigung nach rechtskräftigem Abschluss des Strafverfahrens – wohlmöglich erst Jahre nach der sanktionierten Tat – im Strafvollstreckungsverfahren erfolgt und die Strafvollstreckungsbehörden mehr Vermögenswerte vorläufig sicherstellen – wegen des „Bruttoprinzips" unterliegt der Einziehung eine größere Vermögensmasse –, sollte der Gesetzgeber ein Institut der „vorläufigen Verteilung", angelehnt an die vorläufige Vollstreckbarkeit des

Zivilrechts, schaffen. Dies ist notwendig, da den Verletzten wegen der umfassenden Sicherstellung der Vermögenswerte beim Beschuldigten kein weiteres Vermögen mehr für eine eigene zivilrechtliche Vollstreckung zur Verfügung steht. Aufgrund des zeitlichen Faktors bürdet die Verlagerung der Entschädigung in das Strafvollstreckungsverfahren den Verletzten ein unangemessenes Insolvenzrisiko auf. Dem soll durch die Einführung der „vorläufigen Verteilung" begegnet werden.

Sicherlich verhält sich dieser Vorschlag konträr zu der eingangs geforderten Trennung der Rechtsgebiete. Denn die „vorläufige Verteilung" integriert ein dem Strafrecht unbekanntes zivilrechtliches Institut in das Strafprozessrecht. Aber durch die Entschädigung im Strafvollstreckungsverfahren und unter Berücksichtigung des Insolvenzrisikos der Verletzten bei gleichzeitiger Wahrung der Beschuldigtenrechte durch das Erfordernis einer Sicherheitsleistung ist die Auflockerung des obigen Grundsatzes ausnahmsweise gerechtfertigt. Insoweit ist auch darauf hinzuweisen, dass gerade keine strafrechtliche Entscheidung vorläufig vollstreckt wird, sondern die zivilrechtlich titulierten Ansprüche des Verletzten. Es wird also nur dem Insolvenzrisiko des Verletzten und seinem Interesse an einer zeitnahen Entschädigung entsprochen. Hierfür spricht auch, dass keine Verkomplizierung des Entschädigungsverfahrens und damit eine Absenkung der Anwendungsfreundlichkeit zu erwarten ist. Denn letztlich kann auch in diesem Fall auf die zivilrechtlich bereits bestehenden Regelungen und die jeweilige Anwendungspraxis zurückgegriffen werden. Des Weiteren kann auch dem Argument, dass der Verletzte wieder einen zivilrechtlichen Titel gegen den Beschuldigten erstreiten müsse, begegnet werden. Denn möchte der Verletzte seinen Anspruch auf Ersatz der durch die Straftat entstandenen Folgeschäden oder seinen Zinsanspruch gegen den Beschuldigten durchsetzen, so muss er diese Ansprüche ohnehin zivilrechtlich titulieren lassen, da diese nicht von der späteren Einziehungsentscheidung umfasst werden.

In der vorgeschlagenen Ausgestaltung stellt das Entschädigungsmodell eine Verbesserung des Opferschutzes bei gleichzeitiger Berücksichtigung wesentlicher verfassungs- und verfahrensrechtlicher Grundsätze dar. So harmonisieren die strafprozessualen Regelungen mit dem Insolvenzrecht und geben der Strafjustiz ein praktikables, da von überflüssigen Verweisungen in das Insolvenzverfahren bereinigtes, Entschädigungsverfahren an die Hand. Auf diese Weise kann das bestehende Vollzugsdefizit behoben und der Opferschutz gestärkt werden.

II. Darstellung der zu reformierenden Vorschriften

Die folgenden Vorschriften setzen den erarbeiteten Vorschlag für eine anwendungsfreundlichere Ausgestaltung der Vermögensabschöpfung um. Dabei werden nur die Vorschriften dargestellt, die den maßgeblichen Änderungsbedarf enthalten.

Strafgesetzbuch

§ 73 Einziehung von Taterträgen bei Tätern und Teilnehmern

(1) Hat der Täter oder Teilnehmer durch eine rechtswidrig begangene *schuldhafte*[828] Tat oder für sie etwas erlangt, so ordnet das Gericht dessen Einziehung an.
(2) Hat der Täter oder Teilnehmer Nutzungen aus dem Erlangten gezogen, so ordnet das Gericht auch deren Einziehung an.
(3) Das Gericht kann auch die Einziehung der Gegenstände anordnen, die der Täter oder Teilnehmer erworben hat
   1. durch Veräußerung des Erlangten oder als Ersatz für dessen Zerstörung, Beschädigung oder Entziehung oder
   2. auf Grund eines erlangten Rechts.

[…]

Strafprozessordnung

§ 111b Beschlagnahme zur Sicherung der Einziehung oder Unbrauchbarmachung

(1) Ist die Annahme begründet, dass die Voraussetzungen der Einziehung oder Unbrauchbarmachung eines Gegenstandes vorliegen, so kann er zur Sicherung der Vollstreckung beschlagnahmt werden. Liegen dringende Gründe für diese Annahme vor, so soll die Beschlagnahme angeordnet werden. § 94 Abs. 3 bleibt unberührt.
(2) *Liegen dringende Gründe nicht vor, so hebt das Gericht die Anordnung der in Absatz 1 Satz 1 genannten Beschlagnahme spätestens nach sechs Monaten auf. Begründen bestimmte Tatsachen den Tatverdacht und reicht die in Satz 1 bezeichnete Frist wegen der besonderen Schwierigkeit oder des besonderen Umfangs der Ermittlungen oder wegen eines anderen wichtigen Grundes nicht aus, so kann das Gericht auf Antrag der Staatsanwaltschaft die Maßnahme verlängern, wenn die genannten Gründe ihre Fortdauer rechtfertigen. Ohne*

---

828 Die kursive Hervorhebung dient der Übersichtlichkeit.

Vorliegen dringender Gründe darf die Maßnahme über zwölf Monate hinaus nicht aufrechterhalten werden.

(3) Die §§ 102 bis 110 gelten entsprechend.

[…]

§ 111d Wirkung der Vollziehung der Beschlagnahme; Rückgabe beweglicher Sachen

(1) Die Vollziehung der Beschlagnahme eines Gegenstandes hat die Wirkung eines Veräußerungsverbotes im Sinne des § 136 des Bürgerlichen Gesetzbuchs. *Wird das Insolvenzverfahren über das Vermögen des Betroffenen eröffnet, so ist die Beschlagnahme während der Dauer des Insolvenzverfahrens gegenüber den Vorschriften der Insolvenzordnung unwirksam.*

(2) Eine beschlagnahmte bewegliche Sache kann dem Betroffenen zurückgegeben werden, wenn er einen den Wert der Sache entsprechenden Geldbetrag beibringt. Der beigebrachte Betrag tritt an die Stelle der Sache. Sie kann dem Betroffenen auch unter dem Vorbehalt jederzeitigen Widerrufs zur vorläufigen weiteren Benutzung bis zum Abschluss des Verfahrens überlassen werden; die Maßnahme kann davon abhängig gemacht werden, dass der Betroffene Sicherheit leistet oder bestimmte Auflagen erfüllt.

§ 111e Vermögensarrest zur Sicherung der Wertersatzeinziehung

(1) Ist die Annahme begründet, dass die Voraussetzungen der Einziehung von Wertersatz vorliegen, so kann zur Sicherung der Vollstreckung der Vermögensarrest in das bewegliche und unbewegliche Vermögen des Betroffenen angeordnet werden. Liegen dringende Gründe für diese Annahme vor, so soll der Vermögensarrest angeordnet werden. *Der § 917 der Zivilprozessordnung gilt entsprechend.*

(2) *Liegen dringende Gründe nicht vor, so hebt das Gericht die Anordnung des in Absatz 1 Satz 1 genannten Vermögensarrestes spätestens nach sechs Monaten auf. Begründen bestimmte Tatsachen den Tatverdacht und reicht die in Satz 1 bezeichnete Frist wegen der besonderen Schwierigkeit oder des besonderen Umfangs der Ermittlungen oder wegen eines anderen wichtigen Grundes nicht aus, so kann das Gericht auf Antrag der Staatsanwaltschaft die Maßnahme verlängern, wenn die genannten Gründe ihre Fortdauer rechtfertigen. Ohne Vorliegen dringender Gründe darf die Maßnahme über zwölf Monate hinaus nicht aufrechterhalten werden.*

(3) Der Vermögensarrest kann auch zur Sicherung der Vollstreckung einer Geldstrafe und der voraussichtlichen Kosten des Strafverfahrens angeordnet

werden, wenn gegen den Beschuldigten ein Urteil ergangen oder ein Strafbefehl erlassen worden ist.

(4) Zur Sicherung der Vollstreckungskosten ergeht kein Arrest.

(5) In der Anordnung ist der zu sichernde Anspruch unter Angabe des Geldbetrages zu bezeichnen. Zudem ist in der Anordnung ein Geldbetrag festzusetzen, durch dessen Hinterlegung der Betroffene die Vollziehung des Arrestes abwenden und die Aufhebung der Vollziehung des Arrestes verlangen kann; § 108 Abs. 1 der Zivilprozessordnung gilt entsprechend.

(6) Die §§ 102 bis 110 gelten entsprechend.

(7) Die Möglichkeit einer Anordnung nach § 324 der Abgabenordnung steht einer Anordnung nach Absatz 1 nicht entgegen.

[...]

§ 111g Aufhebung der Vollziehung des Vermögensarrestes

(1) *Ist der Anspruch, der dem Verletzten aus der Tat auf Ersatz des Wertes des Erlangten erwachsen ist, erloschen, wird die Vollziehungsmaßnahme aufgehoben; gleiches gilt,* wenn der Betroffene den nach § 111e Abs. 4 festgesetzten Geldbetrag hinterlegt.

(2) Ist der Arrest wegen einer Geldstrafe oder der voraussichtlich entstehenden Kosten des Strafverfahrens angeordnet worden, so ist eine Vollziehungsmaßnahme auf Antrag des Beschuldigten aufzuheben, soweit der Beschuldigte den Pfandgegenstand zur Aufbringung der Kosten seiner Verteidigung, seines Unterhalts oder des Unterhalts seiner Familie benötigt.

§ 111h Wirkung der Vollziehung des Vermögensarrestes

(1) Die Vollziehung des Vermögensarrestes in einen Gegenstand hat die Wirkung eines Veräußerungsverbots im Sinne des § 136 des Bürgerlichen Gesetzbuchs. *Wird das Insolvenzverfahren über das Vermögen des Betroffenen eröffnet, so ist der Vermögensarrest während der Dauer des Insolvenzverfahrens gegenüber den Vorschriften der Insolvenzordnung unwirksam.*

(2) Zwangsvollstreckungen in Gegenstände, die im Wege der Arrestvollziehung gepfändet worden sind, sind während der Dauer der Arrestvollziehung nicht zulässig.

§ 111i (weggefallen)

[…]

§ 111k Verfahren bei Vollziehung der Beschlagnahme und des Vermögensarrestes

(1) Beschlagnahme und Vermögensarrest werden durch die Staatsanwaltschaft vollzogen. Soweit ein Arrest nach den Vorschriften über die Pfändung in bewegliche Sachen zu vollziehen ist, kann dies durch die in § 2 des Justizbeitreibungsgesetzes bezeichnete Behörde, den Gerichtsvollzieher, die Staatsanwaltschaft oder durch deren Ermittlungspersonen (§ 152 des Gerichtsverfassungsgesetzes) vollzogen werden. Die Beschlagnahme beweglicher Sachen kann auch durch die Ermittlungspersonen der Staatsanwaltschaft (§ 152 des Gerichtsverfassungsgesetzes) vollzogen werden. § 98 Abs. 4 gilt entsprechend.
(2) Für die Zustellung gilt § 37 Abs. 1 mit der Maßgabe, dass auch die Ermittlungspersonen der Staatsanwaltschaft (§ 152 des Gerichtsverfassungsgesetzes) mit der Ausführung beauftragt werden können. Für Zustellungen an ein im Inland zum Geschäftsbetrieb befugtes Kreditinstitut gilt § 174 der Zivilprozessordnung entsprechend.
(3) Gegen Maßnahmen, die in Vollziehung der Beschlagnahme oder des Vermögensarrestes getroffen werden, kann der Betroffene die Entscheidung des nach § 162 zuständigen Gerichts beantragen. *Handelt es sich um zwangsvollstreckungsrechtliche Einwendungen der §§ 766, 771 ff. ZPO, ist das dort bezeichnete Gericht zuständig.*

[…]

§ 422 (weggefallen)

§ 423 (weggefallen)

[…]

§ 459h Entschädigung des Verletzten

(1) Ein nach den §§ 73 bis 73b des Strafgesetzbuches eingezogener Gegenstand wird dem Verletzten, dem ein Anspruch auf Rückgewähr des Erlangten erwachsen ist, oder dessen Rechtsnachfolger zurückübertragen. Gleiches gilt, wenn der Gegenstand nach § 76a Abs. 1 des Strafgesetzbuches, auch in Verbindung mit § 76a Abs. 3 des Strafgesetzbuches, eingezogen worden ist. In den Fällen des § 75 Abs. 1 Satz 2 des Strafgesetzbuches wird der eingezogene Gegenstand dem Verletzten oder dessen Rechtsnachfolger herausgegeben, wenn dieser sein Recht fristgerecht bei der Vollstreckungsbehörde angemeldet hat.

(2) Hat das Gericht die Einziehung des Wertersatzes nach den §§ 73c und 76a Abs. 1 Satz 1 des Strafgesetzbuches, auch in Verbindung mit § 76a Abs. 3 des Strafgesetzbuches, angeordnet, wird der Erlös aus der Verwertung der auf Grund des Vermögensarrestes oder der Einziehungsanordnung gepfändeten Gegenstände an den Verletzten, dem ein Anspruch auf Ersatz des Wertes des Erlangten aus der Tat erwachsen ist, oder an dessen Rechtsnachfolger ausgekehrt. § 111i gilt entsprechend.

(3) *Besteht ein hinreichender Tatverdacht, so kann der Verletzte bei der Staatsanwaltschaft zur vorläufigen Befriedigung seiner aus der Straftat entstandenen Ansprüche vor der Rechtskraft der Einziehungsanordnung die einstweilige Verteilung der sichergestellten Vermögenswerte beantragen. Der Verletzte hat seinen Antrag durch Vorlage eines vorläufig vollstreckbaren zivilrechtlichen Titels glaubhaft zu machen. Die Staatsanwaltschaft bestimmt die zu leistende Sicherheit an der Höhe des jeweils zu vollstreckenden Betrages unter Berücksichtigung des jeweiligen Tatverdachtes. Wird der Beschuldigte freigesprochen oder die vorläufige Vollstreckbarkeit des zivilrechtlichen Titels außer Kraft gesetzt, gilt § 717 der Zivilprozessordnung entsprechend.*

[...]

§ 459o Einwendungen gegen vollstreckungsrechtliche Entscheidungen

Über Einwendungen gegen die Entscheidung der Vollstreckungsbehörde nach den §§ 459a, 459c, 459e sowie 459g bis 459m entscheidet das Gericht. *Handelt es sich um zwangsvollstreckungsrechtliche Einwendungen der §§ 766, 767, 771 ff. ZPO, ist das dort bezeichnete Gericht zuständig.*

[...]

Bürgerliches Gesetzbuch

§ 204 Hemmung der Verjährung durch Rechtsverfolgung

(1) Die Verjährung wird gehemmt durch

[...]

15. die Anklageerhebung der Staatsanwaltschaft, wenn der zugrundeliegende Anspruch auf einem Vermögensdelikt beruht.

[...]

(4) Die Hemmung nach Absatz 1 Nummer 15 endet mit rechtskräftigem Abschluss des Strafverfahrens.

C. Zusammenfassung der Untersuchungsergebnisse

Die wesentlichen Untersuchungsergebnisse des dritten Teils der Arbeit werden nachfolgend zusammengefasst:

Die strafrechtliche Vermögensabschöpfung als strafähnliche Maßnahme

1. Entgegen der Ansicht des Gesetzgebers und der Rechtsprechung ist die strafrechtliche Vermögensabschöpfung dogmatisch als strafähnliche Maßnahme einzuordnen und daher nur bei einer strafrechtlichen Vorwerfbarkeit zulässig; der Beschuldigte muss schuldhaft gehandelt haben.
2. In den Gesetzestext des § 73 Abs. 1 StGB ist das Wort *schuldhaft* aufzunehmen; damit findet der strafähnliche Charakter der Einziehung Niederschlag im Gesetz.
3. Die Rechtsstellung des Beschuldigten wird dadurch gewahrt, dass die Vermögensabschöpfung im Rahmen der Strafzumessung strafmildernd zu berücksichtigen ist. Hierdurch wird gewährleistet, dass die Einziehung zusammen mit der Hauptstrafe eine schuldangemessene Sanktion darstellt.

Zeitliche Anwendbarkeit der neuen Vorschriften

1. Für die Frage der zeitlichen Geltung der §§ 111b, 111e StPO ist auf § 2 Abs. 3 i.V.m. Abs. 5 StGB abzustellen, da diese dogmatisch eine Modifikation der materiell-rechtlichen Vorschriften der §§ 73, 73c StGB darstellen und nicht isoliert von diesen betrachtet werden können.
2. Die zeitliche Geltung der Verfahrensvorschriften richtet sich daher nach Art. 316h EGStGB. Ab Inkrafttreten der Reform gilt das neue Recht, nur ausnahmsweise die alten Vorschriften, wenn in einem Verfahren vor Inkrafttreten der Reform bereits eine Entscheidung über die Anordnung des Verfalls oder des Verfalls von Wertersatz ergangen ist.
3. Art. 316h EGStGB stellt keinen Verstoß gegen das Meistbegünstigungsprinzip dar, da dieses keinen verfassungsrechtlichen Schutz durch Art. 103 Abs. 2 GG genießt. Der Gesetzesbegründung lassen sich im Übrigen keine sachfremden Erwägungen entnehmen, sodass auch kein Verstoß gegen das allgemeine Willkürverbot vorliegt.
4. Der Art. 316h EGStGB verstößt gegen das Rückwirkungsverbot. Die alten Regelungen der §§ 111b, 111d StPO a.F. gelten neben dem neuen Recht fort.

Strafprozessuale Sicherungsmaßnahmen

1. Der Wegfall der Stufenregelung – Prüfung einer konkretisierten Verdachtslage nach bestimmten Fristen – des § 111b StPO a.F. sowie der Verzicht auf das gesetzlich geregelte Erfordernis eines Arrestgrundes i.S.d. § 917 ZPO in § 111e StPO ist abzulehnen. Der vollständige Wegfall des Arrestgrundes unter schlichtem Hinweis auf den Verhältnismäßigkeitsgrundsatz stellt einen Verstoß gegen den allgemeinen Bestimmtheitsgrundsatz dar. Darüber hinaus verstößt die grundsätzlich zeitlich unbefristete Möglichkeit der Aufrechterhaltung der Sicherungsmaßnahme gegen das Übermaßverbot.
2. Es ist eine Pflicht zur kontinuierlichen Überprüfung eines etwaigen Anpassungsbedarfs ähnlich der Regelung des § 121 StPO zu normieren. Demnach hat das zuständige Oberlandesgericht nach Ablauf einer im Einzelnen zu bestimmenden Frist die Erfüllung des Anpassungsbedarfs unter Berücksichtigung eines wichtigen Grundes von Amts wegen zu prüfen hat. Insoweit ist eine Frist von 12 Monaten verhältnismäßig.
3. Der § 111h Abs. 2 Satz 2 StPO überzeugt vor dem Hintergrund der Gläubigergleichbehandlung systematisch nicht. Die Regelung privilegiert nicht nur den Fiskus, sondern widerspricht auch dem Verbot der Einzelzwangsvollstreckung aus § 111h Abs. 2 Satz 1 StPO. Demgegenüber ist die Beschränkung der Vollziehung gemäß § 111h Abs. 2 Satz 1 StPO im Hinblick auf die Gläubigergleichbehandlung sachgerecht und Ausdruck der Abkehr vom Prioritätsprinzip.
4. Die Regelung zur ausschließlichen Zuständigkeit der Strafgerichtsbarkeit für Rechtsbehelfe gegen Vollziehungsmaßnahmen nach § 111k Abs. 3 StPO ist abzulehnen. Wegen der zu erwartenden Zunahme von Vollziehungsmaßnahmen und der komplexen Rechtsfragen droht eine uneinheitliche Rechtsprechung; die Aufteilung in einen strafrechtlichen und einen zivilrechtlichen Rechtsschutz ist geboten.

Strafrecht und Insolvenzrecht

1. Die Harmonisierung des Strafprozess- mit dem Insolvenzrecht ist systematisch zu erreichen, wenn dem Insolvenzrecht der uneingeschränkte Vorrang vor dem Strafprozessrecht eingeräumt wird. Demnach sind strafprozessuale Sicherungsmaßnahmen in einer Konfliktsituation relativ unwirksam. Das Strafprozessrecht tritt aber nur soweit zurück, wie es insolvenzrechtlich erforderlich ist. Kollisionsbedingte Lücken entstehen somit nicht.
2. Das Insolvenzantragsrecht der Staatsanwaltschaft ist abzulehnen. Liegt ein „Mangelfall“ vor, sollte die Staatsanwaltschaft die Verletzten hiervon unterrichten. Diese Hinweispflicht ist in der MiStra zu regeln.

3. Die im Gesetzgebungsverfahren erfolgte Änderung des § 111i Abs. 2 StPO – die Staatsanwaltschaft stellt den Insolvenzantrag aus eigenem Recht – überzeugt und war verfahrensrechtlich erforderlich. In der ursprünglichen Fassung fehlte der Staatsanwaltschaft das für das Stellen eines Insolvenzantrages erforderliche Rechtsschutzinteresse.
4. Im Rahmen der Feststellung des „Mangelfalls" i.S.d. § 111h Abs. 2 StPO kann die Staatsanwaltschaft auf bereits bestehende Erfahrungssätze zurückgreifen, sodass zwar eine Mehrbelastung für die Staatsanwaltschaft entsteht, welche aber grundsätzlich zu bewältigen ist.
5. Das Insolvenzgericht nimmt im Rahmen der Prüfung des Insolvenzgrundes eine inzidente Prüfung des Strafvorwurfs vor. Dem (Nicht-)Eröffnungsbeschluss kommt für den Strafprozess jedoch keine präjudizielle Wirkung zu.
6. Das Insolvenzgericht wird das Insolvenzverfahren mangels Darlegung der Zahlungsunfähigkeit nicht eröffnen, sollte die Staatsanwaltschaft den Insolvenzantrag bei oder vor Anklageerhebung stellen und der Beschuldigte die Verletztenansprüche ernsthaft bestreiten. Denn Zweifel am Bestand der den Eröffnungsgrund bildenden Forderung gehen zu Lasten des Gläubigers, der auf den Rechtsweg vor den Fachgerichten zu verweisen ist.
7. Stellt die Staatsanwaltschaft den Insolvenzantrag vor rechtskräftigem Abschluss des Strafverfahrens, verstößt dies gegen die Unschuldsvermutung aus Art. 6 Abs. 2 EMRK. Der Antrag impliziert die Schuld des Beschuldigten, welche zu diesem Zeitpunkt noch nicht rechtskräftig festgestellt wurde.
8. Amtshaftungsansprüche drohen für den Fall, dass die Staatsanwaltschaft einen Insolvenzantrag stellt und der Beschuldigte im Anschluss rechtskräftig freigesprochen wird. Der durch den fehlerhaften Insolvenzantrag entstandene Schaden kann, vor dem Hintergrund seiner besonders einschneidenden Wirkung für den Beschuldigten, erhebliche Summen erreichen.
9. Die Staatsanwaltschaft kann ihr Insolvenzantragsrecht gegenüber dem Beschuldigten nicht als unzulässiges Druckmittel verwenden. Der Staatsanwaltschaft mangelt es in diesem Fall bereits am notwendigen Rechtsschutzinteresse. Darüber hinaus ist das Ermessen der Staatsanwaltschaft zur Antragstellung auf Null reduziert, sollte der Beschuldigte sich unter dem Druck eines staatsanwaltschaftlichen Insolvenzantrages geständig einlassen und tatsächlich ein „Mangelfall" vorliegen.

Stellung der Straftatgeschädigten

1. Die Streichung des § 73 Abs. 1 Satz 2 StGB a.F. ist aus Verletztensicht abzulehnen, da diese faktisch zur Aufhebung der Subsidiarität des staatlichen Vermögenszugriffs führt. Eine Entschädigung erfolgt nach rechtskräftigem

Abschluss des Strafverfahrens. Erst im Strafvollstreckungsverfahren können die Verletzten ihre Ansprüche geltend machen; gerade bei großen Schadenssummen ist dieses Verfahren existenzgefährdend.

2. Der im Rahmen der Verteilung der eingezogenen Vermögenswerte erfolgte Paradigmenwechsel vom Prioritätsprinzip hin zum Gläubigergleichbehandlungsgrundsatz ist aus Opferschutzgesichtspunkten zu begrüßen. Sinn und Zweck des strafrechtlichen Opferschutzes ist es nicht, einzelne Opfer der Straftat besserzustellen. Vielmehr soll möglichst der ursprüngliche Rechtszustand wiederhergestellt werden. Eine Ungleichverteilung und damit eine Ungleichbehandlung der einzelnen Opfer steht dem entgegen.
3. In den § 204 BGB ist ein verjährungshemmender Tatbestand aufzunehmen, da die zivilrechtlichen Ansprüche der Verletzten bis zur Entschädigung im Strafvollstreckungsverfahren zu verjähren drohen. Die Verletzten sind so nicht gehalten, ihre Ansprüche in der Zwischenzeit vor den Zivilgerichten titulieren zu lassen.
4. Eine in der ursprünglichen Fassung der §§ 459j, 459k StPO vorgesehene Zuständigkeitskonzentration auf den Rechtspfleger war abzulehnen. Diese umfassende Prüfungskompetenz der jeweiligen Anspruchsberechtigung war nicht sachgerecht.
5. Das Strafgericht sollte die Prüfung der zivilrechtlichen Einreden und Einwendungen auf die folgenden Punkte beschränken:
   (1) Eine Plausibilitätsprüfung des geltend gemachten Anspruchs dahingehend, ob dieser aus einer der Einziehungsanordnung zugrundeliegenden Tat herrührt.
   (2) Wird das aus der Tat Erlangte geltend gemacht und wenn ja, in welcher Höhe.

   Durch diese begrenzte Prüfung wird das Strafverfahren von zeitintensiven und komplexen zivilrechtlichen Fragestellungen befreit und der mangelnden Sachkompetenz der Strafgerichte Rechnung getragen.
6. Das Institut des einstweiligen Verteilungsverfahrens ist vor dem Hintergrund der erst im Strafvollstreckungsverfahren erfolgenden Entschädigung zwingend notwendig. Das einstweilige Verteilungsverfahren ist an die maßgeblichen Vorschriften der Zivilprozessordnung anzulehnen. Voraussetzung ist neben einem hinreichenden oder dringendem Tatverdacht die Leistung einer Sicherheit in angemessener Höhe zu dem zu vollstreckenden Betrag.
7. Der dynamische Verletztenbegriff steigert sowohl die Gefahr der willkürlichen Ungleichbehandlung als auch das unkalkulierbare Risiko des Verlustes der Verletzteneigenschaft und stellt damit keine Verbesserung des Opferschutzes dar. Da die Staatsanwaltschaft nunmehr bei einer Verfahrenseinstellung die

möglichen Konsequenzen für die jeweiligen Straftatgeschädigten und ihren Entschädigungsanspruch zu berücksichtigen hat, könnten die eigentlichen Einstellungserwägungen durch die Opferschutzinteressen überlagert werden.

Stellung der Beschuldigten

1. Die Einziehung und spätere Auskehrung an den Verletzten ist keine Schadenswiedergutmachungsleistung des Beschuldigten i.S.d. § 46a Nr. 2 StGB. Der Auskehrung an den Verletzten fehlt bereits das grundlegende Element der Wiedergutmachungsleistung: ihre Freiwilligkeit. Darüber hinaus entfaltet eine rechtskräftig angeordnete und damit erzwungene Entschädigung aus Sicht des Verletzten eine andere Wirkung als wenn der Schaden durch eine mit dem Beschuldigten vereinbarte Leistung behoben wird.
2. In die Vorschriften über die Anordnung der vorläufigen Sicherstellungsmaßnahmen ist die sich an § 73e Abs. 1 StGB orientierende Möglichkeit der Berücksichtigung eines zwischen Beschuldigtem und Opfer geschlossenen Vergleichs aufzunehmen. Dies bietet dem Beschuldigten eine notwendige Handlungsalternative und liegt im Interesse des Opferschutzes.
3. Im Rahmen des Insolvenzeröffnungsverfahrens wird durch die Auskunftspflichten des § 93 InsO ein verfassungsrechtlich legitimierter Druck auf die Verteidigung des Beschuldigten ausgeübt. Diese erzwungenen Auskünfte des Beschuldigten unterliegen dem Verwendungsverbot des § 97 Abs. 1 Satz 3 InsO, welches Fernwirkung entfaltet. Um die Überprüfbarkeit des Verwendungsverbotes zu gewährleisten, sollten die Insolvenzakten nicht als Beiakten an das Gericht des ersten Rechtszuges übersandt, sondern diese als Sonderhefte geführt werden.
4. § 111i Abs. 2 StPO stellt in entsprechender Anwendung des § 140 Abs. 2 StPO einen Fall der notwendigen Verteidigung dar, sofern das insolvenzrechtliche Eröffnungsverfahren parallel zum Strafverfahren geführt wird. In § 111i Abs. 2 StPO ist daher folgender Satz 3 aufzunehmen:
   Stellt die Staatsanwaltschaft vor rechtskräftigem Abschluss des Strafverfahrens nach Satz 1 einen Antrag auf Eröffnung des Insolvenzverfahrens, so kann das Gericht des ersten Rechtszugs dem Arrestschuldner für das Eröffnungsverfahren einen Verteidiger bestellen.
5. Hält der Gesetzgeber an seiner dogmatischen Einordnung der Vermögensabschöpfungsmaßnahmen fest, ist in die §§ 421 ff. StPO der Rechtsbehelf der Verzögerungsrüge aufzunehmen, da dem Beschuldigten nach den geltenden Vorschriften gegen die Entscheidung des Gerichts, die Einziehungsanordnung von der Hauptverhandlung abzutrennen, kein Rechtsbehelf zusteht:

(1) *Ein Beteiligter kann nach Ablauf von sechs Monaten seit der Abtrennungsentscheidung geltend machen, dass die bisherige Verfahrensdauer nicht dem Beschleunigungsgebot entspricht (Verzögerungsrüge). Er hat dabei Umstände darzulegen, aus denen sich ergibt, dass das Verfahren nicht in angemessener Zeit durchgeführt wird.*
(2) *Das Gericht entscheidet über die Verzögerungsrüge spätestens innerhalb eines Monats nach deren Eingang durch Beschluss. Hält das Gericht die Verzögerungsrüge für begründet, hat es unverzüglich geeignete Maßnahmen zur Durchführung des Einziehungsverfahrens zu ergreifen.*

Anhang

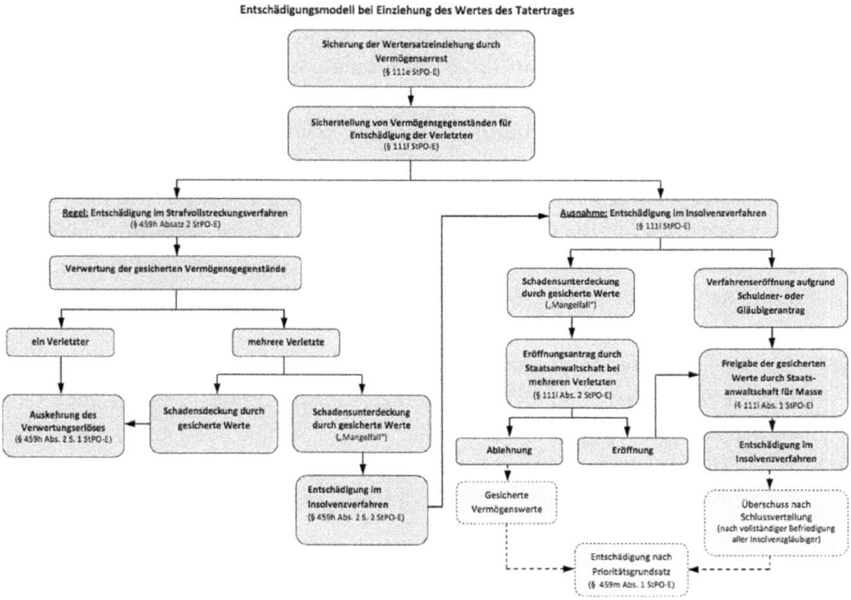

Schaubild „Entschädigungsmodell bei Einziehung des Wertes des Tatertrages"[829]

829 BT-Drucks. 18/9525, S. 52.

Die der Bearbeitung zugrundeliegenden Vorschriften der Vermögensabschöpfung bis 30. Juni 2017

Strafgesetzbuch

§ 73 Voraussetzungen des Verfalls

(1) Ist eine rechtswidrige Tat begangen worden und hat der Täter oder Teilnehmer für die Tat oder aus ihr etwas erlangt, so ordnet das Gericht dessen Verfall an. Dies gilt nicht, soweit dem Verletzten aus der Tat ein Anspruch erwachsen ist, dessen Erfüllung dem Täter oder Teilnehmer den Wert des aus der Tat Erlangten entziehen würde.
(2) Die Anordnung des Verfalls erstreckt sich auf die gezogenen Nutzungen. Sie kann sich auch auf die Gegenstände erstrecken, die der Täter oder Teilnehmer durch die Veräußerung eines erlangten Gegenstandes oder als Ersatz für dessen Zerstörung, Beschädigung oder Entziehung oder auf Grund eines erlangten Rechts erworben hat.
(3) Hat der Täter oder Teilnehmer für einen anderen gehandelt und hat dadurch dieser etwas erlangt, so richtet sich die Anordnung des Verfalls nach den Absätzen 1 und 2 gegen ihn.
(4) Der Verfall eines Gegenstandes wird auch angeordnet, wenn er einem Dritten gehört oder zusteht, der ihn für die Tat oder sonst in Kenntnis der Tatumstände gewährt hat.

§ 73a Verfall des Wertersatzes

Soweit der Verfall eines bestimmten Gegenstandes wegen der Beschaffenheit des Erlangten oder aus einem anderen Grunde nicht möglich ist oder von dem Verfall eines Ersatzgegenstandes nach § 73 Abs. 2 Satz 2 abgesehen wird, ordnet das Gericht den Verfall eines Geldbetrags an, der dem Wert des Erlangten entspricht. Eine solche Anordnung trifft das Gericht auch neben dem Verfall eines Gegenstandes, soweit dessen Wert hinter dem Wert des zunächst Erlangten zurückbleibt.

§ 73d Erweiterter Verfall

(1) Ist eine rechtswidrige Tat nach einem Gesetz begangen worden, das auf diese Vorschrift verweist, so ordnet das Gericht den Verfall von Gegenständen des Täters oder Teilnehmers auch dann an, wenn die Umstände die Annahme rechtfertigen, dass diese Gegenstände für rechtswidrige Taten oder aus ihnen erlangt worden sind. Satz 1 ist auch anzuwenden, wenn ein Gegenstand dem Täter oder Teilnehmer nur deshalb nicht gehört oder zusteht, weil er den Gegenstand für eine rechtswidrige Tat oder aus ihr erlangt hat. § 73 Abs. 1 Satz 2, auch in Verbindung mit § 73b, und § 73 Abs. 2 gelten entsprechend.

(2) Ist der Verfall eines bestimmten Gegenstandes nach der Tat ganz oder teilweise unmöglich geworden, so finden insoweit die §§ 73a und 73b sinngemäß Anwendung.
(3) Ist nach Anordnung des Verfalls nach Absatz 1 wegen einer anderen rechtswidrigen Tat, die der Täter oder Teilnehmer vor der Anordnung begangen hat, erneut über den Verfall von Gegenständen des Täters oder Teilnehmers zu entscheiden, so berücksichtigt das Gericht hierbei die bereits ergangene Anordnung.
(4) § 73c gilt entsprechend.

§ 73e Wirkung des Verfalls

(1) Wird der Verfall eines Gegenstandes angeordnet, so geht das Eigentum an der Sache oder das verfallene Recht mit der Rechtskraft der Entscheidung auf den Staat über, wenn es dem von der Anordnung Betroffenen zu dieser Zeit zusteht. Rechte Dritter an dem Gegenstand bleiben bestehen.
(2) Vor der Rechtskraft wirkt die Anordnung als Veräußerungsverbot im Sinne des § 136 des Bürgerlichen Gesetzbuches; das Verbot umfasst auch andere Verfügungen als Veräußerungen.

§ 74e Wirkung der Einziehung

(1) Wird ein Gegenstand eingezogen, so geht das Eigentum an der Sache oder das eingezogene Recht mit der Rechtskraft der Entscheidung auf den Staat über.
(2) Rechte Dritter an dem Gegenstand bleiben bestehen. Das Gericht ordnet jedoch das Erlöschen dieser Rechte an, wenn es die Einziehung darauf stützt, dass die Voraussetzungen des § 74 Abs. 2 Nr. 2 vorliegen. Es kann das Erlöschen des Rechts eines Dritten auch dann anordnen, wenn diesem eine Entschädigung nach § 74f Abs. 2 Nr. 1 oder 2 nicht zu gewähren ist.
(3) § 73e Abs. 2 gilt entsprechend für die Anordnung der Einziehung und die Anordnung des Vorbehalts der Einziehung, auch wenn sie noch nicht rechtskräftig ist.

Strafprozessordnung

§ 111b Sicherstellung dem Verfall oder der Einziehung unterliegender Gegenstände

(1) Gegenstände können durch Beschlagnahme nach § 111c sichergestellt werden, wenn Gründe für die Annahme vorhanden sind, dass die Voraussetzungen für ihren Verfall oder ihre Einziehung vorliegen. § 94 Abs. 3 bleibt unberührt.

(2) Sind Gründe für die Annahme vorhanden, dass die Voraussetzungen des Verfalls von Wertersatz oder der Einziehung von Wertersatz vorliegen, kann zu deren Sicherung nach § 111d der dingliche Arrest angeordnet werden.
(3) Liegen dringende Gründe nicht vor, so hebt das Gericht die Anordnung der in Absatz 1 Satz 1 und Absatz 2 genannten Maßnahmen spätestens nach sechs Monaten auf. Begründen bestimmte Tatsachen den Tatverdacht und reicht die in Satz 1 bezeichnete Frist wegen der besonderen Schwierigkeit oder des besonderen Umfangs der Ermittlungen oder wegen eines anderen wichtigen Grundes nicht aus, so kann das Gericht auf Antrag der Staatsanwaltschaft die Maßnahme verlängern, wenn die genannten Gründe ihre Fortdauer rechtfertigen. Ohne Vorliegen dringender Gründe darf die Maßnahme über zwölf Monate hinaus nicht aufrechterhalten werden.
(4) Die §§ 102 bis 110 gelten entsprechend.
(5) Die Absätze 1 bis 4 gelten entsprechend, soweit der Verfall nur deshalb nicht angeordnet werden kann, weil die Voraussetzungen des § 73 Abs. 1 Satz 2 des Strafgesetzbuches vorliegen.

§ 111c Sicherstellung durch Beschlagnahme

(1) Die Beschlagnahme einer beweglichen Sache wird in den Fällen des § 111b dadurch bewirkt, dass die Sache in Gewahrsam genommen oder die Beschlagnahme durch Siegel oder in anderer Weise kenntlich gemacht wird.
(2) Die Beschlagnahme eines Grundstückes oder eines Rechtes, das den Vorschriften über die Zwangsvollstreckung in das unbewegliche Vermögen unterliegt, wird dadurch bewirkt, dass ein Vermerk über die Beschlagnahme in das Grundbuch eingetragen wird. Die Vorschriften des Gesetzes über die Zwangsversteigerung und die Zwangsverwaltung über den Umfang der Beschlagnahme bei der Zwangsversteigerung gelten entsprechend.
(3) Die Beschlagnahme einer Forderung oder eines anderen Vermögensrechtes, das nicht den Vorschriften über die Zwangsvollstreckung in das unbewegliche Vermögen unterliegt, wird durch Pfändung bewirkt. Die Vorschriften der Zivilprozessordnung über die Zwangsvollstreckung in Forderungen und andere Vermögensrechte sind insoweit sinngemäß anzuwenden. Mit der Beschlagnahme ist die Aufforderung zur Abgabe der in § 840 Abs. 1 der Zivilprozessordnung bezeichneten Erklärungen zu verbinden.
(4) Die Beschlagnahme von Schiffen, Schiffsbauwerken und Luftfahrzeugen wird nach Absatz 1 bewirkt. Bei solchen Schiffen, Schiffsbauwerken und Luftfahrzeugen, die im Schiffsregister, Schiffsbauregister oder Register für Pfandrechte an Luftfahrzeugen eingetragen sind, ist die Beschlagnahme im

Register einzutragen. Nicht eingetragene, aber eintragungsfähige Schiffsbauwerke oder Luftfahrzeuge können zu diesem Zweck zur Eintragung angemeldet werden; die Vorschriften, die bei der Anmeldung durch eine Person, die auf Grund eines vollstreckbaren Titels eine Eintragung in das Register verlangen kann, anzuwenden sind, gelten hierbei entsprechend.

(5) Die Beschlagnahme eines Gegenstandes nach den Absätzen 1 bis 4 hat die Wirkung eines Veräußerungsverbotes im Sinne des § 136 des Bürgerlichen Gesetzbuches; das Verbot umfasst auch andere Verfügungen als Veräußerungen.

(6) Eine beschlagnahmte bewegliche Sache kann dem Betroffenen
1. gegen sofortige Erlegung des Wertes zurückgegeben oder
2. unter dem Vorbehalt jederzeitigen Widerrufs zur vorläufigen weiteren Benutzung bis zum Abschluss des Verfahrens überlassen

werden. Der nach Satz 1 Nr. 1 erlegte Betrag tritt an die Stelle der Sache. Die Maßnahme nach Satz 1 Nr. 2 kann davon abhängig gemacht werden, dass der Betroffene Sicherheit leistet oder bestimmte Auflagen erfüllt.

§ 111d Sicherstellung durch dinglichen Arrest

(1) Wegen des Verfalls oder der Einziehung von Wertersatz, wegen einer Geldstrafe oder der voraussichtlich entstehenden Kosten des Strafverfahrens kann der dingliche Arrest angeordnet werden. Wegen einer Geldstrafe und der voraussichtlich entstehenden Kosten darf der Arrest erst angeordnet werden, wenn gegen den Beschuldigten ein auf Strafe lautendes Urteil ergangen ist. Zur Sicherung der Vollstreckungskosten sowie geringfügiger Beträge ergeht kein Arrest.

(2) Die §§ 917 und 920 Abs. 1 sowie die §§ 923, 928, 930 bis 932 und 934 Abs. 1 der Zivilprozessordnung gelten sinngemäß.

(3) Ist der Arrest wegen einer Geldstrafe oder der voraussichtlich entstehenden Kosten angeordnet worden, so ist eine Vollziehungsmaßnahme auf Antrag des Beschuldigten aufzuheben, soweit der Beschuldigte den Pfandgegenstand zur Aufbringung der Kosten seiner Verteidigung, seines Unterhalts oder des Unterhalts seiner Familie benötigt.

§ 111e Verfahren bei der Beschlagnahme und dem dinglichen Arrest

(1) Zu der Anordnung der Beschlagnahme (§ 111c) und des Arrestes (§ 111d) ist nur das Gericht, bei Gefahr im Verzug auch die Staatsanwaltschaft befugt. Zur Anordnung der Beschlagnahme einer beweglichen Sache (§ 111c Abs. 1) sind bei Gefahr im Verzuge auch die Ermittlungspersonen der Staatsanwaltschaft (§ 152 des Gerichtsverfassungsgesetzes) befugt.

(2) Hat die Staatsanwaltschaft die Beschlagnahme oder den Arrest angeordnet, so beantragt sie innerhalb einer Woche die gerichtliche Bestätigung der Anordnung. Dies gilt nicht, wenn die Beschlagnahme einer beweglichen Sache angeordnet ist. Der Betroffene kann in allen Fällen jederzeit die Entscheidung des Gerichts beantragen.
(3) Der Vollzug der Beschlagnahme und des Arrestes ist dem durch die Tat Verletzten, soweit er bekannt ist oder im Verlauf des Verfahrens bekannt wird, unverzüglich durch die Staatsanwaltschaft mitzuteilen.
(4) Die Mitteilung kann durch einmalige Bekanntmachung im Bundesanzeiger erfolgen, wenn eine Mitteilung gegenüber jedem einzelnen Verletzten mit unverhältnismäßigem Aufwand verbunden wäre oder wenn zu vermuten ist, dass noch unbekannten Verletzten aus der Tat Ansprüche erwachsen sind. Zusätzlich kann die Mitteilung auch in anderer geeigneter Weise veröffentlicht werden. Personendaten dürfen nur veröffentlicht werden, soweit ihre Angabe unerlässlich ist, um den Verletzten zur Durchsetzung ihrer Ansprüche den Zugriff auf die gesicherten Vermögenswerte zu ermöglichen. Nach Beendigung der Sicherungsmaßnahmen veranlasst die Staatsanwaltschaft die Löschung der im Bundesanzeiger vorgenommenen Veröffentlichung.

§ 111f Durchführung der Beschlagnahme und Vollziehung des dinglichen Arrestes

(1) Die Durchführung der Beschlagnahme (§ 111c) obliegt der Staatsanwaltschaft, bei beweglichen Sachen (§ 111c Abs. 1) auch deren Ermittlungspersonen. § 98 Abs. 4 gilt entsprechend.
(2) Die erforderlichen Eintragungen in das Grundbuch sowie in die in § 111c Abs. 4 genannten Register werden auf Ersuchen der Staatsanwaltschaft oder des Gerichts bewirkt, welches die Beschlagnahme angeordnet hat. Entsprechendes gilt für die in § 111c Abs. 4 erwähnten Anmeldungen.
(3) Soweit ein Arrest nach den Vorschriften über die Pfändung in bewegliche Sachen zu vollziehen ist, kann dies durch die in § 2 des Justizbeitreibungsgesetzes bezeichnete Behörde, den Gerichtsvollzieher, die Staatsanwaltschaft oder durch deren Ermittlungspersonen (§ 152 des Gerichtsverfassungsgesetzes) bewirkt werden. Absatz 2 gilt entsprechend. Für die Anordnung der Pfändung eines eingetragenen Schiffes oder Schiffsbauwerkes sowie für die Pfändung einer Forderung aufgrund des Arrestes gemäß § 111d ist die Staatsanwaltschaft oder auf deren Antrag das Gericht, das den Arrest angeordnet hat, zuständig.

(4) Für die Zustellung gilt § 37 Abs. 1 mit der Maßgabe, dass auch die Ermittlungspersonen der Staatsanwaltschaft (§ 152 des Gerichtsverfassungsgesetzes) mit der Ausführung beauftragt werden können.

(5) Gegen Maßnahmen, die in Vollziehung der Beschlagnahme oder des Arrestes getroffen werden, kann der Betroffene jederzeit die Entscheidung des Gerichts beantragen.

§ 111g Vorrangige Befriedigung von Ansprüchen des Verletzten bei der Beschlagnahme

(1) Die Beschlagnahme eines Gegenstandes nach § 111c und die Vollziehung des Arrestes nach § 111d wirken nicht gegen eine Verfügung des Verletzten, die auf Grund eines aus der Straftat erwachsenen Anspruches im Wege der Zwangsvollstreckung oder der Arrestvollziehung erfolgt.

(2) Die Zwangsvollstreckung oder Arrestvollziehung nach Absatz 1 bedarf der Zulassung durch das Gericht, das für die Anordnung der Beschlagnahme (§ 111c) oder des Arrestes (§ 111d) zuständig ist. Die Entscheidung ergeht durch Beschluss, der von der Staatsanwaltschaft, dem Beschuldigten und dem Verletzten mit sofortiger Beschwerde angefochten werden kann. Die Zulassung ist zu versagen, wenn der Verletzte nicht glaubhaft macht, dass der Anspruch aus der Straftat erwachsen ist. § 294 der Zivilprozessordnung ist anzuwenden.

(3) Das Veräußerungsverbot nach § 111c Abs. 5 gilt vom Zeitpunkt der Beschlagnahme an auch zugunsten von Verletzten, die während der Dauer der Beschlagnahme in den beschlagnahmten Gegenstand die Zwangsvollstreckung betreiben oder den Arrest vollziehen. Die Eintragung des Veräußerungsverbotes im Grundbuch zugunsten des Staates gilt für die Anwendung des § 892 Abs. 1 Satz 2 des Bürgerlichen Gesetzbuches auch als Eintragung zugunsten solcher Verletzter, die während der Dauer der Beschlagnahme als Begünstigte aus dem Veräußerungsverbot in das Grundbuch eingetragen werden. Der Nachweis, dass der Anspruch aus der Straftat erwachsen ist, kann gegenüber dem Grundbuchamt durch Vorlage des Zulassungsbeschlusses geführt werden. Die Sätze 2 und 3 gelten sinngemäß für das Veräußerungsverbot bei den in § 111c Abs. 4 genannten Schiffen, Schiffsbauwerken und Luftfahrzeugen. Die Wirksamkeit des Veräußerungsverbotes zugunsten des Verletzten wird durch die Aufhebung der Beschlagnahme nicht berührt. Die Sätze 1 und 5 gelten entsprechend für die Wirkung des Pfandrechts, das durch die Vollziehung eines Arrestes (§ 111d) in das bewegliche Vermögen entstanden ist.

(4) Unterliegt der Gegenstand, der beschlagnahmt oder aufgrund des Arrestes gepfändet worden ist, aus anderen als den in § 73 Abs. 1 Satz 2 des Strafgesetzbuches bezeichneten Gründen nicht dem Verfall oder ist die Zulassung zu Unrecht erfolgt, so ist der Verletzte Dritten zum Ersatz des Schadens verpflichtet, der ihnen dadurch entsteht, dass das Veräußerungsverbot nach Absatz 3 zu seinen Gunsten gilt.

(5) Die Absätze 1 bis 4 gelten entsprechend, wenn der Verfall eines Gegenstandes angeordnet, die Anordnung aber noch nicht rechtskräftig ist. Sie gelten nicht, wenn der Gegenstand der Einziehung unterliegt.

§ 111h Vorrangige Befriedigung von Ansprüchen des Verletzten bei dem dinglichen Arrest

(1) Betreibt der Verletzte wegen eines aus der Straftat erwachsenen Anspruches die Zwangsvollstreckung oder vollzieht er einen Arrest in ein Grundstück, in welches ein Arrest nach § 111d vollzogen ist, so kann er verlangen, dass die durch den Vollzug dieses Arrestes begründete Sicherungshypothek hinter seinem Recht im Rang zurücktritt. Der dem vortretenden Recht eingeräumte Rang geht nicht dadurch verloren, dass der Arrest aufgehoben wird. Die Zustimmung des Eigentümers zur Rangänderung ist nicht erforderlich. Im übrigen ist § 880 des Bürgerlichen Gesetzbuches sinngemäß anzuwenden.

(2) Die Rangänderung bedarf der Zulassung durch den Richter, der für den Arrest (§ 111d) zuständig ist. § 111g Abs. 2 Satz 2 bis 4 und Abs. 3 Satz 3 ist entsprechend anzuwenden.

(3) Ist die Zulassung zu Unrecht erfolgt, so ist der Verletzte Dritten zum Ersatz des Schadens verpflichtet, der ihnen durch die Rangänderung entsteht.

(4) Die Absätze 1 bis 3 gelten entsprechend, wenn der Arrest nach § 111d in ein Schiff, Schiffsbauwerk oder Luftfahrzeug im Sinne des § 111c Abs. 4 Satz 2 vollzogen ist.

§ 111i Aufrechterhaltung der Beschlagnahme für einen befristeten Zeitraum

(1) Das Gericht kann anordnen, dass die Beschlagnahme nach § 111c oder der Arrest nach § 111d für die Dauer von höchstens drei Monaten aufrechterhalten wird, soweit das Verfahren nach den §§ 430 und 442 Abs. 1 auf die anderen Rechtsfolgen beschränkt worden ist und die sofortige Aufhebung gegenüber dem Verletzten unbillig wäre.

(2) Hat das Gericht lediglich deshalb nicht auf Verfall erkannt, weil Ansprüche eines Verletzten im Sinne des § 73 Abs. 1 Satz 2 des Strafgesetzbuchs entgegenstehen, kann es dies im Urteil feststellen. In diesem Fall hat es das

Erlangte zu bezeichnen. Liegen insoweit die Voraussetzungen des § 73a des Strafgesetzbuchs vor, stellt es im Urteil den Geldbetrag fest, der dem Wert des Erlangten entspricht. Soweit

1. der Verletzte bereits im Wege der Zwangsvollstreckung oder der Arrestvollziehung verfügt hat,
2. der Verletzte nachweislich aus Vermögen befriedigt wurde, das nicht beschlagnahmt oder im Wege der Arrestvollziehung gepfändet worden ist, oder
3. dem Verletzten die erlangte Sache nach § 111k herausgegeben worden ist,

ist dies im Rahmen der nach den Sätzen 2 und 3 zu treffenden Feststellungen in Abzug zu bringen.

(3) Soweit das Gericht nach Absatz 2 verfährt, hält es die Beschlagnahme (§ 111c) des im Sinne des Absatzes 2 Satz 2 und 4 Erlangten sowie den dinglichen Arrest (§ 111d) bis zur Höhe des nach Absatz 2 Satz 3 und 4 festgestellten Betrages durch Beschluss für drei Jahre aufrecht. Die Frist beginnt mit Rechtskraft des Urteils. Sichergestellte Vermögenswerte soll es bezeichnen. § 917 der Zivilprozessordnung ist nicht anzuwenden. Soweit der Verletzte innerhalb der Frist nachweislich aus Vermögen befriedigt wird, das nicht beschlagnahmt oder im Wege der Arrestvollziehung gepfändet worden ist, hebt das Gericht die Beschlagnahme (§ 111c) oder den dinglichen Arrest (§ 111d) auf Antrag des Betroffenen auf.

(4) Die Anordnung nach Absatz 3 sowie der Eintritt der Rechtskraft sind dem durch die Tat Verletzten unverzüglich durch das Gericht mitzuteilen. Die Mitteilung ist zu verbinden mit dem Hinweis auf die in Absatz 5 genannten Folgen und auf die Möglichkeit, Ansprüche im Wege der Zwangsvollstreckung oder Arrestvollziehung durchzusetzen. § 111e Abs. 4 Satz 1 bis 3 gilt entsprechend.

(5) Mit Ablauf der in Absatz 3 genannten Frist erwirbt der Staat die nach Absatz 2 bezeichneten Vermögenswerte entsprechend § 73e Abs. 1 des Strafgesetzbuchs sowie einen Zahlungsanspruch in Höhe des nach Absatz 2 festgestellten Betrages, soweit nicht

1. der Verletzte zwischenzeitlich wegen seiner Ansprüche im Wege der Zwangsvollstreckung oder der Arrestvollziehung verfügt hat,
2. der Verletzte nachweislich aus Vermögen befriedigt worden ist, das nicht beschlagnahmt oder im Wege der Arrestvollziehung gepfändet worden war,
3. zwischenzeitlich Sachen nach § 111k an den Verletzten herausgegeben oder hinterlegt worden sind oder

4. Sachen nach § 111k an den Verletzten herauszugeben gewesen wären und dieser die Herausgabe vor Ablauf der in Absatz 3 genannten Frist beantragt hat.

   Zugleich kann der Staat das durch die Vollziehung des dinglichen Arrestes begründete Pfandrecht nach den Vorschriften des Achten Buches der Zivilprozessordnung verwerten. Der Erlös sowie hinterlegtes Geld fallen dem Staat zu. Mit der Verwertung erlischt der nach Satz 1 entstandene Zahlungsanspruch auch insoweit, als der Verwertungserlös hinter der Höhe des Anspruchs zurückbleibt.

(6) Das Gericht des ersten Rechtszugs stellt den Eintritt und den Umfang des staatlichen Rechtserwerbs nach Absatz 5 Satz 1 durch Beschluss fest. § 111l Abs. 4 gilt entsprechend. Der Beschluss kann mit der sofortigen Beschwerde angefochten werden. Nach Rechtskraft des Beschlusses veranlasst das Gericht die Löschung der im Bundesanzeiger nach Absatz 4 vorgenommenen Veröffentlichungen.

(7) Soweit der Verurteilte oder der von der Beschlagnahme oder dem dinglichen Arrest Betroffene die hierdurch gesicherten Ansprüche des Verletzten nach Ablauf der in Absatz 3 genannten Frist befriedigt, kann er bis zur Höhe des dem Staat zugeflossenen Verwertungserlöses Ausgleich verlangen. Der Ausgleich ist ausgeschlossen,

1. soweit der Zahlungsanspruch des Staates nach Absatz 5 Satz 1 unter Anrechnung des vom Staat vereinnahmten Erlöses entgegensteht oder
2. wenn seit dem Ablauf der in Absatz 3 genannten Frist drei Jahre verstrichen sind.

(8) In den Fällen des § 76a Abs. 1 oder 3 des Strafgesetzbuchs sind die Absätze 2 bis 7 auf das Verfahren nach den §§ 440 und 441 in Verbindung mit § 442 Abs. 1 entsprechend anzuwenden.

§ 430 Beschränkung auf andere Rechtsfolgen

(1) Fällt die Einziehung neben der zu erwartenden Strafe oder Maßregel der Besserung und Sicherung nicht ins Gewicht oder würde das Verfahren, soweit es die Einziehung betrifft, einen unangemessenen Aufwand erfordern oder die Herbeiführung der Entscheidung über die anderen Rechtsfolgen der Tat unangemessen erschweren, so kann das Gericht mit Zustimmung der Staatsanwaltschaft in jeder Lage des Verfahrens die Verfolgung der Tat auf die anderen Rechtsfolgen beschränken.

(2) Im vorbereitenden Verfahren kann die Staatsanwaltschaft die Beschränkung vornehmen. Die Beschränkung ist aktenkundig zu machen.

(3) Das Gericht kann die Beschränkung in jeder Lage des Verfahrens wieder aufheben. Einem darauf gerichteten Antrag der Staatsanwaltschaft ist zu entsprechen. Wird die Beschränkung wieder aufgehoben, so gilt § 265 entsprechend.

Die der Bearbeitung zugrundeliegenden Vorschriften der Vermögensabschöpfung ab 1. Juli 2017

Strafgesetzbuch

§ 73 Einziehung von Taterträgen bei Tätern und Teilnehmern

(1) Hat der Täter oder Teilnehmer durch eine rechtswidrige Tat oder für sie etwas erlangt, so ordnet das Gericht dessen Einziehung an.
(2) Hat der Täter oder Teilnehmer Nutzungen aus dem Erlangten gezogen, so ordnet das Gericht auch deren Einziehung an.
(3) Das Gericht kann auch die Einziehung der Gegenstände anordnen, die der Täter oder Teilnehmer erworben hat
   1. durch Veräußerung des Erlangten oder als Ersatz für dessen Zerstörung, Beschädigung oder Entziehung oder
   2. auf Grund eines erlangten Rechts.

§ 73a Erweiterte Einziehung von Taterträgen bei Tätern und Teilnehmern

(1) Ist eine rechtswidrige Tat begangen worden, so ordnet das Gericht die Einziehung von Gegenständen des Täters oder Teilnehmers auch dann an, wenn diese Gegenstände durch andere rechtswidrige Taten oder für sie erlangt worden sind.
(2) Hat sich der Täter oder Teilnehmer vor der Anordnung der Einziehung nach Absatz 1 an einer anderen rechtswidrigen Tat beteiligt und ist erneut über die Einziehung seiner Gegenstände zu entscheiden, berücksichtigt das Gericht hierbei die bereits ergangene Anordnung.

§ 73c Einziehung des Wertes von Taterträgen

Ist die Einziehung eines Gegenstandes wegen der Beschaffenheit des Erlangten oder aus einem anderen Grund nicht möglich oder wird von der Einziehung eines Ersatzgegenstandes nach § 73 Abs. 3 oder nach § 73b Abs. 3 abgesehen, so ordnet das Gericht die Einziehung eines Geldbetrages an, der dem Wert des Erlangten entspricht. Eine solche Anordnung trifft das Gericht auch neben der Einziehung eines Gegenstandes, soweit dessen Wert hinter dem Wert des zunächst Erlangten zurückbleibt.

§ 73d Bestimmung des Wertes des Erlangten; Schätzung

(1) Bei der Bestimmung des Wertes des Erlangten sind die Aufwendungen des Täters, Teilnehmers oder des anderen abzuziehen. Außer Betracht bleibt jedoch das, was für die Begehung der Tat oder für ihre Vorbereitung aufgewendet oder eingesetzt worden ist, soweit es sich nicht um Leistungen zur Erfüllung einer Verbindlichkeit gegenüber dem Verletzten der Tat handelt.
(2) Umfang und Wert des Erlangten einschließlich der abzuziehenden Aufwendungen können geschätzt werden.

§ 73e Ausschluss der Einziehung des Tatertrages oder des Wertes des Tatertrages

(1) Die Einziehung nach den §§ 73 bis 73c ist ausgeschlossen, soweit der Anspruch, der dem Verletzten aus der Tat auf Rückgewähr des Erlangten oder auf Ersatz des Wertes des Erlangten erwachsen ist, erloschen ist.
(2) In den Fällen des § 73b, auch in Verbindung mit § 73c, ist die Einziehung darüber hinaus ausgeschlossen, soweit der Wert des Erlangten zur Zeit der Anordnung nicht mehr im Vermögen des Betroffenen vorhanden ist, es sei denn, dem Betroffenen waren die Umstände, welche die Anordnung der Einziehung gegen den Täter oder Teilnehmer ansonsten zugelassen hätten, zum Zeitpunkt des Wegfalls der Bereicherung bekannt oder infolge von Leichtfertigkeit unbekannt.

§ 75 Wirkung der Einziehung

(1) Wird die Einziehung eines Gegenstandes angeordnet, so geht das Eigentum an der Sache oder das Recht mit der Rechtskraft der Entscheidung auf den Staat über, wenn der Gegenstand
   1. dem von der Anordnung Betroffenen zu dieser Zeit gehört oder zusteht oder
   2. einem anderen gehört oder zusteht, der ihn für die Tat oder andere Zwecke in Kenntnis der Tatumstände gewährt hat.

   In anderen Fällen geht das Eigentum an der Sache oder das Recht mit Ablauf von sechs Monaten nach der Mitteilung der Rechtskraft der Einziehungsanordnung auf den Staat über, es sei denn, dass vorher derjenige, dem der Gegenstand gehört oder zusteht, sein Recht bei der Vollstreckungsbehörde anmeldet.
(2) Im Übrigen bleiben Rechte Dritter an dem Gegenstand bestehen. In den in § 74b bezeichneten Fällen ordnet das Gericht jedoch das Erlöschen dieser Rechte an. In den Fällen der §§ 74 und 74a kann es das Erlöschen des Rechts eines Dritten anordnen, wenn der Dritte

1. wenigstens leichtfertig dazu beigetragen hat, dass der Gegenstand als Tatmittel verwendet worden oder Tatobjekt gewesen ist, oder
2. das Recht an dem Gegenstand in Kenntnis der Umstände, welche die Einziehung zulassen, in verwerflicher Weise erworben hat.

(3) Bis zum Übergang des Eigentums an der Sache oder des Rechts wirkt die Anordnung der Einziehung oder die Anordnung des Vorbehalts der Einziehung als Veräußerungsverbot im Sinne des § 136 des Bürgerlichen Gesetzbuchs.

(4) In den Fällen des § 111d Abs. 1 Satz 2 der Strafprozessordnung findet § 91 der Insolvenzordnung keine Anwendung.

§ 76a Selbständige Einziehung

(1) Kann wegen der Straftat keine bestimmte Person verfolgt oder verurteilt werden, so ordnet das Gericht die Einziehung oder die Unbrauchbarmachung selbständig an, wenn die Voraussetzungen, unter denen die Maßnahme vorgeschrieben ist, im Übrigen vorliegen. Ist sie zugelassen, so kann das Gericht die Einziehung unter den Voraussetzungen des Satzes 1 selbständig anordnen. Die Einziehung wird nicht angeordnet, wenn Antrag, Ermächtigung oder Strafverlangen fehlen oder bereits rechtskräftig über sie entschieden worden ist.

(2) Unter den Voraussetzungen der §§ 73, 73b und 73c ist die selbständige Anordnung der Einziehung des Tatertrages und die selbständige Einziehung des Wertes des Tatertrages auch dann zulässig, wenn die Verfolgung der Straftat verjährt ist. Unter den Voraussetzungen der §§ 74b und 74d gilt das Gleiche für die selbständige Anordnung der Sicherungseinziehung, der Einziehung von Schriften und der Unbrauchbarmachung.

(3) Absatz 1 ist auch anzuwenden, wenn das Gericht von Strafe absieht oder wenn das Verfahren nach einer Vorschrift eingestellt wird, die dies nach dem Ermessen der Staatsanwaltschaft oder des Gerichts oder im Einvernehmen beider zulässt.

(4) Ein aus einer rechtswidrigen Tat herrührender Gegenstand, der in einem Verfahren wegen des Verdachts einer in Satz 3 genannten Straftat sichergestellt worden ist, soll auch dann selbständig eingezogen werden, wenn der von der Sicherstellung Betroffene nicht wegen der Straftat verfolgt oder verurteilt werden kann. Wird die Einziehung eines Gegenstandes angeordnet, so geht das Eigentum an der Sache oder das Recht mit der Rechtskraft der Entscheidung auf den Staat über; § 75 Absatz 3 gilt entsprechend. Straftaten im Sinne des Satzes 1 sind

1. aus diesem Gesetz:

a) Vorbereitung einer schweren staatsgefährdenden Gewalttat nach § 89a und Terrorismusfinanzierung nach § 89c Absatz 1 bis 4,
b) Bildung krimineller Vereinigungen nach § 129 Absatz 1 und Bildung terroristischer Vereinigungen nach § 129a Absatz 1, 2, 4, 5, jeweils auch in Verbindung mit § 129b Absatz 1,
c) Zuhälterei nach § 181a Absatz 1, auch in Verbindung mit Absatz 3,
d) Verbreitung, Erwerb und Besitz kinderpornografischer Schriften in den Fällen des § 184b Absatz 2,
e) gewerbs- und bandenmäßige Begehung des Menschenhandels, der Zwangsprostitution und der Zwangsarbeit nach den §§ 232 bis 232b sowie bandenmäßige Ausbeutung der Arbeitskraft und Ausbeutung unter Ausnutzung einer Freiheitsberaubung nach den §§ 233 und 233a,
f) Geldwäsche und Verschleierung unrechtmäßig erlangter Vermögenswerte nach § 261 Absatz 1, 2 und 4,

2. aus der Abgabenordnung:
   a) Steuerhinterziehung unter den in § 370 Absatz 3 Nummer 5 genannten Voraussetzungen,
   b) gewerbsmäßiger, gewaltsamer und bandenmäßiger Schmuggel nach § 373,
   c) Steuerhehlerei im Fall des § 374 Absatz 2,
3. aus dem Asylgesetz:
   a) Verleitung zur missbräuchlichen Asylantragstellung nach § 84 Absatz 3,
   b) gewerbs- und bandenmäßige Verleitung zur missbräuchlichen Asylantragstellung nach § 84a,
4. aus dem Aufenthaltsgesetz:
   a) Einschleusen von Ausländern nach § 96 Absatz 2,
   b) Einschleusen mit Todesfolge sowie gewerbs- und bandenmäßiges Einschleusen nach § 97,
5. aus dem Außenwirtschaftsgesetz: vorsätzliche Straftaten nach den §§ 17 und 18,
6. aus dem Betäubungsmittelgesetz:
   a) Straftaten nach einer in § 29 Absatz 3 Satz 2 Nummer 1 in Bezug genommenen Vorschrift unter den dort genannten Voraussetzungen,
   b) Straftaten nach den §§ 29a, 30 Absatz 1 Nummer 1, 2 und 4 sowie den §§ 30a und 30b,
7. aus dem Gesetz über die Kontrolle von Kriegswaffen:
   a) Straftaten nach § 19 Absatz 1 bis 3 und § 20 Absatz 1 und 2 sowie § 20a Absatz 1 bis 3, jeweils auch in Verbindung mit § 21,
   b) Straftaten nach § 22a Absatz 1 bis 3,

8. aus dem Waffengesetz:
   a) Straftaten nach § 51 Absatz 1 bis 3,
   b) Straftaten nach § 52 Absatz 1 Nummer 1 und 2 Buchstabe c und d sowie Absatz 5 und 6.

Strafprozessordnung

§ 111b Beschlagnahme zur Sicherung der Einziehung oder Unbrauchbarmachung

(1) Ist die Annahme begründet, dass die Voraussetzungen der Einziehung oder Unbrauchbarmachung eines Gegenstandes vorliegen, so kann er zur Sicherung der Vollstreckung beschlagnahmt werden. Liegen dringende Gründe für diese Annahme vor, so soll die Beschlagnahme angeordnet werden. § 94 Abs. 3 bleibt unberührt.
(2) Die §§ 102 bis 110 gelten entsprechend.

§ 111c Vollziehung der Beschlagnahme

(1) Die Beschlagnahme einer beweglichen Sache wird dadurch vollzogen, dass die Sache in Gewahrsam genommen wird. Die Beschlagnahme kann auch dadurch vollzogen werden, dass sie durch Siegel oder in anderer Weise kenntlich gemacht wird.
(2) Die Beschlagnahme einer Forderung oder eines anderen Vermögensrechtes, das nicht den Vorschriften über die Zwangsvollstreckung in das unbewegliche Vermögen unterliegt, wird durch Pfändung vollzogen. Die Vorschriften der Zivilprozessordnung über die Zwangsvollstreckung in Forderungen und andere Vermögensrechte sind insoweit sinngemäß anzuwenden. Die Aufforderung zur Abgabe der in § 840 Abs. 1 der Zivilprozessordnung bezeichneten Erklärungen ist in den Pfändungsbeschluss aufzunehmen.
(3) Die Beschlagnahme eines Grundstücks oder eines Rechts, das den Vorschriften über die Zwangsvollstreckung in das unbewegliche Vermögen unterliegt, wird durch ihre Eintragung im Grundbuch vollzogen. Die Vorschriften des Gesetzes über die Zwangsversteigerung und Zwangsverwaltung über den Umfang der Beschlagnahme bei der Zwangsversteigerung gelten entsprechend.
(4) Die Beschlagnahme eines Schiffes, eines Schiffsbauwerks oder eines Luftfahrzeugs wird nach Absatz 1 vollzogen. Ist der Gegenstand im Schiffs- oder Schiffsbauregister oder im Register für Pfandrechte an Luftfahrzeugen eingetragen, ist die Beschlagnahme in diesem Register einzutragen. Zu diesem Zweck können eintragungsfähige Schiffsbauwerke oder Luftfahrzeuge zur

Eintragung angemeldet werden; die Vorschriften, die bei der Anmeldung durch eine Person, die auf Grund eines vollstreckbaren Titels eine Eintragung im Register verlangen kann, anzuwenden sind, gelten hierbei entsprechend.

§ 111d Wirkung der Vollziehung der Beschlagnahme; Rückgabe beweglicher Sachen

(1) Die Vollziehung der Beschlagnahme eines Gegenstandes hat die Wirkung eines Veräußerungsverbotes im Sinne des § 136 des Bürgerlichen Gesetzbuchs. Die Wirkung der Beschlagnahme wird von der Eröffnung des Insolvenzverfahrens über das Vermögen des Betroffenen nicht berührt; Maßnahmen nach § 111c können in einem solchen Verfahren nicht angefochten werden.

(2) Eine beschlagnahmte bewegliche Sache kann dem Betroffenen zurückgegeben werden, wenn er einen den Wert der Sache entsprechenden Geldbetrag beibringt. Der beigebrachte Betrag tritt an die Stelle der Sache. Sie kann dem Betroffenen auch unter dem Vorbehalt jederzeitigen Widerrufs zur vorläufigen weiteren Benutzung bis zum Abschluss des Verfahrens überlassen werden; die Maßnahme kann davon abhängig gemacht werden, dass der Betroffene Sicherheit leistet oder bestimmte Auflagen erfüllt.

§ 111e Vermögensarrest zur Sicherung der Wertersatzeinziehung

(1) Ist die Annahme begründet, dass die Voraussetzungen der Einziehung von Wertersatz vorliegen, so kann zur Sicherung der Vollstreckung der Vermögensarrest in das bewegliche und unbewegliche Vermögen des Betroffenen angeordnet werden. Liegen dringende Gründe für diese Annahme vor, so soll der Vermögensarrest angeordnet werden.

(2) Der Vermögensarrest kann auch zur Sicherung der Vollstreckung einer Geldstrafe und der voraussichtlichen Kosten des Strafverfahrens angeordnet werden, wenn gegen den Beschuldigten ein Urteil ergangen oder ein Strafbefehl erlassen worden ist.

(3) Zur Sicherung der Vollstreckungskosten ergeht kein Arrest.

(4) In der Anordnung ist der zu sichernde Anspruch unter Angabe des Geldbetrages zu bezeichnen. Zudem ist in der Anordnung ein Geldbetrag festzusetzen, durch dessen Hinterlegung der Betroffene die Vollziehung des Arrestes abwenden und die Aufhebung der Vollziehung des Arrestes verlangen kann; § 108 Abs. 1 der Zivilprozessordnung gilt entsprechend.

(5) Die §§ 102 bis 110 gelten entsprechend.

(6) Die Möglichkeit einer Anordnung nach § 324 der Abgabenordnung steht einer Anordnung nach Absatz 1 nicht entgegen.

§ 111f Vollziehung des Vermögensarrestes

(1) Der Vermögensarrest in eine bewegliche Sache, in eine Forderung oder ein anderes Vermögensrecht, das nicht der Zwangsvollstreckung in das unbewegliche Vermögen unterliegt, wird durch Pfändung vollzogen. Die §§ 928 und 930 der Zivilprozessordnung gelten sinngemäß. § 111c Abs. 2 Satz 3 gilt entsprechend.
(2) Der Vermögensarrest in ein Grundstück oder ein Recht, das den Vorschriften über die Zwangsvollstreckung in das unbewegliche Vermögen unterliegt, wird durch Eintragung einer Sicherungshypothek bewirkt. Die §§ 928 und 932 der Zivilprozessordung gelten sinngemäß.
(3) Der Vermögensarrest in ein Schiff, ein Schiffsbauwerk oder ein Luftfahrzeug wird nach Absatz 1 bewirkt. Ist der Gegenstand im Schiffs- oder Schiffsbauregister oder im Register für Pfandrechte an Luftfahrzeugen eingetragen, gelten die §§ 928 und 931 der Zivilprozessordung sinngemäß.
(4) In den Fällen der Absätze 2 und 3 Satz 2 wird auch das Veräußerungsverbot nach § 111h Abs. 1 Satz 1 in Verbindung mit § 136 des Bürgerlichen Gesetzbuchs eingetragen.

§ 111g Aufhebung der Vollziehung des Vermögensarrestes

(1) Hinterlegt der Betroffene den nach § 111e Abs. 4 festgesetzten Geldbetrag, wird die Vollziehungsmaßnahme aufgehoben.
(2) Ist der Arrest wegen einer Geldstrafe oder der voraussichtlich entstehenden Kosten des Strafverfahrens angeordnet worden, so ist eine Vollziehungsmaßnahme auf Antrag des Beschuldigten aufzuheben, soweit der Beschuldigte den Pfandgegenstand zur Aufbringung der Kosten seiner Verteidigung, seines Unterhalts oder des Unterhalts seiner Familie benötigt.

§ 111h Wirkung der Vollziehung des Vermögensarrestes

(1) Die Vollziehung des Vermögensarrestes in einen Gegenstand hat die Wirkung eines Veräußerungsverbots im Sinne des § 136 des Bürgerlichen Gesetzbuchs. Für das Sicherungsrecht, das in Vollziehung des Vermögensarrestes entsteht, gilt § 80 Abs. 2 Satz 2 der Insolvenzordnung.
(2) Zwangsvollstreckungen in Gegenstände, die im Wege der Arrestvollziehung gepfändet worden sind, sind während der Dauer der Arrestvollziehung nicht zulässig. Die Vollziehung einer Arrestanordnung nach § 324 der Abgabenordnung bleibt unberührt, soweit der Arrestanspruch aus der Straftat erwachsen ist.

§ 111i Insolvenzverfahren

(1) Ist mindestens einem Verletzten aus der Tat ein Anspruch auf Ersatz des Wertes des Erlangten erwachsen und wird das Insolvenzverfahren über das Vermögen des Arrestschuldners eröffnet, so erlischt das Sicherungsrecht nach § 111h Abs. 1 an dem Gegenstand oder an dem durch dessen Verwertung erzielten Erlös, sobald dieser vom Insolvenzbeschlag erfasst wird. Das Sicherungsrecht erlischt nicht an Gegenständen, die in einem Staat belegen sind, in dem die Eröffnung des Insolvenzverfahrens nicht anerkannt wird. Die Sätze 1 und 2 gelten entsprechend für das Pfandrecht an der nach § 111g Abs. 1 hinterlegten Sicherheit.

(2) Gibt es mehrere Verletzte und reicht der Wert des in Vollziehung des Vermögensarrestes gesicherten Gegenstandes oder des durch dessen Verwertung erzielten Erlöses nicht aus, um die Ansprüche der Verletzten auf Ersatz des Wertes des Erlangten, die ihnen aus der Tat erwachsen sind und von ihnen gegenüber der Staatsanwaltschaft geltend gemacht werden, zu befriedigen, stellt die Staatsanwaltschaft einen Antrag auf Eröffnung des Insolvenzverfahrens über das Vermögen des Arrestschuldners. Die Staatsanwaltschaft sieht von der Stellung eines Eröffnungsantrags ab, wenn begründete Zweifel daran bestehen, dass das Insolvenzverfahren auf Grund des Antrags eröffnet wird.

(3) Verbleibt bei der Schlussverteilung ein Überschuss, so erwirbt der Staat bis zur Höhe des Vermögensarrestes ein Pfandrecht am Anspruch des Schuldners auf Herausgabe des Überschusses. In diesem Umfang hat der Insolvenzverwalter den Überschuss an die Staatsanwaltschaft herauszugeben.

§ 111j Verfahren bei der Anordnung der Beschlagnahme und des Vermögensarrestes

(1) Beschlagnahme und Vermögensarrest werden durch das Gericht angeordnet. Bei Gefahr im Verzug kann die Anordnung auch durch die Staatsanwaltschaft erfolgen. Unter der Voraussetzung des Satzes 2 sind zur Beschlagnahme einer beweglichen Sache auch die Ermittlungspersonen der Staatsanwaltschaft (§ 152 des Gerichtsverfassungsgesetzes) befugt.

(2) Hat die Staatsanwaltschaft die Beschlagnahme oder den Arrest angeordnet, so beantragt sie innerhalb einer Woche die gerichtliche Bestätigung der Anordnung. Dies gilt nicht, wenn die Beschlagnahme einer beweglichen Sache angeordnet ist. Der Betroffene kann in allen Fällen die Entscheidung des Gerichts beantragen. Die Zuständigkeit des Gerichts bestimmt sich nach § 162.

§ 111k Verfahren bei Vollziehung der Beschlagnahme und des Vermögensarrestes

(1) Beschlagnahme und Vermögensarrest werden durch die Staatsanwaltschaft vollzogen. Soweit ein Arrest nach den Vorschriften über die Pfändung in bewegliche Sachen zu vollziehen ist, kann dies durch die in § 2 des Justizbeitreibungsgesetzes bezeichnete Behörde, den Gerichtsvollzieher, die Staatsanwaltschaft oder durch deren Ermittlungspersonen (§ 152 des Gerichtsverfassungsgesetzes) vollzogen werden. Die Beschlagnahme beweglicher Sachen kann auch durch die Ermittlungspersonen der Staatsanwaltschaft (§ 152 des Gerichtsverfassungsgesetzes) vollzogen werden. § 98 Abs. 4 gilt entsprechend.

(2) Für die Zustellung gilt § 37 Abs. 1 mit der Maßgabe, dass auch die Ermittlungspersonen der Staatsanwaltschaft (§ 152 des Gerichtsverfassungsgesetzes) mit der Ausführung beauftragt werden können. Für Zustellungen an ein im Inland zum Geschäftsbetrieb befugtes Kreditinstitut gilt § 174 der Zivilprozessordnung entsprechend.

(3) Gegen Maßnahmen, die in Vollziehung der Beschlagnahme oder des Vermögensarrestes getroffen werden, kann der Betroffene die Entscheidung des nach § 162 zuständigen Gerichts beantragen.

§ 111l Mitteilungen

(1) Die Staatsanwaltschaft teilt die Vollziehung der Beschlagnahme oder des Vermögensarrestes dem Verletzten mit.

(2) In den Fällen der Beschlagnahme einer beweglichen Sache ist die Mitteilung mit dem Hinweis auf den Regelungsgehalt des Verfahrens über die Herausgabe nach den §§ 111n und 111o zu verbinden.

(3) Wird ein Vermögensarrest vollzogen, so fordert die Staatsanwaltschaft den Verletzten zugleich mit der Mitteilung auf zu erklären, ob und in welcher Höhe er den Anspruch auf Ersatz des Wertes des Erlangten, der ihm aus der Tat erwachsen ist, geltend machen wolle. Die Mitteilung ist mit dem Hinweis auf den Regelungsgehalt des § 111h Abs. 2 und der Verfahren nach § 111i Abs. 2, § 459h Abs. 2 sowie § 459k zu verbinden.

(4) Die Mitteilung kann durch einmalige Bekanntmachung im Bundesanzeiger erfolgen, wenn eine Mitteilung gegenüber jedem einzelnen Verletzten mit unverhältnismäßigem Aufwand verbunden wäre. Zusätzlich kann die Mitteilung auch in anderer geeigneter Weise veröffentlicht werden. Gleiches gilt, wenn der Verletzte unbekannt oder unbekannten Aufenthalts ist. Personendaten dürfen nur veröffentlicht werden, soweit ihre Angabe zur

Wahrung der Rechte der Verletzten unerlässlich ist. Nach Beendigung der Sicherungsmaßnahmen veranlasst die Staatsanwaltschaft die Löschung der Bekanntmachung.

§ 111m Verwaltung beschlagnahmter oder gepfändeter Gegenstände

(1) Die Verwaltung von Gegenständen, die nach § 111c beschlagnahmt oder auf Grund eines Vermögensarrestes nach § 111f gepfändet worden sind, obliegt der Staatsanwaltschaft. Sie kann ihre Ermittlungspersonen (§ 152 des Gerichtsverfassungsgesetzes) oder den Gerichtsvollzieher mit der Verwaltung beauftragen. In geeigneten Fällen kann auch eine andere Person mit der Verwaltung beauftragt werden.
(2) Gegen Maßnahmen, die im Rahmen der Verwaltung nach Absatz 1 getroffen werden, kann der Betroffene die Entscheidung des nach § 162 zuständigen Gerichts beantragen.

§ 111n Herausgabe beweglicher Sachen

(1) Wird eine bewegliche Sache, die nach § 94 beschlagnahmt oder auf andere Weise sichergestellt oder nach § 111c Abs. 1 beschlagnahmt worden ist, für Zwecke des Strafverfahrens nicht mehr benötigt, so wird sie an den letzten Gewahrsamsinhaber herausgegeben.
(2) Abweichend von Absatz 1 wird die Sache an den Verletzten herausgegeben, dem sie durch die Straftat entzogen worden ist, wenn dieser bekannt ist.
(3) Steht der Herausgabe an den letzten Gewahrsamsinhaber oder den Verletzten der Anspruch eines Dritten entgegen, wird die Sache an den Dritten herausgegeben, wenn dieser bekannt ist.
(4) Die Herausgabe erfolgt nur, wenn ihre Voraussetzungen offenkundig sind.

§ 111o Verfahren bei der Herausgabe

(1) Über die Herausgabe entscheidet im vorbereitenden Verfahren und nach rechtskräftigem Abschluss des Verfahrens die Staatsanwaltschaft, im Übrigen das mit der Sache befasste Gericht.
(2) Gegen die Verfügung der Staatsanwaltschaft und ihrer Ermittlungspersonen können die Betroffenen die Entscheidung des nach § 162 zuständigen Gerichts beantragen.

§ 421 Absehen von der Einziehung

(1) Das Gericht kann mit Zustimmung der Staatsanwaltschaft von der Einziehung absehen, wenn
   1. das Erlangte nur einen geringen Wert hat,

2. die Einziehung neben der zu erwartenden Strafe oder Maßregel der Besserung und Sicherung nicht ins Gewicht fällt oder
3. das Verfahren, soweit es die Einziehung betrifft, einen unangemessenen Aufwand erfordern oder die Herbeiführung der Entscheidung über die anderen Rechtsfolgen der Tat unangemessen erschweren würde.

(2) Das Gericht kann die Wiedereinbeziehung in jeder Lage des Verfahrens anordnen. Einem darauf gerichteten Antrag der Staatsanwaltschaft hat es zu entsprechen. § 265 gilt entsprechend.

(3) Im vorbereitenden Verfahren kann die Staatsanwaltschaft das Verfahren auf die anderen Rechtsfolgen beschränken. Die Beschränkung ist aktenkundig zu machen.

§ 422 Abtrennung der Einziehung

Würde die Herbeiführung einer Entscheidung über die Einziehung nach den §§ 73 bis 73c des Strafgesetzbuches die Entscheidung über die anderen Rechtsfolgen der Tat unangemessen erschweren oder verzögern, kann das Gericht das Verfahren über die Einziehung abtrennen. Das Gericht kann die Verbindung in jeder Lage des Verfahrens wieder anordnen.

§ 423 Einziehung nach Abtrennung

(1) Trennt das Gericht das Verfahren nach § 422 ab, trifft es die Entscheidung über die Einziehung nach der Rechtskraft des Urteils in der Hauptsache. Das Gericht ist an die Entscheidung in der Hauptsache und die tatsächlichen Feststellungen, auf denen diese beruht, gebunden.

(2) Die Entscheidung über die Einziehung soll spätestens sechs Monate nach dem Eintritt der Rechtskraft des Urteils in der Hauptsache getroffen werden.

(3) Das Gericht entscheidet durch Beschluss. Die Entscheidung ist mit sofortiger Beschwerde anfechtbar.

(4) Abweichend von Absatz 3 kann das Gericht anordnen, dass die Entscheidung auf Grund mündlicher Verhandlung durch Urteil ergeht. Das Gericht muss die Anordnung nach Satz 1 treffen, wenn die Staatsanwaltschaft oder derjenige, gegen den sich die Einziehung richtet, dies beantragt. Die §§ 324 und 427 bis 431 gelten entsprechend; ergänzend finden die Vorschriften über die Hauptverhandlung entsprechende Anwendung.

§ 459h Entschädigung des Verletzten

(1) Ein nach den §§ 73 bis 73b des Strafgesetzbuches eingezogener Gegenstand wird dem Verletzten, dem ein Anspruch auf Rückgewähr des Erlangten erwachsen ist, oder dessen Rechtsnachfolger zurückübertragen. Gleiches

gilt, wenn der Gegenstand nach § 76a Abs. 1 des Strafgesetzbuches, auch in Verbindung mit § 76a Abs. 3 des Strafgesetzbuches, eingezogen worden ist. In den Fällen des § 75 Abs. 1 Satz 2 des Strafgesetzbuches wird der eingezogene Gegenstand dem Verletzten oder dessen Rechtsnachfolger herausgegeben, wenn dieser sein Recht fristgerecht bei der Vollstreckungsbehörde angemeldet hat.

(2) Hat das Gericht die Einziehung des Wertersatzes nach den §§ 73c und 76a Abs. 1 Satz 1 des Strafgesetzbuches, auch in Verbindung mit § 76a Abs. 3 des Strafgesetzbuches, angeordnet, wird der Erlös aus der Verwertung der auf Grund des Vermögensarrestes oder der Einziehungsanordnung gepfändeten Gegenstände an den Verletzten, dem ein Anspruch auf Ersatz des Wertes des Erlangten aus der Tat erwachsen ist, oder an dessen Rechtsnachfolger ausgekehrt. § 111i gilt entsprechend.

§ 459i Mitteilungen

(1) Der Eintritt der Rechtskraft der Einziehungsanordnung nach den §§ 73 bis 73c und 76a Abs. 1 Satz 1 des Strafgesetzbuches, auch in Verbindung mit § 76a Abs. 3 des Strafgesetzbuches, wird dem Verletzten unverzüglich mitgeteilt. Die Mitteilung ist zuzustellen; § 111l Abs. 4 gilt entsprechend.

(2) Die Mitteilung ist im Fall der Einziehung des Gegenstandes mit dem Hinweis auf den Anspruch nach § 459h Abs. 1 und auf das Verfahren nach § 459j zu verbinden. Im Fall der Einziehung des Wertersatzes ist sie mit dem Hinweis auf den Anspruch nach § 459h Abs. 2 und das Verfahren nach den §§ 459k bis 459m zu verbinden.

§ 459j Verfahren bei Rückübertragung und Herausgabe

(1) Der Verletzte oder dessen Rechtsnachfolger hat seinen Anspruch auf Rückübertragung oder Herausgabe nach § 459h Abs. 1 binnen sechs Monaten nach der Mitteilung der Rechtskraft der Einziehungsanordnung bei der Vollstreckungsbehörde anzumelden.

(2) Ergibt sich die Anspruchsberechtigung des Antragstellers ohne weiteres aus der Einziehungsanordnung und den ihr zugrundeliegenden Feststellungen, so wird der eingezogene Gegenstand an den Antragsteller zurückübertragen oder herausgegeben. Andernfalls bedarf es der Zulassung durch das Gericht. Das Gericht lässt die Rückübertragung oder Herausgabe nach Maßgabe des § 459h Abs. 1 zu. Die Zulassung ist zu versagen, wenn der Antragsteller seine Anspruchsberechtigung nicht glaubhaft macht; § 294 der Zivilprozessordnung ist anzuwenden.

(3) Vor der Entscheidung über die Rückübertragung oder Herausgabe ist derjenige, gegen den sich die Anordnung der Einziehung richtet, zu hören. Dies gilt nur, wenn die Anhörung ausführbar erscheint.

(4) Bei Versäumung der in Absatz 1 Satz 1 genannten Frist ist unter den in den §§ 44 und 45 bezeichneten Voraussetzungen die Wiedereinsetzung in den vorigen Stand zu gewähren.

(5) Unbeschadet des Verfahrens nach Absatz 1 kann der Verletzte oder dessen Rechtsnachfolger seinen Anspruch auf Rückübertragung oder Herausgabe nach § 459h Abs. 1 geltend machen, indem er ein vollstreckbares Endurteil im Sinne des § 704 der Zivilprozessordnung oder einen anderen Vollstreckungstitel im Sinne des § 794 der Zivilprozessordnung vorlegt, aus dem sich der geltend gemachte Anspruch ergibt.

§ 459k Verfahren bei Auskehrung des Verwertungserlöses

(1) Der Verletzte oder dessen Rechtsnachfolger hat seinen Anspruch auf Auskehrung des Verwertungserlöses nach § 459h Abs. 2 binnen sechs Monaten nach der Mitteilung der Rechtskraft der Einziehungsanordnung bei der Vollstreckungsbehörde anzumelden. Bei der Anmeldung ist die Höhe des Anspruchs zu bezeichnen.

(2) Ergeben sich die Anspruchsberechtigung des Antragstellers und die Anspruchshöhe ohne weiteres aus der Einziehungsanordnung und den ihr zugrundeliegenden Feststellungen, so wird der Verwertungserlös in diesem Umfang an den Antragsteller ausgekehrt. Andernfalls bedarf es der Zulassung durch das Gericht. Das Gericht lässt die Auskehrung des Verwertungserlöses nach Maßgabe des § 459h Abs. 2 zu. Die Zulassung ist zu versagen, wenn der Antragsteller seine Anspruchsberechtigung nicht glaubhaft macht; § 294 der Zivilprozessordnung ist anzuwenden.

(3) Vor der Entscheidung über die Auskehrung ist derjenige, gegen den sich die Anordnung der Einziehung richtet, zu hören. Dies gilt nur, wenn die Anhörung ausführbar erscheint.

(4) Bei Versäumung der in Absatz 1 Satz 1 genannten Frist ist unter den in den §§ 44 und 45 bezeichneten Voraussetzungen die Wiedereinsetzung in den vorigen Stand zu gewähren.

(5) Unbeschadet des Verfahrens nach Absatz 1 kann der Verletzte oder dessen Rechtsnachfolger seinen Anspruch auf Auskehrung des Verwertungserlöses nach § 459h Abs. 2 geltend machen, indem er ein vollstreckbares Endurteil im Sinne des § 704 der Zivilprozessordnung oder einen anderen Vollstreckungstitel im Sinne des § 794 der Zivilprozessordnung vorlegt, aus dem sich der geltend gemachte Anspruch ergibt. Einem vollstreckbaren Endurteil im

Sinne des § 704 der Zivilprozessordnung stehen bestandskräftige öffentlich-rechtliche Vollstreckungstitel über Geldforderungen gleich.

§ 459l Ansprüche des Betroffenen

(1) Legt derjenige, gegen den sich die Anordnung der Einziehung richtet, ein vollstreckbares Endurteil im Sinne des § 704 der Zivilprozessordnung oder einen anderen Vollstreckungstitel im Sinne des § 794 der Zivilprozessordnung vor, aus dem sich ergibt, dass dem Verletzten aus der Tat ein Anspruch auf Rückgewähr des Erlangten erwachsen ist, kann er verlangen, dass der eingezogene Gegenstand nach Maßgabe des § 459h Abs. 1 an den Verletzten oder dessen Rechtsnachfolger zurückübertragen oder herausgegeben wird. § 459j Abs. 2 gilt entsprechend.

(2) Befriedigt derjenige, gegen den sich die Anordnung der Einziehung des Wertersatzes richtet, den Anspruch, der dem Verletzten aus der Tat auf Rückgewähr des Erlangten oder auf Ersatz des Wertes des Erlangten erwachsen ist, kann er im Umfang der Befriedigung Ausgleich aus dem Verwertungserlös verlangen, soweit unter den Voraussetzungen des § 459k Abs. 2 Satz 1 der Verwertungserlös an den Verletzten nach § 459h Abs. 2 auszukehren gewesen wäre. § 459k Abs. 2 Satz 2 bis 4 gilt entsprechend. Die Befriedigung des Anspruchs muss in allen Fällen durch eine Quittung des Verletzten oder dessen Rechtsnachfolgers glaubhaft gemacht werden. Der Verletzte oder dessen Rechtsnachfolger ist vor der Entscheidung über den Ausgleichsanspruch zu hören, wenn dies ausführbar erscheint.

§ 459m Entschädigung in sonstigen Fällen

(1) In den Fällen des § 111i Abs. 3 wird der Überschuss an den Verletzten oder dessen Rechtsnachfolger ausgekehrt, der ein vollstreckbares Endurteil im Sinne des § 704 der Zivilprozessordnung oder einen anderen Vollstreckungstitel im Sinne des § 794 der Zivilprozessordnung vorlegt, aus dem sich der geltend gemachte Anspruch ergibt. § 459k Abs. 2 und 5 Satz 2 gilt entsprechend. Die Auskehrung ist ausgeschlossen, wenn zwei Jahre seit der Aufhebung des Insolvenzverfahrens verstrichen sind. In den Fällen des § 111i Abs. 2 gelten die Sätze 1 bis 3 entsprechend, wenn ein Insolvenzverfahren nicht durchgeführt wird.

(2) Absatz 1 Satz 1 und 2 gilt entsprechend, wenn nach Aufhebung des Insolvenzverfahrens oder nach Abschluss der Auskehrung des Verwertungserlöses bei der Vollstreckung der Wertersatzeinziehung nach den §§ 73c und 76a Abs. 1 Satz 1 des Strafgesetzbuches, auch in Verbindung mit § 76a Abs. 3 des Strafgesetzbuches, ein Gegenstand gepfändet wird.

§ 459n Zahlungen auf Wertersatzeinziehung

Leistet derjenige, gegen den sich die Anordnung richtet, Zahlungen auf die Anordnung der Einziehung des Wertersatzes nach den §§ 73c und 76a Abs. 1 Satz 1 des Strafgesetzbuches, auch in Verbindung mit § 76a Abs. 3 des Strafgesetzbuches, so gelten § 459h Abs. 2 sowie die §§ 459k und 459m entsprechend.

§ 459o Einwendungen gegen vollstreckungsrechtliche Entscheidungen

Über Einwendungen gegen die Entscheidung der Vollstreckungsbehörde nach den §§ 459a, 459c, 459e sowie 459g bis 459m entscheidet das Gericht.

Literaturverzeichnis

Arnold, Michaela: Verfall, Einziehung und Unbrauchbarmachung (§§ 73 bis 76a StGB) Reformdiskussion und Gesetzgebung seit dem 19. Jahrhundert, Dissertation, Hagen 2014. Zit.: *Arnold*, Verfall.

Zivilprozessordnung mit FamFG, GVG und anderen Nebengesetzen, Adolf Baumbach/Wolfgang Lauterbach/Jan Albers/Peter Hartmann (Hrsg.), Kommentar, 77. Aufl., München 2019. Zit.: *Baumbach/Lauterbach/Albers/Hartmann*, ZPO.

Beck'scher Online-Kommentar Grundgesetz, Volker Epping/Christian Hillgruber (Hrsg.). Zit.: *Bearbeiter*, in: BeckOK GG, Edition, Stand.

Beck'scher Online-Kommentar InsO mit InsVV und EuInsVO, Alexander Fridgen/Arndt Geiwitz/Burkhard Göpfert. Zit.: *Bearbeiter*, in: BeckOK InsO, Edition, Stand.

Beck'scher Online-Kommentar StGB, Bernd von Heintschel-Heinegg. Zit.: *Bearbeiter*, in: BeckOK StGB, Edition, Stand.

Bender, Bernd: Staatshaftungsrecht. Recht in der Praxis, 3. Aufl., Heidelberg 1981. Zit.: *Bender*, Staatshaftungsrecht.

Berliner Kommentar zum Insolvenzrecht, Jürgen Blersch/Hans-Wilhelm Goetsch/Ulrich Haas (Hrsg.), Band I, §§ 1–147 InsO, 65. Aktualisierungslieferung, Stand: April 2018, München. Zit.: *Bearbeiter*, in: BK InsO.

Beulke, Werner: Strafprozessrecht, 13. Aufl., Heidelberg 2016.

Bittmann, Folker: Bedeutung des § 111g StPO für die Rückgewinnungshilfe – Wirkung, Voraussetzung, Rang, wistra 2013, S. 218 ff.

- Insolvenzverfahren und strafprozessuale Vermögensabschöpfung – Ausgestaltungsbedarf de lege ferenda, ZInsO 2015, S. 1758 ff.
- Neuregelung der strafrechtlichen Vermögensabschöpfung: Folgen für das Insolvenzverfahren, ZInsO 2016, S. 873 ff.
- Zum Regierungsentwurf der Reform der Vermögensabschöpfung, KriPoz 2016, S. 120 ff.
- Vom Annex zur Säule: Vermögensabschöpfung als 3. Spur des Strafrechts, NZWiSt 2016, S. 131 ff.

Bittmann, Folker/*Rudolph*, Carolin: Das Verwendungsverbot gemäß § 97 Abs. 1 Satz 3 InsO, wistra 2001, S. 81 ff.

Blankenburg, Daniel: Reform der strafrechtlichen Vermögensabschöpfung – Neue Möglichkeiten der Staatsanwaltschaft im Insolvenzverfahren, ZInsO 2017, S. 1453 ff.

Bohne, Steffen/*Boxleitner*, Heiner: Eins vor und zwei zurück – Wie das deutsche Recht Straftätern weiterhin die Tatbeute belässt – Anmerkung zum Gesetz zur Stärkung der Rückgewinnungshilfe und Vermögensabschöpfung bei Straftaten, NStZ 2007, S. 552 ff.

Bremen, Michael: Irrlichtern zwischen Verfall und Insolvenzbeschlag, in: Festschrift für Jürgen Wessing zum 65. Geburtstag, München 2015, S. 821 ff. Zit.: *Bremen*, in: FS Wessing.

Bundesrechtsanwaltskammer: Zum Referentenentwurf zur Reform der strafrechtlichen Vermögensabschöpfung, Berlin Juni 2016. Zit.: *BRAK*, Stellungnahme 15/2016.

- Zum Regierungsentwurf eines Gesetzes zur Reform der strafrechtlichen Vermögensabschöpfung (BT-Drucks. 18/9525), Berlin November 2016. Zit.: *BRAK*, Stellungnahme 39/2016.

Burhoff, Detleff/*Kotz*, Peter: Handbuch für die strafrechtlichen Hilfsmittel und Rechtsbehelfe, 2. Aufl., Bonn 2016. Zit.: *Burhoff/Kotz*, strafrechtliche Hilfsmittel und Rechtsbehelfe.

Dencker, Friedrich: Verwertungsverbote im Strafprozess, Habilitationsschrift, Bonn 1977.

Deutscher Anwaltsverein: Stellungnahme zum Referentenentwurf des Bundesministeriums der Justiz und für Verbraucherschutz – Entwurf eines Gesetzes zur Reform der strafrechtlichen Vermögensabschöpfung, Nr. 30/2016, Berlin Juni 2016. Zit.: *DAV*, Stellungnahme.

Deutscher Richterbund: Stellungnahme zum Referentenentwurf eines Gesetzes zur Reform der strafrechtlichen Vermögensabschöpfung, Nr. 9/16, Berlin Juni 2016. Zit.: *DRB*, Stellungnahme.

Diversy, Judith: Eigene Angaben des Insolvenzschuldners gegenüber dem Insolvenzgericht als Erkenntnisquelle der Staatsanwaltschaft, ZInsO 2005, S. 180 ff.

Eberbach, Wolfram: Zwischen Sanktion und Prävention – Möglichkeiten der Gewinnabschöpfung nach dem StGB –, NStZ 1987, S. 486 ff.

Eichberger, Christian: Die besondere Konkursanfechtung – Analyse der geltenden Bestimmungen und der Reformentwürfe, Dissertation, Regensburg 1990. Zit.: *Eichberger*, die besondere Konkursanfechtung.

Eismann, Patrik: Der Bereicherungsanspruch im Insolvenzverfahren – Zum Grundsatz gleichmäßiger Befriedigung in der Insolvenz unter Berücksichtigung des Verhältnisses von Zuordnung und Haftung, Dissertation, Bayreuth 2004. Zit.: *Eismann*, der Bereicherungsanspruch im Insolvenzverfahren.

Eser, Albin: Die strafrechtlichen Sanktionen gegen das Eigentum, Habilitationsschrift, Tübingen 1969. Zit.: *Eser*, Die strafrechtlichen Sanktionen.

- Neue Wege der Gewinnabschöpfung im Kampf gegen die organisierte Kriminalität, in: Festschrift für Walter Stree und Johannes Wessels (Hrsg. Wilfried Küper und Jürgen Welp), Heidelberg 1993, S. 833 ff. Zit.: *Eser*, in: FS Stree/Wessels.
- Der Schutz vor Selbstbezichtigung im deutschen Strafprozessrecht, in: Jescheck, Deutsche strafrechtliche Landesreferate zum IX. Internationalen Kongress für Rechtsvergleichung, Berlin (u.a.) 1974, S. 136 ff. Zit.: *Eser*, in: Deutsche strafrechtliche Landesreferate.

Fischer, Thomas: Strafgesetzbuch mit Nebengesetzen, Kommentar, 65. Aufl., München 2018. Zit.: *Fischer*, StGB, 65. Aufl.

Fischer, Thomas: Strafgesetzbuch mit Nebengesetzen, Kommentar, 66. Aufl., München 2019. Zit.: *Fischer*, StGB.

Fleckenstein, Lennart: Die strafrechtliche Abschöpfung von Taterträgen bei Drittbegünstigten, Dissertation, Berlin 2017. Zit.: *Fleckenstein*, Abschöpfung von Taterträgen bei Drittbegünstigten.

Frankfurter Kommentar zur Insolvenzordnung, Klaus Wimmer (Hrsg.), 9. Aufl., Berlin 2018. Zit.: *Bearbeiter*, in: FK InsO.

Frind, Frank: Neuregelung von Vermögenssicherungen im strafrechtlichen Bereich zu Lasten der insolvenzrechtlichen Gläubigergemeinschaft?, NZI 2016, S. 674 ff.

Frommhold, Uwe: Strafprozessuale Rückgewinnungshilfe und privatrechtliche Anspruchsdurchsetzung, NJW 2004, S. 1083 ff.

Füßmann, Helga: Die Auswirkungen des reformierten Insolvenzverfahrensrechts auf das Prinzip der Gläubigergleichbehandlung, Dissertation, Münster 2001. Zit.: *Füßmann*, das Prinzip der Gläubigergleichbehandlung.

Gaul, Hans Friedhelm: Rechtsverwirklichung durch Zwangsvollstreckung aus rechtsgrundsätzlicher und rechtsdogmatischer Sicht, ZZP 1999, S. 135 ff.

Gaul, Hans Friedhelm/*Schilken*, Eberhard/*Becker-Eberhard*, Ekkehard: Zwangsvollstreckungsrecht, 12. Aufl., München 2010.

Gebauer, Tim: Reform der strafrechtlichen Vermögensabschöpfung, ZRP 2016, S. 101 ff.

Geiger, Thomas: Die Rechtsnatur der Sanktion, Dissertation, Tübingen 2004.

Gericke, Jan: Stellungnahme zum Regierungsentwurf eines Gesetzes zur Reform der strafrechtlichen Vermögensabschöpfung für die Anhörung am 23. November 2016, Karlsruhe 20. November 2016. Zit.: *Gericke*, Stellungnahme.

von Gleichstein, Hans: Die Rückgewinnungshilfe gem. §§ 111b ff. StPO in der Insolvenz des Täters, ZIP 2008, S. 1151 ff.

Gottwald. Insolvenzrechts-Handbuch, Peter Gottwald (Hrsg.), 5. Aufl., München 2015. Zit.: *Bearbeiter*, in: Insolvenzrechts-Handbuch.

Greier, Gunnar: Die Entscheidung der Staatsanwaltschaft über Maßnahmen zur Rückgewinnungshilfe, Dissertation, Köln 2016. Zit.: *Greier*, Rückgewinnungshilfe.

Groß, Andrea: Vereinfachung der §§ 111b ff. StPO im Hinblick auf effektivere Möglichkeiten zur Abschöpfung von Vermögensvorteilen aus Straftaten, Dissertation, Mannheim 2006. Zit.: *Groß*, Effektivere Möglichkeiten zur Abschöpfung von Vermögensvorteilen.

Grundgesetz für die Bundesrepublik Deutschland, Jarass, Hans/Pieroth, Bodo (Hrsg.), Kommentar, 15. Aufl., München 2018. Zit.: *Bearbeiter*, in: Jarass/Pieroth GG.

Gundlach, Ulf/*Müller*, Udo: Das Insolvenzantragsrecht eines nachrangigen Insolvenzgläubigers im Fall des qualifizierten Rangrücktritts, ZInsO 2011, S. 84 ff.

Haarmeyer, Hans/*Seibt*, Werner: Akteneinsicht durch Gläubiger und Dritte im Insolvenzverfahren, RPfleger 1996, S. 221 ff.

Haas, Ulrich/*Scholl*, Stefania: Drohverlustrückstellungen in der Überschuldungsbilanz und deren Neutralisation durch Rangrücktrittsvereinbarungen, ZInsO 2002, S. 645 ff.

Hamburger Kommentar zum Insolvenzrecht, Andreas Schmidt (Hrsg.), 6. Aufl., Köln 2017. Zit.: *Bearbeiter*, in: Hamburger Kommentar InsO.

Häsemeyer, Ludwig: Insolvenzrecht, 4. Aufl., Köln 2007.

Hees, Volker: Zurückgewinnungshilfe zu Gunsten der Opfer von Marken- und Produktpiraterie, GRUR, S. 1037 ff.

Heeseler, Markus: Auskunfts-/Akteneinsicht und weitere Informationsmöglichkeiten des Gläubigers im Regelinsolvenzverfahren, ZInsO 2001, S. 873 ff.

Hefendahl, Roland: Beweisermittlungs- und Beweisverwertungsverbote bei Auskunfts- und Mitwirkungspflichten – das sog. Verwendungsverbot nach § 97 Abs. 1 Satz 3 InsO –, wistra 2003, S. 1 ff.

Heidelberger Kommentar zur Insolvenzordnung, Gerhart Kreft (Hrsg.), 7. Aufl., München 2014. Zit.: *Bearbeiter*, in: HK InsO, 7. Aufl.

Heidelberger Kommentar zur Insolvenzordnung, Godehard Kayser/Christoph Thole (Hrsg.), 9. Aufl., München 2018. Zit.: *Bearbeiter*, in: HK InsO.

Heidenhain, Amtshaftung und Entschädigung aus enteignungsgleichem Eingriff, 1965.

Heim, Maximilian: Gesetz zur strafrechtlichen Vermögensabschöpfung, NJW-Spezial 2017, S. 248.

Heger, Martin: Stellungnahme zur Vorlage an den Rechtsausschuss, Berlin 20. November 2016. Zit.: *Heger*, Stellungnahme.

Hellerbrand, Christoph: Der dingliche Arrest zur Sicherung des Verfalls von Wertersatz im Ermittlungsverfahren, wistra 2003, S. 201 ff.

Hellmann, Uwe: Richterliche Überzeugungsbildung und Schätzung bei der Bemessung strafrechtlicher Sanktionen, in: Goltdammer's Archiv für Strafrecht (Hrsg. Paul-Günter Pötz), 1997, S. 503 ff. Zit.: *Hellmann*, GA 1997.

Hellmann, Uwe/*Beckemper*, Katharina: Wirtschaftsstrafrecht, 4. Aufl., Stuttgart 2013.

Hennecke, Frank: Ein Ende der Verjährung, NZWiSt 2018, S. 121 ff.

Herzig, Dirk: Anmerkung zu BGH, Beschluss vom 23.09.2010 – IX ZB 282/09, FD-InsR 2010, 310701 beck-online.

Hoffmann, Jan Felix: Prioritätsgrundsatz und Gläubigergleichbehandlung, Habilitationsschrift, Heidelberg 2015.

Hoffmann, Thomas-Michael: Die Untätigkeitsbeschwerde der Staatsanwaltschaft bei Nichtentscheidung über die Eröffnung des Hauptverfahrens – Versuch einer neuen Grenzziehung –, NStZ 2006, S. 256 ff.

Hohnel, Andreas: Selbstbelastungsfreiheit in der Insolvenz, NZI 2005, S. 152 ff.

Hoyer, Andreas: Die Rechtsnatur des Verfalls angesichts des neuen Verfallsrechts, in: Goltdammer's Archiv für Strafrecht (Hrsg. Paul-Günter Pötz), 1993, S. 407 ff. Zit.: *Hoyer*, GA 1993.

Huber, Karl: Die Vermögensabschöpfung – Beschlagnahme, dinglicher Arrest und vorrangiges Befriedigungsrecht nach §§ 111g, 111h StPO, Rpfleger 2002, S. 285 ff.

Insolvenzordnung: Wilhelm Uhlenbruck/Heribert Hirte/Heinz Vallander (Hrsg.), Kommentar, 15. Aufl., München 2019. Zit.: *Bearbeiter*, in: Uhlenbruck InsO.

Insolvenzordnung, Dirk Andres/Rolf Leithaus/Michael Dahl (Hrsg.), Kommentar, 4. Aufl., München 2018. Zit.: *Bearbeiter*, in: Andres/Leithaus/Dahl InsO.

Insolvenzordnung, Jörg Nerlich/Volker Römermann (Hrsg.), Kommentar, 37. Ergänzungslieferung, Oktober 2018. Zit.: *Bearbeiter*, in: Nerlich/Römermann InsO.

Insolvenzordnung (InsO), Eberhard Braun (Hrsg.), Kommentar, 7. Aufl., München 2017. Zit.: *Bearbeiter*, in: Braun InsO.

Insolvenzrecht, Großkommentar in zwei Bänden, Harald Hess (Hrsg.), Kommentar, Band 1, §§ 1–112 InsO, 3. Aufl., Heidelberg 2016. Zit.: *Hess*, Großkommentar InsO.

Jaeger, Insolvenzordnung, Wolfram Henckel/Walter Gerhardt (Hrsg.), Band 1, §§ 1–55 InsO, Berlin 2004. Zit.: *Bearbeiter*, in: Jaeger InsO.

Jeremias, Christoph: Internationale Insolvenzaufrechnung, Dissertation, Berlin 2005. Zit.: *Jeremias*, Insolvenzaufrechnung.

Joecks/Jäger/Randt, Steuerstrafrecht mit Zoll- und Verbrauchsteuerstrafrecht, Kommentar, 8. Aufl., München 2015. Zit.: *Bearbeiter*, in: Joecks/Jäger/Randt Steuerstrafrecht.

Kaiser, Günther: Strafgerichtliche Gewinnabschöpfung im Dilemma zwischen Rechtsstaatlichkeit und Effektivität, ZRP 1999, S. 144 ff.

Karlsruher Kommentar zur Strafprozessordnung: mit GVG, EGGVG und EMRK, Rolf Hannich (Hrsg.), 8. Aufl., München 2019. Zit.: *Bearbeiter*, in: KK StPO.

Karlsruher Kommentar zur Strafprozessordnung: mit GVG, EGGVG und EMRK, Rolf Hannich (Hrsg.), 7. Aufl., München 2013. Zit.: *Bearbeiter*, in: KK StPO, 7. Aufl.

Keusch, Sven: Probleme des Verfalls im Strafrecht, Dissertation, Augsburg 2005.

Kichling, Michael: Aktuelle Perspektiven für Täter-Opfer- Ausgleich und Wiedergutmachung im Erwachsenenstrafrecht, NStZ 1996, S. 309 ff.

Kiethe, Kurt/*Groeschke*, Peer/*Hohmann*, Olaf: Die Vermögenszurückgewinnung beim Anlagenbetrug im Spannungsverhältnis zur Insolvenzordnung, ZIP 2003, S. 185 ff.

Killinger, Johann: Insolvenzanfechtung gegen Insider, Dissertation, Freiburg 1989/90.

Kleinknecht/Müller/Reitberger. Kommentar zur Strafprozessordnung und Gerichtsverfassungsgesetz, Bernd von Heintschel-Heinegg/Jan Bockemühl (Hrsg.), 85. Ergänzungslieferung, Stand: April 2018. Zit.: *Bearbeiter*, in: KMR StPO.

Klein. Abgabenordnung. Kommentar, Franz Klein (Hrsg.), 14. Aufl., München 2018. Zit.: *Bearbeiter*, in: Klein AO.

Knoche, Joachim/*Biersack*, Cornelia: Das zwangsvollstreckungsrechtliche Prioritätsprinzip und seine Vereitelung in der Praxis, NJW 2003, S. 476 ff.

Köhler, Marcus: Die Reform der strafrechtlichen Vermögensabschöpfung – Teil 1/2, NStZ 2017, S. 497 ff.

Köhler, Marcus/*Burkhard*, Christiane: Die Reform der strafrechtlichen Vermögensabschöpfung – Teil 2/2, NStZ 2017, S. 665 ff.

Köllner, Rolf/*Mück*, Jörg: Reform der strafrechtlichen Vermögensabschöpfung, NZI 2017, S. 593 ff.

Köllner, Rolf/*Cryrus*, Vera/*Mück*, Jörg: Referentenentwurf des BMJV zur Reform der strafrechtlichen Vermögensabschöpfung – Insolvenzverwalter als „Staatsanwalt Nummer 2“?, NZI 2016, S. 329 ff.

Köper, Roman: Auswirkungen der strafprozessualen Rückgewinnungshilfe auf den zivilprozessualen Arrestgrund, NJW 2004, S. 2485 ff.

Kracht, Michael: Gewinnabschöpfung und Wiedergutmachung bei Umweltdelikten – Ein Beitrag zum Potenzial des Verfallsrechts. Zit.: *Kracht*, wistra 2000, S. 326 ff.

Kröpelin, Andrea: Die Massearme Insolvenz, Dissertation, Hamburg 2002.

Kühl, Kristian: Unschuldsvermutung, Freispruch und Einstellung, Habilitationsschrift, Bielefeld 1980/81. Zit.: *Kühl*, Unschuldsvermutung.

KWG, CRR-VO: Kreditwesengesetz, VO (EU) 575/2013 (CRR) und Ausfuhrvorschriften, Karl-Heinz Boos/Reinfrid Fischer/Hermann Schulte-Mattler (Hrsg.), Kommentar, 5. Aufl., München 2016. Zit.: *Bearbeiter*, in: Boos/Fischer/Schulte-Mattler KWG.

Lang, Andreas: Das Rechtsschutzinteresse beim Antrag auf Eröffnung des Insolvenzverfahrens, Dissertation, Heidelberg 2002.

Laubenthal, Klaus/*Nestler*, Nina: Strafvollstreckung, 2. Aufl., Berlin u.a. 2018.

Laumen, Hans-Willi/*Vallander*, Heinz: Beweisführung und Beweislast im Insolvenzverfahren, NZI 2016, S. 609 ff.

Lenger, Norman: Anmerkung zu OLG Jena, Beschluss vom 12.08.2010 – 1 Ss 45/10, NZI 2011, S. 383 ff.

Löffler, Joachim: Die Herausgabe von beschlagnahmten oder sichergestellten Sachen im Strafverfahren, NJW 1991, S. 1705 ff.

Löwe, Ewald/*Rosenberg*, Werner: Die Strafprozessordnung und das Gerichtsverfassungsgesetz mit Nebengesetzen, Kommentar, Dritter Band, §§ 94–111p StPO, 26. Aufl., Berlin 2013. Zit.: *Bearbeiter*, in: LR StPO.

Löwe, Ewald/*Rosenberg*, Werner: Die Strafprozessordnung und das Gerichtsverfassungsgesetz mit Nebengesetzen, Kommentar, Dritter Band, §§ 94–111p StPO, 25. Aufl., Berlin 2003. Zit.: *Bearbeiter*, in: LR StPO, 25. Aufl.

Lüderssen, Klaus: Anmerkung zu OLG Zweibrücken, Urteil vom 30.11.2001 - 1 Ss 193/01, StV 2003, S. 162 ff.

Madauß, Norbert: Das neue Recht der strafrechtlichen Vermögensabschöpfung und Steuerstrafverfahren Fragen aus der Sicht der Praxis, NZWiSt 2018, S. 28 ff.

Malitz, Kirsten: Die Berücksichtigung privater Interessen bei vorläufigen strafprozessualen Maßnahmen gemäß §§ 111b ff. StPO, NStZ 2002, S. 337 ff.

Mansdörfer, Marco: Die Reform der strafrechtlichen Vermögensabschöpfung – von der Rückgewinnungshilfe zum Entschädigungsmodell, jM 2017, S. 122 ff.

Markgraf, Jochen: Der Grundsatz der *par conditio creditorum* im Spannungsverhältnis zu der strafprozessualen Vermögensabschöpfung, Dissertation, Köln 2008. Zit.: *Markgraf*, der Grundsatz der par conditio creditorum.

Markgraf, Jochen: Die Auswirkungen eines eröffneten Insolvenzverfahrens auf die strafprozessuale Rückgewinnungshilfe, NZG 2013, S. 1014 ff.

Maunz/Dürig. Grundgesetz. Kommentar. Roman Herzog/Rupert Scholz/ Matthias Herdegen/Hans Klein (Hrsg.), Band VI, 85. Ergänzungslieferung, November 2018, Art. 86-Art. 106a GG. Zit.: *Bearbeiter*, in Maunz/Dürig GG.

Meissner, Markus: Die Reform der strafrechtlichen Vermögensabschöpfung – ein Ehrgeizprojekt oder: Höher, schneller, weiter … das neue Abschöpfungsrecht aus der Sicht des Strafverteidigers, KriPoz 2017, S. 237 ff.

Meyer, Frank: „Reformiert die Rückgewinnungshilfe!" – Denkanstöße für eine Generalüberholung der Vermögensabschöpfung, ZStW 172 (2015), S. 241 ff.

Meyer, Karlheinz: Grenzen der Unschuldsvermutung, in: Festschrift für Tröndle (Hrsg. Hans-Heinrich Jescheck), Berlin 1989, S. 61 ff. Zit.: *Meyer*, in: FS Tröndle.

Meyer-Goßner, Lutz/*Schmitt*, Bertram: Strafprozessordnung mit GVG und Nebengesetzen, Kommentar, 62. Aufl., München 2019. Zit.: *Bearbeiter*, in: Meyer-Goßner.

Meyer-Goßner, Lutz/*Schmitt*, Bertram: Strafprozessordnung mit GVG und Nebengesetzen, Kommentar, 60. Aufl., München 2017. Zit.: *Bearbeiter*, in: Meyer-Goßner, 60. Aufl.

Meyer-Goßner, Lutz/*Schmitt*, Bertram: Strafprozessordnung mit GVG und Nebengesetzen, Kommentar, 49. Aufl., München 2006. Zit.: *Bearbeiter*, in: Meyer-Goßner, 49. Aufl.

Michalsky, Udo: Strafrechtliche Rückgewinnungshilfe und Insolvenzrecht: Zur Reichweite des Vorrangs des Insolvenzrechts gegenüber der strafrechtlichen Rückgewinnungshilfe, jM 2014, S. 389 ff.

Mosbacher, Andreas/*Claus*, Susanne: Auffangrechtserwerb in Altfällen?, wistra 2008, S. 1 ff.

Molketin, Rüdiger: Anmerkung zu OLG Zweibrücken, Beschluss vom 14.02.1985 – 1 Ss 259/84, NStZ 1986, S. 136 ff.

Müller-Sartori, Patrick: Die Reform der Vermögensabschöpfung aus Sicht des Verletzten, WiJ 2016, S. 87 ff.

Münchener Kommentar zum Bürgerlichen Gesetzbuch, Franz Jürgen Säcker/ Roland Rixecker/Hartmut Oetker/Bettina Limperg (Hrsg.), Band 1, §§ 1–240 BGB, 8. Aufl., München 2018; Band 6, §§ 705–853 ZPO, 7. Aufl., München 2017. Zit.: *Bearbeiter*, in: MüKo BGB.

Münchener Kommentar zur Insolvenzordnung, Hans-Peter Kirchhof/Horst Eidenmüller/Rolf Stürner (Hrsg.), Band 1, §§ 1–79 InsO, 2. Aufl., München 2007. Zit.: *Bearbeiter*, in: MüKo InsO, 2. Aufl.

Münchener Kommentar zur Insolvenzordnung, Hans-Peter Kirchhof/Horst Eidenmüller/Rolf Stürner (Hrsg.), Band 1, §§ 1–79 InsO, 4. Aufl., München 2019; Band 2, §§ 80–216 InsO, 3. Aufl., München 2013; Band 3, §§ 217–359 InsO, 3. Aufl., München 2014. Zit.: *Bearbeiter*, in: MüKo InsO.

Münchener Kommentar zum Strafgesetzbuch, Wolfgang Joecks/Klaus Miebach (Hrsg.), Band 1, §§ 1–37 StGB, 3. Aufl., München 2017; Band 2, §§ 38–79b StGB, 3. Aufl., München 2016. Zit.: *Bearbeiter*, in: MüKo StGB.

Münchener Kommentar zur Strafprozessordnung, Christoph Knauer/Hans Kudlich/Hartmut Schneider (Hrsg.), Band 1, §§ 1–150 StPO, 1. Aufl., München 2014; Band 2, §§ 151–332 StPO, 1. Aufl., München 2016. Zit.: *Bearbeiter*, in: MüKo StPO.

Münchener Kommentar zur Zivilprozessordnung mit Gerichtsverfassungsgesetz und Nebengesetzen: Thomas Rauscher/Wolfgang Krüger (Hrsg.), Band 2, §§ 355–945b ZPO, 5. Aufl., München 2016; Band 3, §§ 946–1117 ZPO, 5. Aufl., München 2017. Zit.: *Bearbeiter*, in: MüKo ZPO.

Nestler, Nina: Zur Reichweite von § 73d StGB: Der erweiterte Verfall vor neuen Legitimationsdefiziten?, HRRS 2011, S. 519 ff.

Nomos Kommentar. EMRK: Europäische Menschenrechtskonvention, Jens Meyer-Ladewig/Martin Nettesheim/Stefan von Raumer (Hrsg.), 4. Aufl., Baden-Baden 2017. Zit.: *Bearbeiter*, in: NK EMRK.

Nomos Kommentar. Gesamtes Kostenrecht. Justiz – Anwaltschaft – Notariat, Norbert Schneider, 2. Aufl., Baden-Baden 2017. Zit.: *Bearbeiter*, in: NK Gesamtes Kostenrecht.

Nomos Kommentar. Kapitalmarktstrafrecht: Straftaten, Ordnungswidrigkeiten, Finanzaufsicht, Compliance, Tido Park (Hrsg.), 4. Aufl., Baden-Baden 2017. Zit.: *Bearbeiter*, in: NK Kapitalmarktstrafrecht.

Nomos Kommentar. Strafgesetzbuch. Kindhäuser, Urs/Neumann, Ulfrid/Paeffgen, Hans-Ullrich (Hrsg.), §§ 1 - 79b Allgemeiner Teil, Band 1, 5. Aufl., Baden-Baden 2017. Zit.: *Bearbeiter*, in: NK StGB.

Nomos Kommentar: Wirtschafts- und Steuerstrafrecht, Werner Leitner/Henning Rosenau (Hrsg.), 1. Aufl., Baden-Baden 2017. Zit.: *Bearbeiter*, in: NK Wirtschafts- und Steuerstrafrecht.

Nomos Kommentar. Zivilprozessordnung: Familienverfahren, Gerichtsverfassung, Europäisches Verfahrensrecht. Kommentar, Ingo Saenger (Hrsg.), 7. Aufl., Baden-Baden 2017. Zit.: *Bearbeiter*, in: NK ZPO.

Palandt, Otto: Kommentar zum Bürgerlichen Gesetzbuch, 78. Aufl., München 2019. Zit.: *Bearbeiter*, in: Palandt.

Pape, Gerhard: Zahlungsunfähigkeit in der Gerichtspraxis (1), WM 2008, S. 1949 ff.

Paulus, Christoph: § 1 InsO und sein Insolvenzmodell, NZI 2015, S. 1001 ff.

Perron, Walter: Vermögensstrafe und erweiterter Verfall. Im Spannungsfeld zwischen öffentlichen Strafverfolgungsinteressen und privaten Eigentumsrechten, JZ 1993, S. 918 ff.

Pieroth, Bodo: Grundlagen und Grenzen verfassungsrechtlicher Verbote rückwirkender Gesetze, Jura 1983, S. 124 ff.

Podolsky, Johann/*Brenner*, Tobias: Vermögensabschöpfung im Straf- und Ordnungswidrigkeitenverfahren, Verfall, Einziehung und vorläufige Vermögenssicherung. Ein Leitfaden für die Praxis, 2. Auflage, Stuttgart 2004. Zit.: *Podolsky/Brenner*, Vermögensabschöpfung im Straf- und Ordnungswidrigkeitenverfahren.

Radtke, Henning: Handeln „für einen anderen" bei Verfall und Wertersatzverfall gegen Dritte im Sinne von § 73 Abs. 3 StGB, in: Festschrift für Bernd Schünemann, Berlin 2014, S. 917 ff. Zit.: *Radtke*, in: FS Schünemann.

Rein, Andreas: Schadensersatz bei unberechtigtem Insolvenzantrag, NJW-Spezial 2013, S. 213 ff.

Richter, Hans: Auskunfts- und Mitteilungspflichten nach §§ 20, 97 Abs. 1 ff. InsO, wistra 2000, S. 1 ff.

Rogall, Klaus: Der Beschuldigte als Beweismittel gegen sich selbst: ein Beitrag zur Geltung des Satzes „Nemo tenetur se ipsum prodere" im Strafprozess. Dissertation, Bonn 1975/76.

- Über die Folgen der rechtswidrigen Beschaffung des Zeugenbeweises im Strafprozess, JZ 1996, S. 944 ff.

Rönnau, Thomas: Vermögensabschöpfung in der Praxis, 2. Auflage, Hamburg 2015. Zit.: *Rönnau*, Vermögensabschöpfung.

- Vermögensabschöpfung im Wandel, ZRP 2004, S. 191 ff.
- Zum Konkurrenzverhältnis von strafprozessualer Vermögens- und insolvenzrechtlicher Massesicherung, in: Festschrift für Hans Achenbach, Heidelberg 2011, S. 385 ff. Zit.: *Rönnau*, in: FS Achenbach.
- Beweiserleichterungen im kommenden Vermögensabschöpfungsrecht?, in: Festschrift für Heribert Ostendorf, Baden Baden 2015, S. 707 ff. Zit.: *Rönnau*, in: FS Ostendorf.

Rönnau, Thomas/*Begemeier*, Moritz: Die neue erweiterte Einziehung gem. § 73a Abs. 1 StGB-E: mit Kanonen auch auf Spatzen?, NZWiSt 2016, S. 260 ff.

Roth, David: Der StPO-Arrest im Steuerstrafverfahren – Ausschluss des Steuerfiskus von der Rückgewinnungshilfe nach § 111b Abs. 2 und 5 StPO?, wistra 2010, S. 335 ff.

– Der neue StPO-Vermögensarrest: kein Vorrang des § 324 AO mehr, ZWH 2017, S. 317 ff.

Rübenstahl, Markus: Die Verschärfung der Rechtsprechung zum Verfall am Beispiel der Vermögensabschöpfung bei unvollendeten Vermögensdelikten, zugleich Besprechung zu BGH, Urteil vom 29.06.2010 – 1 StR 245/09, HRRS 2010, S. 505 ff.

RWS Kommentar. Kübler/Prütting/Bork. Kommentar zur Insolvenzordnung, Bruno Kübler/Hanns Prütting (Hrsg.), Band I. 78. Lieferung, Stand: November 2018. Zit.: *Bearbeiter*, in: Kübler/Prütting/Bork InsO.

Sachs. Grundgesetz. Kommentar, Michael Sachs (Hrsg.), 8. Aufl., München 2018. Zit.: *Sachs*, in: GG.

Satzger/Schluckebier/Widmaier. Strafgesetzbuch. Kommentar, Helmut Satzger/Wilhelm Schluckebier/Gunter Widmaier (Hrsg.), 2. Aufl., Köln 2014. Zit.: *Bearbeiter*, in: S/S/W StGB.

Satzger/Schluckebier/Widmaier. Strafprozessordnung. Kommentar, Helmut Satzger/Wilhelm Schluckebier/Gunter Widmaier (Hrsg.), 2. Aufl., Köln 2016. Zit.: *Bearbeiter*, in: S/S/W StPO, 2. Aufl.

Satzger/Schluckebier/Widmaier. Strafprozessordnung. Kommentar, Helmut Satzger/Wilhelm Schluckebier/Gunter Widmaier (Hrsg.), 3. Aufl., Köln 2018. Zit.: *Bearbeiter*, in: S/S/W StPO.

Satzger, Helmut: Die Berücksichtigung von Opferinteressen bei der Verfallsanordnung aus materiellrechtlicher wie prozessrechtlicher Sicht, wistra 2003, S. 401 ff.

– Die zeitliche Geltung des Strafgesetztes – ein Überblick über das „intertemporale Strafrecht", Jura 2006, S. 746 ff.

Sautter, Bruno: Die Pflicht zur Duldung von Körperuntersuchungen nach § 372a ZPO, AcP 1962, S. 215 ff.

Schäuble, Johannes/*Pananis*, Panos: Subjektive Beschränkungen des Bruttoprinzips nach neuem Einziehungsrecht (§ 73d Abs. 1 StGB), NStZ 2019, S. 65 ff.

Schlosser, Peter: Vollstreckungsrechtliches Prioritätsprinzip und verfassungsrechtlicher Gleichheitssatz, ZZP 1984, S. 121 ff.

Schlothauer, Reinhold/*Weider*, Hans-Joachim/*Wollschläger*, Sebastian: Verteidigung im Revisionsverfahren, 3. Aufl., Heidelberg 2018.

Schmid, Wolfgang/*Winter*, Michael. Vermögensabschöpfung in Wirtschaftsstrafverfahren – Rechtsfragen und Praktische Erfahrungen –, NStZ 2002, S. 8 ff.

Schmidt, Wilhelm: Gewinnabschöpfung im Straf- und Bußgeldverfahren, München 2006. Zit.: *Schmidt*, Gewinnabschöpfung.

Karsten Schmidt. Insolvenzordnung: InsO mit EuInsVO, Karsten Schmidt (Hrsg.), Kommentar, 19. Aufl., München 2016. Zit.: *Bearbeiter*, in: Schmidt InsO.

Schmidt, Heiner Christian: Ungelöste Probleme des Verfalls und vorläufiger Sicherungsmaßnahmen, NZWiSt 2015, S. 401 ff.

Schmidt-Räntsch, Ruth: Insolvenzordnung mit Einführungsgesetz, Köln 1995.

Schönke, Adolf/*Schröder*, Horst: Strafgesetzbuch. Kommentar, 29. Aufl., München 2014. Zit.: *Bearbeiter*, in: Sch/Sch StGB, 29. Aufl.

Schönke, Adolf/*Schröder*, Horst: Strafgesetzbuch. Kommentar, 30. Aufl., München 2019. Zit.: *Bearbeiter*, in: Sch/Sch StGB.

Schulte, Michael: Anmerkung zum Beschluss vom 6. November 2003 – 2 Ws 583–592/03, BKR 2004, S. 33 ff.

Siebert, Peter: Das Prioritätsprinzip in der Einzelzwangsvollstreckung, Dissertation, Göttingen 1987.

Stein/Jonas. Kommentar zur Zivilprozessordnung, Reinhard Bork/Herbert Roth (Hrsg.), Band 9, §§ 916–1068 ZPO, 22. Aufl., Tübingen 2002. Zit.: *Bearbeiter*, in: Stein/Jonas ZPO.

Strafgesetzbuch. Leipziger Kommentar: Heinrich Wilhelm Laufhütte (Hrsg.), 3. Band (56 bis § 79b), 12. Aufl., Berlin 2008. Zit.: *Bearbeiter*, in: LK StGB.

Strafprozessordnung: Gerd Pfeiffer (Hrsg.), Kommentar, 5. Aufl., München 2005. Zit.: *Pfeiffer*, Strafprozessordnung.

Strafverteidigervereinigung, Stellungnahme der Strafverteidigervereinigungen zum Entwurf eines Gesetzes zur strafrechtlichen Vermögensabschöpfung (RefE des BMJV), Berlin 31. Mai 2016. Zit.: *Strafverteidigervereinigung*, Stellungnahme.

Stürner, Rolf: Prinzipien der Einzelzwangsvollstreckung, ZZP 1986, S. 291 ff.

Systematischer Kommentar zum Strafgesetzbuch. Jürgen Wolter (Hrsg.), Band I, §§ 1–37 StGB, 9 Aufl., München 2017; Band II, §§ 38–79b StGB, 9.Aufl., München 2016. Zit.: *Bearbeiter*, in: SK StGB.

Systematischer Kommentar zur Strafprozessordnung. Mit GVG und EMRK, Jürgen Wolter (Hrsg.), Band II, §§ 94–136a StPO, 5. Aufl., München 2016; Band III, §§ 137–197 StPO, 5. Aufl., München 2016. Zit.: *Bearbeiter*, in: SK StPO.

Trüg, Gerson: Die Reform der strafrechtlichen Vermögensabschöpfung, NJW 2017, S. 1913 ff.

Uhlenbruck, Wilhelm: Auskunfts- und Mitwirkungspflichten des Schuldners und seiner organschaftlichen Vertreter im Insolvenzverfahren, NZI 2002, S. 401 ff.

Verband der Rechtspfleger, Stellungnahme zum Referentenentwurf „Gesetz zur Reform der strafrechtlichen Vermögensabschöpfung“, Braunschweig 11. Mai 2016. Zit.: *Verband der Rechtspfleger*, Stellungnahme.

Wallschläger, Rene: Die strafrechtlichen Verfallsvorschriften. Eine rechtssystematische, verfassungsrechtliche und kriminalpolitische Analyse, 2002. Zit.: *Wallschläger*, Verfallsvorschriften.

Waßmer, Martin Paul: Strafbare Marktmanipulation durch Matched Orders im Freiverkehr, Anmerkung zum Urteil des 3. Strafsenats des BGH vom 27. November 2013 – 3 StR 5/13, HRRS 2014, S. 336 ff.

Weitzell, Andreas/*Wolfer*, Hendrik: Das Spannungsfeld zwischen Straf- und Insolvenzverfahren nach der Reform der strafrechtlichen Vermögensabschöpfung, NZI 2018, S. 734 ff.

Welbers, Hartwig: Vollstreckungsrechtliches Prioritätsprinzip und verfassungsrechtlicher Gleichheitssatz, Dissertation, Bonn 1991. Zit.: *Welbers*, Prioritätsprinzip und verfassungsrechtlicher Gleichheitssatz.

Wengenroth, Lenard: Die neue strafrechtliche Vermögensabschöpfung und das Besteuerungsverfahren, PStR 2017, S. 310 ff.

Weyand, Raimund: Zur „Verwendung“ von Angaben des Schuldners für strafrechtliche Zwecke, ZInsO 2001, S. 108 ff.

Wieczorek/Schütze. Zivilprozessordnung und Nebengesetze, Rolf Schütze (Hrsg.), Elfter Band, §§ 916–1066 ZPO, 4. Aufl., Berlin 2013. Zit.: *Bearbeiter*, in: Wieczorek/Schütze ZPO.

Wirtschafts- und Steuerstrafrecht, Peter Graf/Markus Jäger/Petra Wittig (Hrsg.), 2. Aufl., München 2017. Zit.: *Bearbeiter*, in: Graf/Jäger/Wittig.

Wirtschaftsstrafrechtliche Vereinigung e.V.: Stellungnahme zum Referentenentwurf „Reform der strafrechtlichen Vermögensabschöpfung“, Frankfurt am Main 22. Mai 2016. Zit.: *WisteV*, Stellungnahme.

Zivilprozessordnung: mit FamFG (§§ 1 -185, 200 - 270, 433 - 484) und Gerichtsverfassungsgesetz, den Einführungsgesetzen, mit Internationalem Zivilprozessrecht, EU-Verordnungen, Kostenanmerkungen, Richard Zöller (Hrsg.), Kommentar, 32. Aufl., Köln 2018. Zit.: *Bearbeiter*, in: Zöller ZPO.

Zivilprozessordnung: mit Gerichtsverfassungsgesetz, Hans-Joachim Musielak/Wolfgang Voit, Kommentar, 15. Aufl., München 2018. Zit.: *Bearbeiter*, in: Musielak/Voit ZPO

www.ingramcontent.com/pod-product-compliance
Ingram Content Group UK Ltd.
Pitfield, Milton Keynes, MK11 3LW, UK
UKHW021849290926
8980IPUK00005B/740

9 783631 800454